Hubertus Schröder
Die Abwicklung des masseunzulänglichen Insolvenzverfahrens

Schriften zum deutschen, europäischen und internationalen Insolvenzrecht

S-INSO Band 19

Schriften zum deutschen, europäischen und internationalen Insolvenzrecht

Herausgegeben von

Professor Dr. Stefan Smid, Kiel
Rechtsanwalt Dr. Mark Zeuner, Hamburg
Rechtsanwalt Michael Schmidt, Berlin

S-INSO Band 19

De Gruyter

Hubertus Schröder

Die Abwicklung des masseunzulänglichen Insolvenzverfahrens

De Gruyter

Dr. iur. *Hubertus Schröder*, Rechtsanwalt, Ashurst LLP, London.

ISBN 978-3-89949-743-4
e-ISBN 978-3-89949-744-1

Bibliografische Information der Deutschen Nationalbibliothek

Die Deutsche Nationalbibliothek verzeichnet diese Publikation in der Deutschen Nationalbibliografie; detaillierte bibliografische Daten sind im Internet über http://dnb.d-nb.de abrufbar.

Einbandabbildung: © matttilda/fotolia
Datenkonvertierung/Satz: jürgen ullrich typosatz, Nördlingen
Druck: Hubert & Co. GmbH & Co. KG, Göttingen

∞ Gedruckt auf säurefreiem Papier

Printed in Germany

www.degruyter.com

Vorwort

Die Rechtswissenschaftliche Fakultät der Christian-Albrechts-Universität zu Kiel hat diese Arbeit im Sommersemester 2009 als Dissertation angenommen. Vereinzelt konnten für die Veröffentlichung Rechtsprechung und Literatur bis Anfang 2010 berücksichtigt werden.

An erster Stelle gilt mein Dank meinem Doktorvater, Herrn Professor Dr. Stefan Smid. Er hat die Entstehung der Dissertation stets mit Interesse begleitet, geduldig gefördert sowie die mühevolle Arbeit des Erstgutachters übernommen. Herrn Professor em. Dr. Werner Schubert danke ich für die wohlwollende und überaus zügige Erstellung des Zweitgutachtens.

Den Rechtsanwälten Jörn Weitzmann und Michael Nickel, Insolvenzverwalter und Partner der Sozietät Kilger & Fülleborn, danke ich dafür, mein Interesse am Insolvenzrecht geweckt und den Anstoß zur Anfertigung dieser Arbeit gegeben zu haben.

Besonderer Dank gebührt schließlich Anna, ohne deren mannigfaltige Unterstützung ich die Arbeit nicht hätte fertig stellen können.

Gewidmet ist die Arbeit meinen Eltern.

Hubertus Schröder

Inhaltsverzeichnis

A) Einführung

„Ein Könner macht nicht einfach Konkurs! – Der Könner macht masselos Konkurs.“[1]

Im Recht der KO konnte sich der Schuldner leicht des Mittels der „Flucht“ in die Massearmut[2] bedienen, um nach Abweisung der Eröffnung oder Verfahrensabbruch die Kontrolle über sein Vermögen zurückzuerlangen. Die KO regelte nicht im Einzelnen, wie ein masseunzulängliches Verfahren abzuwickeln ist[3]. Es fehlte vor allem an einer Regelung zur Differenzierung zwischen Neu- und Alt-Masseverbindlichkeiten. Dies wurde, insbesondere nachdem die Rechtsprechung die herrschende Praxis zur vorrangigen Begleichung von Neu-Masseverbindlichkeiten für rechtswidrig erklärte[4], als großes Hindernis für eine geordnete Durchführung der Konkursverfahren empfunden. Masseunzulängliche Verfahren bedeuteten im Geltungszeitraum der KO aufgrund der mangelhaften Regelung ein kaum kalkulierbares Haftungsrisiko für den Verwalter; die Verwaltung wurde denn häufig auch alsbald eingestellt[5]. Die Bewältigung der Schwierigkeiten massearmer Konkursverfahren war deshalb eines der Hauptanliegen des neuen Insolvenzrechts[6].

Durch die Neuregelung der §§ 208 ff. InsO sollte die erforderliche gesetzliche Grundlage für die Abwicklung masseunzulänglicher Verfahren geschaffen werden. Der Gesetzgeber hatte erkannt, dass die Abweisung eines Antrags auf Eröffnung des Insolvenzverfahrens bzw. der Verfahrensabbruch nach Eröffnung zu einer erheblichen Gefährdung des Geschäftsverkehrs führen kann[7].

Trotz des gesetzgeberischen Ziels der umfassenden Regelung sind jedoch wesentliche Fragen der Abwicklung des masseunzulänglichen Verfahrens ungeklärt; insbesondere durch die unbestimmte Formulierung von § 208 InsO hinsichtlich des

---

1 Kilger, Die Insolvenzrechtsreform – eine Herausforderung für die Anwaltschaft, 424, 425.

2 Leonhardt/Smid/Zeuner-Smid § 208 RdNr. 1. Hierauf bezieht sich das vorangestellte Zitat von *Kilger*.

3 Kilger/K. Schmidt § 60 KO RdNr. 4; Begr. zu § 318 RegE, abgedruckt in: Uhlenbruck, Das neue Insolvenzrecht, S. 571.

4 BGH NJW 1984, 1527; ebenso BAG ZIP 1989, 1590.

5 MünchKomm-InsO/Hefermehl § 208 RdNr. 6. Zu den Missständen ausführlich Beitenbücher, Masseunzulänglichkeit, S. 14 ff.

6 Weisemann/Smid, Unternehmensinsolvenz, Kapitel 1, RdNr. 2: Der Gesetzgeber verfolgte mit der Reform das Ziel, die Funktionsfähigkeit des Insolvenzrechts wiederherzustellen; vgl. außerdem Begr. RegE zum 7. Teil, abgedruckt in: Uhlenbruck, Das neue Insolvenzrecht, S. 568 sowie Begr. RegE zu § 318, abgedruckt in: Uhlenbruck, Das neue Insolvenzrecht, S. 571.

7 Siehe unter anderem Beschl.-Empfehlung RechtsA zu § 30 RegE, abgedruckt in: Uhlenbruck, Das neue Insolvenzrecht, S. 332. Auch MünchKomm-InsO/Hefermehl § 208 RdNr. 6.

Fortbestandes der Verwaltungs- und Verwertungspflicht des Verwalters. Offen ist in erster Linie, was der Insolvenzverwalter im masseunzulänglichen Verfahren tun darf und was er ggf. tun muss.

Für den Verwalter ergibt sich hieraus eine besondere Brisanz. Er ist auch bei Masseunzulänglichkeit zu Inbesitznahme und Verwaltung der Insolvenzmasse nach § 148 InsO verpflichtet. Sämtliche seiner Abwicklungshandlungen im masseunzulänglichen Verfahren verursachen jedoch vorrangig zu befriedigende Kosten. Kann er die Verbindlichkeiten aus der Abwicklung nicht erfüllen, droht ihm die persönliche Haftung. Es zeigt sich, dass „Masseunzulänglichkeit" eigentlich ein Euphemismus ist. Masseunzulänglichkeit ist eine spezielle Form der Zahlungsunfähigkeit, bedeutet Illiquidität und führt in die Insolvenz in der Insolvenz. Der Verwalter bewegt sich im masseunzulänglichen Verfahren deshalb umso mehr fortwährend im Spannungsfeld zwischen Abwicklungspflicht und persönlicher Haftung.

Die vorliegende Arbeit hat deshalb zum Ziel, die Unsicherheiten und offenen Punkte der bestehenden gesetzlichen Regelung aufzugreifen und hierfür Lösungsmöglichkeiten aufzuzeigen. Sie soll Abwicklungsmöglichkeiten im masseunzulänglichen Verfahren darstellen, die sowohl in rechtlicher Hinsicht gangbar als auch unter wirtschaftlichen Gesichtspunkten möglichst optimal sind. Am Ende der Arbeit stehen Kriterien, wie die Abwicklung des masseunzulänglichen Verfahrens optimal erfolgen kann. Optimal heißt – wie zu zeigen sein wird – eine bestmögliche Befriedigung der (Masse-)Gläubiger bei angemessenem Haftungsrisiko des Verwalters zu erreichen. Die Ergebnisse der Arbeit sollen der ratio des Insolvenzverfahrens gerecht werden; denn das Insolvenzverfahren zielt auf eine wirtschaftliche Optimierung im Rahmen der Krise eines Rechtsträgers, ist dabei aber eine Erscheinung des Rechts[8].

Idealerweise bedeutet optimale Abwicklung, dass der Verwalter das Verfahren aus der Masseunzulänglichkeit herausführt. Das masseunzulängliche Verfahren ist insoweit auf seine eigene Auflösung gerichtet, das *temporär* masseunzulängliche Verfahren der wirtschaftliche Prototyp von § 208 Abs. 3 InsO.

Die optimale und interessengerechte Abwicklung des Insolvenzverfahrens wurde nach Inkrafttreten der InsO zunächst durch die Judikatur der Oberlandesgerichte, die die Haftungsgefahren des Insolvenzverwalters für die Nichterfüllung von Masseverbindlichkeiten erheblich erweiterte, erschwert.

Maßgeblich hat nunmehr der BGH mit seinen Entscheidungen vom 6. Mai 2004[9] und vom 17. Dezember 2004[10] zur persönlichen Haftung des Insolvenzverwalters aufgrund der Nichterfüllung von Masseverbindlichkeiten Stellung genommen und damit die Haftung für Masseverbindlichkeiten in ihre systemkonformen Schranken verwiesen[11].

---

8 Smid, Struktur und systematischer Gehalt, S. 1.

9 Az. IX ZR 48/03, veröffentlicht in BGHZ 159, 104 ff.

10 Az. IX ZR 185/03, veröffentlicht in ZIP 2005, 311 ff.

11 Bähr/Smid, Die Rechtsprechung des BGH zur neuen Insolvenzordnung, S. 134.

Die grundlegenden Entscheidungen des BGH zur Haftung für die Nichterfüllung von Masseverbindlichkeiten werden sodann in Kapitel C) eingehend untersucht. Zuvor wird bereits zu Beginn in Kapitel B) darauf hingewiesen, dass die fehlende gesetzliche Überprüfungsmöglichkeit der Anzeige der Masseunzulänglichkeit dazu führt, dass sich der Streit über ein Vorliegen der Voraussetzungen der Anzeige auf die Haftungsebene verschiebt. Die von der Rechtsprechung festgelegten Kriterien, insbesondere hinsichtlich der Exkulpation, bestimmen die Komponente „Haftungsrisiko" des Spannungsfeldes der Abwicklung des masseunzulänglichen Verfahrens. Dies wird zum Anlass genommen, zu untersuchen, wie die insolvenzrechtlichen Haftungsvorschriften der §§ 60, 61 InsO, die im wesentlichen Ergebnis einer Abgrenzung von Risikosphären sind, für eine optimale Verfahrensabwicklung systemkonform ausgelegt werden sollten. Die Haftungsvorschriften dienen darüber hinaus der Bestimmung der offenen Abwicklungspflichten des Verwalters. Wo es – wie im masseunzulänglichen Verfahren – an einer eindeutigen Regelung seiner Amtspflichten fehlt, kann auf die Ausgestaltung der Haftung zur Bestimmung der Amtspflichten zurückgegriffen werden. Die §§ 60, 61 InsO geben den Regelungsrahmen dafür vor, was der Verwalter nicht tun darf, will er eine persönliche Inanspruchnahme vermeiden. Der von dem Verwalter unter mehreren Gesichtspunkten zu unterhaltende Liquiditätsplan spielt insoweit eine entscheidende Rolle. Die grundsätzlichen Anforderungen, die sich aus der Rechtsprechung an den Liquiditätsplan konkret ergeben, werden in Kapitel C) III.2.2 untersucht. Der Verwalter hat diese Anforderungen auch in den weiteren Anwendungsfällen des Liquiditätsplans[12] zu beachten.

Sodann beginnt mit Kapitel D) die Untersuchung der anderen Komponente des Spannungsfeldes der Abwicklung des masseunzulänglichen Verfahrens. Im Rahmen der Untersuchung des gesetzlichen Regelungsrahmens werden zunächst beide Formen der Massearmut, d.h. sowohl Masseunzulänglichkeit als auch Massekostenarmut, dargestellt. Massekostenarmut und Masseunzulänglichkeit hängen zusammen; sie schliessen sich nicht gegenseitig aus, sondern können auch nacheinander zur Anwendung kommen[13]. In der Praxis ist insoweit häufig zu beobachten, dass ursprünglich für masseunzulänglich gehaltene Verfahren später wegen Massekostenarmut nach § 207 InsO abgebrochen werden. Eine optimale Verfahrensabwicklung spielt dann keine Rolle mehr. Für den Verwalter stellen sich in diesem Zusammenhang insbesondere zwei Fragen: Welche Kosten sind für die Entscheidung über eine Abweisung bzw. einen Verfahrensabbruch zu berücksichtigen und welche Insolvenzmasse ist den so ermittelten Verfahrenskosten gegenüberzustellen? Diese Fragen werden in Kapiteln D) II.1 und D) III.2 untersucht. Im eröffneten Verfahren stellt sich insbesondere die Frage nach der gesetzlich nicht geregelten

12 Teilweise wird außerhalb der §§ 60, 61 InsO statt von „Liquiditätsplan" auch von „Finanzplan" gesprochen. Die Arbeit verwendet wegen der vergleichbaren Funktionsweise allein den Begriff „Liquiditätsplan".

13 Uhlenbruck/Uhlenbruck § 207 RdNr. 4.

Rückkehr in das Regelinsolvenzverfahren in Folge einer optimalen Abwicklung, die in Kapitel D) III.4 analysiert wird.

In Kapitel E) werden sodann die Auswirkungen der Anzeige der Masseunzulänglichkeit eingehend erörtert und die sich aus dem Abwicklungsgebot ergebenden Pflichten des Insolvenzverwalters bestimmt. Dargelegt wird, dass der Insolvenzverwalter den von ihm zu unterhaltenden Liquiditätsplan mit Eintritt der Masseunzulänglichkeit im Hinblick auf den Schutzzweck der Haftungsnormen umzustellen und an die geänderten Rahmenbedingungen anzupassen hat. Der Eintritt der Neu-Masseunzulänglichkeit wird in Kapitel E) VII untersucht.

Kapitel F schließlich führt die Spannungsfelder Abwicklungspflicht und Haftungsrisiken erneut zusammen; hier wird untersucht, ob das Abwicklungsgebot das Recht des Insolvenzverwalters umfasst, mit Hilfe herkömmlicher Sanierungsinstrumente eine optimale Gläubigerbefriedigung herbeizuführen. Die umfassende Nutzung der herkömmlichen Sanierungsinstrumente im insuffizienten Verfahren, beispielhaft die Sanierung mittels Insolvenzplan, begegnet in der Literatur weiten Bedenken[14]. Maßgeblich für die Untersuchung ist die Frage nach der Vereinbarkeit von Sanierungsmaßnahmen im masseunzulänglichen Verfahren mit dessen Regelungszweck und dem im Kapitel C) erörterten und hier fortgeführten Haftungsregime wegen Nichterfüllung von Masseverbindlichkeiten.

Die insolvenzrechtliche Praxis zeigt, dass eine rigoros einschränkende Ansicht optimale Ergebnisse verhindern kann. Bei der im Laufe der Insolvenzabwicklung auftretenden Masseunzulänglichkeit liegt regelmäßig ein dynamischer Vorgang vor; das Verfahren nach §§ 208 ff. InsO begründet keinen Status, sondern normiert Verhaltenspflichten unter den besonderen Bedingungen der illiquiden Masse. Eine starre Regelung genügt deshalb den Anforderungen an eine optimale Abwicklung nicht. Dies gilt vor allem für den Fall der temporären Masseunzulänglichkeit[15]. Eine strikte Ablehnung wird zudem den Erwartungen an eine moderne Insolvenzverwaltung nicht gerecht. Denn der Verwalter, der das Unternehmen des Schuldners einfach schließt, gehört seit langem der Vergangenheit an[16]. Ziehen sich Übertragungsverhandlungen über einen längeren Zeitraum hin, so kann bspw. eine weitere Fortführung notwendig sein, um die Übertragungsmöglichkeit zu erhalten. Im masseunzulänglichen Verfahren bietet sich vor allem durch die Regelung des § 209 InsO die Möglichkeit, eine Betriebsfortführung darzustellen.

Kapitel G) enthält die Schlussbetrachtung.

14 Vgl. nur Häsemeyer, Verfahren bei Masseunzulänglichkeit, S. 350 ff.

15 Dazu unten Kapitel C.III.4.3.

16 Weisemann/Smid, Kapitel 1, RdNr. 102; kritisch zur bestehenden Abwicklungspraxis: Manager Magazin 04/2005, S. 58–78, „Insolvenzverwalter: Ausländische Sanierungsprofis attackieren das Kartell der deutschen Pleiteabwickler".

B) Fehlende gesetzliche Möglichkeit zur Überprüfung der Anzeige der Masseunzulänglichkeit

I. Gesetzliche Regelung

Die Feststellung der Masseunzulänglichkeit obliegt allein dem Verwalter, ohne dass dem Insolvenzgericht oder den Massegläubigern im Gesetz eine Überprüfungsmöglichkeit eingeräumt worden ist. Der Insolvenzverwalter legt mit der Anzeige einheitlich und verbindlich gegenüber allen Beteiligten den Zeitpunkt fest, von dem an die Massegläubiger nach der besonderen Rangordnung des § 209 InsO zu befriedigen sind[17].

Anders als im Falle der Massekostenarmut (dort § 216 InsO) sieht die InsO gegen die Anzeige der Masseunzulänglichkeit und die darauffolgende Einstellung des Verfahrens kein Rechtsmittel vor. Auch eine Anhörung der Betroffenen (vgl. zur Massekostenarmut § 207 Abs. 2 InsO) ist nicht vorgeschrieben[18].

Eine Überprüfung der Feststellungen des Insolvenzverwalters kann zwar im Rahmen der allgemeinen Aufsicht durch das Insolvenzgericht gemäß § 58 InsO in Form einer Schlüssigkeitsprüfung stattfinden. Tatsächlich wird es zu einer solchen Überprüfung aber nur in Ausnahmefällen kommen; derartige Aufsichtsmaßnahmen sind sehr selten. Aufsichtsmaßnahmen des Insolvenzgerichts haben zudem keinen Einfluss darauf, dass mit der vom Verwalter angezeigten Masseunzulänglichkeit die daran anknüpfenden Wirkungen nach §§ 209 ff. InsO ausgelöst werden[19].

Typischerweise wird eine Überprüfung der Rechtmäßigkeit der Anzeige des Verwalters erst in einem Haftungsprozess erfolgen[20].

II. Kritik an der geltenden Gesetzeslage

Die bestehende gesetzliche Regelung erfährt aus verfassungsrechtlichen, gesetzessystematischen sowie praktischen Gründen weithin Kritik[21].

---

17 Vgl. auch Hess/Weis/Wienberg § 208 RdNr. 23; MünchKomm-InsO/Hefermehl § 208 RdNr. 34; Uhlenbruck/Uhlenbruck § 208 RdNr. 4.

18 Braun/Kießner § 208 RdNr. 16.

19 MünchKomm-InsO/Hefermehl § 208 RdNr. 39.

20 Vgl. hierzu sogleich Kapitel C) III.

21 Vgl. statt vieler Smid, Abwicklung masseunzulänglicher Verfahren, S. 1319; Häsemeyer, Insolvenzrecht, RdNr. 7.78; MünchKomm-InsO/Hefermehl § 208 RdNr. 40, jeweils mit weiteren Nennungen. Kürzlich hierzu Adam, Gleichmäßige Befriedigung von Massegläubigern, 181, 182.

B) Fehlende ges. Möglichkeit zur Überprüfung der Masseunzulänglichkeit

1. Verfassungsrechtliche Bedenken

Durch die Streichung der ursprünglich in dem RegE von 1994 vorgesehenen Feststellungskompetenz des Insolvenzgerichts fehlt es bei der Feststellung der Masseunzulänglichkeit an einer formell rechtsmittelfähigen gerichtlichen Entscheidung[22]. Bei der Anzeige handelt es sich vielmehr um eine allein haftungsrechtlich relevante interne Maßnahme.

Namentlich *Smid*[23] hat frühzeitig darauf aufmerksam gemacht, dass diese Regelung der Feststellungskompetenz des Verwalters und die daraus resultierende mangelnde Rechtsschutzmöglichkeit im Hinblick auf die Rechtsschutzgarantie nach Art. 19 Abs. 4 GG fragwürdig ist[24].

Art. 19 Abs. 4 GG enthält die Strukturentscheidung für den Einzelrechtsschutz und kommt zur Anwendung, wenn ein Grundrechtsinhaber durch die öffentliche Gewalt in seinen Rechten verletzt sein kann[25]. Diese Vorschrift ist von solch erheblicher Wichtigkeit, dass ihr Kerngehalt verfassungsänderungsfest ist. Sie sichert den Rechtsschutz gegenüber der Exekutive und ist Teil des Rechtsstaatsprinzips.

In seinem subjektiven Gehalt ist Art. 19 Abs. 4 GG unbeschränkt, das Grundrecht steht jedermann zu, der überhaupt Träger eines Grundrechts sein kann[26]; mithin auch Massegläubigern – unabhängig davon, ob es sich im Einzelfall um natürliche oder juristische Personen handelt.

Durch die in § 208 Abs. 1 InsO vorgenommene Kompetenzverteilung wird den betroffenen Massegläubigern als Grundrechtsträgern derzeit die Möglichkeit des Rechtsschutzes gegen die Anzeige genommen.

Dies erscheint deshalb als verfassungsrechtlich bedenklich, weil hier zumindest eine potentielle Rechtsverletzung eines Grundrechtsträgers durch die Rangrückstufung von Masseforderungen gemäß § 209 InsO in Betracht kommt; entgegen dem gesetzlichen Leitbild des Vorwegbefriedigungsrechts aus § 53 InsO. Die Rechtsschutzgarantie nach Art. 19 Abs. 4 GG kommt dort zum Tragen, wo die einschlägigen Normen dem Betroffenen ein subjektives Recht einräumen[27]. Ein subjektives Recht liegt vor, wenn die beeinträchtigte Norm dem Schutz des Betroffenen zu dienen bestimmt ist. § 53 InsO dient sowohl Allgemein- als auch Individualinteressen. Die Norm dient einerseits der ordnungsgemäßen Abwicklung eines Insolvenzverfahrens mit dem Ziel der gleichmäßigen Befriedigung der Insolvenzgläubiger, § 1 InsO[28]. Sie dient andererseits aber auch der Durchsetzung der Interessen der Massegläubiger, denen § 53 InsO ein Vorwegbefriedigungsrecht durch die Befriedigung

---

22 Smid, Abwicklung masseunzulänglicher Verfahren, S. 1319.
23 Smid, Abwicklung masseunzulänglicher Verfahren, S. 1319.
24 Smid, Abwicklung masseunzulänglicher Verfahren, S. 1319.
25 Jarass/Pieroth Art. 19 RdNr. 32, 34.
26 Jarass/Pieroth Art. 19 RdNr. 34.
27 Jarass/Pieroth Art. 19 RdNr. 36.
28 MünchKomm-InsO/Hefermehl § 53 RdNr. 1.

außerhalb des Insolvenzverfahrens einräumt. Durch die aufgrund der Anzeige der Unzulänglichkeit eintretende Vollstreckungssperre nach § 210 InsO verlieren die sogenannte Alt-Massegläubiger das Recht zur Vorwegbefriedigung. Eine Rechtsverletzung der Alt-Massegläubiger kann vorliegen, wenn die Anzeige und die damit verbundene Rangrückstufung rechtswidrig erfolgen, d.h. ohne dass die zur Anzeige berechtigenden Voraussetzungen des § 208 InsO vorliegen. Insoweit stellt allein die Möglichkeit einer unberechtigten Anzeige eine potentielle Rechtsverletzung dar. Für die Eröffnung des Anwendungsbereichs von Art. 19 Abs. 4 GG ist eine potentielle Rechtsverletzung bereits ausreichend[29].

Trotz dieser Schutzbereichseröffnung existiert für die betroffenen Grundrechtsträger freilich keine Rechtsschutzmöglichkeit. Die Alt-Massegläubiger sind auf den Weg des Haftungsprozesses gegen den Insolvenzverwalter verwiesen, ihnen wird die Möglichkeit der Vorwegbefriedigung nach § 53 InsO ohne Gewährung eines ausreichenden Rechtsschutzes genommen[30]. Zwar stellt die Anzeige der Masseunzulänglichkeit durch den Insolvenzverwalter nicht den nach Art. 19 Abs. 4 GG erforderlichen Akt der öffentlichen Gewalt dar. Der Akt der öffentlichen Gewalt liegt insoweit allerdings nachgelagert in der Einstellungsentscheidung des Insolvenzgerichts nach § 211 InsO. Auch diese Einstellungsentscheidung allerdings ist nicht rechtsmittelfähig. Die Versagung eines Rechtsmittels gegen die Verfahrenseinstellung wurde vom Gesetzgeber damit begründet, dass die Einstellung im Falle der Masseunzulänglichkeit erst nach Verteilung des schuldnerischen Vermögens erfolgt[31]; ein Rechtsmittel wurde deshalb korrespondierend zu der Situation nach Aufhebung des Verfahrens gemäß § 200 InsO als entbehrlich angesehen. Typischerweise wird der Einstellungsbeschluss von dem Rechtspfleger bei dem Insolvenzgericht erlassen. Damit wird die Überprüfung dieser Entscheidung durch den Insolvenzrichter im Wege der Rechtspflegererinnerung nach § 11 Abs. 2 S. 1 RpflG eröffnet; eine Überprüfung der nachgelagerten Entscheidung des Richters ist jedoch nicht möglich.

Nach neuester Rechtsprechung des BGH soll der Ausschluss eines Rechtsmittels gegen den Einstellungsbeschluss des Insolvenzgerichts nach § 211 InsO allerdings mit der Garantie effektiven Rechtsschutzes nach Art. 19 Abs. 4 GG vereinbar sein[32].

2. Systematische Bedenken

Die fehlende Überprüfbarkeit der Masseunzulänglichkeit wirft im Hinblick auf die Durchführung eines angemessenen und praktikablen Insolvenzverfahrens sowie die Wertungen der §§ 207ff. InsO auch systematische Fragen auf.

---

29 Jarass/Pieroth Art. 19 RdNr. 35.

30 Vgl. dazu auch RefE InsOÄndG, Begründung, S. 12, abgedruckt in: ZVI 2004, Beilage 3.

31 Begr. zu § 330 RegE, abgedruckt in: Uhlenbruck, Das neue Insolvenzrecht, S. 585, 586.

32 BGH ZInsO 2007, 263, 264.

B) Fehlende ges. Möglichkeit zur Überprüfung der Masseunzulänglichkeit

Die Gläubiger sind im masseunzulänglichen Verfahren im Hinblick auf ihre Rechtsposition schlechter gestellt als im gänzlich masselosen Verfahren nach § 207 InsO. Im Regelungsbereich der Masseunzulänglichkeit fehlt die Einräumung rechtlichen Gehörs der Beteiligten insgesamt. Im Gegensatz zu der Regelung des § 207 Abs. 2 InsO ist eine Anhörung weder vor Feststellung der Anzeige in § 208 InsO noch vor Einstellung des Verfahrens in § 211 InsO vorgesehen. Damit besitzen die betroffenen Massegläubiger im masseunzulänglichen Verfahren nicht einmal die Rechtsstellung der Gläubiger bei Eintritt der Massekostenarmut nach § 207 InsO.

Korrespondierend zu der ursprünglich vorgesehenen Feststellungskompetenz des Insolvenzgerichts nach § 318 Abs. 1 RegE sollten vor der Entscheidung über den Antrag des Verwalters zunächst der Gläubigerausschuss und die betroffenen Massegläubiger gehört werden. Der RegE wurde jedoch auf Betreiben des Rechtsausschusses geändert, um so eine Entlastung der Insolvenzgerichte herbeizuführen; die geltende Regelung soll der zügigen Abwicklung des massearmen Verfahrens dienen[33]. Dabei wurde davon ausgegangen, dass die Gefahr einer verfrühten oder unrichtigen Anzeige wegen der den Verwalter treffenden Haftung nur gering ist.

Die unterschiedliche Regelung bei Massekostenarmut und -unzulänglichkeit ist auch deshalb zweifelhaft, weil das massekostenarme im Gegensatz zu dem masseunzulänglichen Verfahren für die Beteiligten ein wirtschaftlich uninteressantes Verfahren darstellt. Sind nicht einmal die Verfahrenskosten innerhalb eines akzeptablen Zeitraums zu decken, ist an eine (auch quotale) Befriedigung der Gläubiger nicht zu denken. Das masseunzulängliche Verfahren hingegen bietet durchaus Befriedigungsaussichten für Gläubiger; es ist ein Ziel dieser Arbeit, darzustellen, wie Befriedigungsaussichten auch bei Masseunzulänglichkeit verwirklicht werden können. Es wird noch gezeigt, dass ohne weiteres vorstellbar ist, dass zwar die Masseverbindlichkeiten im Zeitpunkt ihrer Fälligkeit nicht aus den liquiden Mitteln beglichen werden können, dass aber nachträglich eine nachhaltige Massebesserung eintritt[34]. So hat der BGH im Jahr 2001 entschieden, dass das sich der Masseunzulänglichkeit anschließende Verfahren mittelbar den Interessen sämtlicher Gläubiger diene; die vorrangige Befriedigung der Massegläubiger könne als Vorstufe zu einer potentiellen späteren Berücksichtigung auch der Insolvenzgläubiger dienen[35].

In der Praxis stellt sich zudem das Problem, dass durch die lediglich inzident stattfindende Überprüfung der Masseunzulänglichkeit im Haftungsprozess keine einheitliche Festlegung der Frage, ob die Masseunzulänglichkeit berechtigt oder nicht angezeigt wurde, stattfindet. Denn in objektiver Hinsicht wirkt die materielle Rechtskraft gemäß § 322 Abs. 1 ZPO nur soweit, als über den erhobenen Anspruch entschieden ist. Die Frage einer widerrechtlichen Anzeige der Masseunzulänglich-

---

33 Beschl.-Empfehlung des RechtsA zu § 234b, abgedruckt in: Uhlenbruck, Das neue Insolvenzrecht, S. 572; vgl. Leonhardt/Smid/Zeuner-Smid § 208 RdNr. 13.

34 Vgl. dazu auch das Problem der Rückkehr in das Regelinsolvenzverfahren, Kapitel D) III.4.3.f).

35 BGH NZI 2001, 585, 587.

keit ist aber nicht Teil des erhobenen Anspruchs, sondern lediglich dessen Voraussetzung. Präjudizielle Rechte und Rechtsverhältnisse werden von der Rechtskraft nach § 322 Abs. 1 ZPO nicht erfasst, auch wenn sie in der Urteilsbegründung enthalten sind und der Entscheidung zugrundeliegen[36].

Die Wirkung eines in einem solchen Prozess gesprochenen Urteils gilt in subjektiver Hinsicht gemäß § 325 Abs. 1 ZPO nur *inter-partes*, beschränkt sich mithin auf die Parteien. Aus einem Haftungsprozess gegen den Verwalter können sämtliche zurückgesetzten Massegläubiger deshalb von vorneherein keinen Nutzen ziehen[37].

Dies führt zu der wenig prozessökonomischen Folge, dass das Vorliegen der Voraussetzungen für die Anzeige der Masseunzulänglichkeit bzw. deren Widerrechtlichkeit in jedem Prozess neu zu klären ist. Eine vergleichsweise geringe Entlastung der Insolvenzgerichte wurde mit einer nicht unerheblichen Belastung der Prozessgerichte erkauft[38].

Insoweit ist *Häsemeyer*[39] wohl darin zuzustimmen, dass die Hoffnung des Bundestags-Rechtsausschusses, Fehler des Insolvenzverwalters in diesem Zusammenhang würden notfalls durch dessen besonders bestimmte Haftung für schuldhaft begründete unerfüllbare Masseverbindlichkeiten kompensiert, allen Beteiligten, auch dem Verwalter, Steine statt Brot geben dürfte.

3. Reformvorhaben

Nach Inkrafttreten der InsO am 1. Januar 1999 und der daraus folgenden Neuregelung des Insolvenzverfahrens hat der Gesetzgeber dem aus der Neukodifizierung erwarteten Anpassungsbedarf zunächst mit dem InsO ÄndG vom 26. Oktober 2001[40] Rechnung zu tragen versucht. Dabei wurden nur die Regelungen des Verbraucherinsolvenzverfahrens behandelt, da die Probleme in dieser durch die InsO von 1999 gänzlich neu geschaffenen Verfahrensart vordringlicher schienen[41].

In der Folge sollten auch die als solche erkannten Defizite des Regelinsolvenzverfahrens behoben werden[42]. Das Bundesministerium der Justiz hatte deshalb Ende April 2003 zunächst einen Diskussionsentwurf zur weiteren Änderung der InsO[43]

---

36 BGH JZ 83, 395; Jauernig, § 63 III.

37 MünchKomm-InsO/Hefermehl § 208 RdNr. 40.

38 So auch Diskussionsentwurf zur weiteren Änderung der InsO (DiskE InsO ÄndG 2003), S. 29, der Annahme von MünchKomm-InsO/Hefermehl § 208 RdNr. 40 folgend.

39 Häsemeyer, Insolvenzrecht, RdNr. 7.78.

40 BGBl I S. 2710.

41 Vgl. DiskE InsO ÄndG 2003, S. 11, nach dem bereits nach kurzer Zeit ein erheblicher Anpassungsdruck entstanden ist.

42 RefE InsO ÄndG 2004, S. 1.

43 Abgedruckt in HK-InsO, Kapitel VII, Materialien zur Reform des Insolvenzrechts; auszugsweise auch abgedruckt in ZInsO 2003, S. 359–363.

(DiskE InsO ÄndG 2003) auf Grundlage des Abschlussberichts der Bund-Länder-Arbeitsgruppe[44] „Insolvenzrecht" vorgelegt. Der Diskussionsentwurf sah u. a. den Übergang der Feststellungskompetenz von dem Insolvenzverwalter auf das Insolvenzgericht vor. Im Hinblick auf den starken Eingriff durch die mit der Anzeige verbundenen Rechtsfolgen in die Rechte der Alt-Massegläubiger wurde die Kritik an der bestehenden Regelung aufgegriffen[45].

Am 16. September 2004 legte das Bundesjustizministerium einen überarbeiteten Referentenentwurf vor, der vorsah, dass das Insolvenzgericht innerhalb einer Notfrist von zwei Wochen ab Zustellung der Anzeige auf Antrag eines Massegläubigers feststellt, ob die Anzeige der Masseunzulänglichkeit gerechtfertigt ist[46].

Im weiteren Gesetzgebungsverfahren wurde die vorgeschlagene Überprüfungsmöglichkeit schließlich jedoch ganz aufgegeben.

Mit dem Entwurf eines Gesetzes zur Verbesserung und Vereinfachung der Aufsicht in Insolvenzverfahren (GAVI)[47] vom 15. August 2007 ist derzeit zwar eine Pflicht des Verwalters zur Begründung der Unzulänglichkeitsanzeige in der Diskussion. Eine Überprüfungs-/Rechtsschutzmöglichkeit enthält der Entwurf hingegen nicht.

III. Stellungnahme

Die geltende Regelung ist verfassungsrechtlich und rechtspolitisch zweifelhaft.

Mit dem RefE InsO ÄndG 2004 hatte der Gesetzgeber auf die andauernde Kritik an der bestehenden Lage im masseunzulänglichen Verfahren reagiert und eine praktikable Lösung vorgestellt.

Die vorgesehene Prüfungsmöglichkeit des Insolvenzgerichts hinsichtlich der Rechtfertigung der Anzeige der Masseunzulänglichkeit wäre sowohl in verfassungsrechtlicher wie auch rechtspolitischer Hinsicht geeignet gewesen, die dargestellten Bedenken zu einem erheblichen Teil zu beseitigen. Zwar wäre beispielsweise weiterhin keine Anhörungsmöglichkeit der Beteiligten vorgesehen gewesen und auch Rechtsschutz gegen die Verfahrenseinstellung nicht eingeräumt worden. Es wäre den Massegläubigern gleichwohl der Eindruck genommen worden, dass ihnen ohne jede Kontrolle ihre Vorzugsrechte im Verfahren entzogen werden können und ihr Vorwegbefriedigungsrecht aus § 53 InsO deshalb praktisch wertlos

---

44 Zu finden bspw. unter www.jm.nrw.de. Diese Bund-Länder-Arbeitsgruppe unter dem Vorsitz Nordrhein-Westfalens wurde schon im Juni 1999 gebildet mit der Aufgabe, die Probleme der praktischen Anwendungen und die Schwachstellen des neuen Insolvenzrechts zu analysieren und Änderungsmöglichkeiten aufzuzeigen, vgl. Beschluss der 70. Konferenz der Justizministerinnen und Justizminister vom Juni 1999. Vorgestellt wurde der Bericht dann auf der 73. Konferenz.

45 Vgl. DiskE InsO ÄndG 2003, S. 30.

46 RefE InsO-ÄndG 2004, Nr. 28, S. 3, abgedruckt in: ZVI 2004, Beilage 3.

47 BR-Drucksache 566/07.

ist[48]. Dies hätte deshalb einen wichtigen Schritt in Richtung Förderung einer auf gegenseitigem Vertrauen beruhenden praxistauglichen Verfahrensabwicklung im masseunzulänglichen Verfahren bedeutet.

Selbst wenn man die Ansicht des BGH, es genüge den Anforderungen von Art. 19 Abs. 4 GG, dass die Rechtspflegerentscheidung im Rahmen von § 211 InsO mit der befristeten Erinnerung nach § 11 Abs. 2 RPflG angefochten werden kann, für zutreffend erachtet, bleiben die rechtspolitischen Bedenken gegen die geltende Regelung bestehen.

Die gegen die geplante Änderung erhobenen Bedenken, mit der Begründung, die Änderung führe zur Beeinträchtigung einer zügigen und effektiven Verfahrensabwicklung sowie zu einer übermäßigen Belastung der Insolvenzmassen durch eine mögliche Gutachterbestellung[49], waren nicht berechtigt.

Der RefE sah eine Kostentragungspflicht des Antragstellers bei korrekter Anzeige vor[50]. Das heißt, nur dann, wenn die Anzeige des Verwalters nicht gerechtfertigt ist, sollte eine Kostenbelastung der Masse in Betracht kommen. Im Fall einer ungerechtfertigten Anzeige läge aber wohl auch ein pflichtwidriges Verhalten des Verwalters vor, mit der Folge, dass dieser im Innenverhältnis gegenüber der Gläubigergemeinschaft persönlich haften würde[51]; der Masse stünde dann grundsätzlich ein Freistellungsanspruch nach §§ 249, 255 BGB gegen den Verwalter zu.

Nach dem Verzicht auf eine Umsetzung der geplanten Änderung ist allerdings trotz der bedenklichen geltenden Regelung weiterhin die Entscheidung des Gesetzgebers von 1994, das Insolvenzgericht überhaupt nicht mit der Feststellung der Masseunzulänglichkeit zu betrauen, zu respektieren[52].

IV. Zwischenergebnis

De lege lata unterliegt die Anzeige der Masseunzulänglichkeit keiner originären gerichtlichen Kontrolle. Eine Überprüfungsmöglichkeit besteht erst auf Sekundärebene in einem Haftungsprozess. Die Vereinbarkeit der geltenden Gesetzeslage mit höherrangigem Recht ist zweifelhaft.

Zur Wahrnehmung ihrer Interessen sind Massegläubiger gehalten, den Insolvenzverwalter auf Schadensersatz in Anspruch zu nehmen. Die Anzeige der Masseunzulänglichkeit löst damit gleichsam zwingend Haftungsstreitigkeiten aus. Im nachfolgenden Kapitel C) wird gezeigt, dass die Frage nach der Haftung des Insolvenzverwalters insoweit der Sache nach häufig die Frage betrifft, ob tatsächlich Masseunzulänglichkeit vorliegt. Der sogleich zu untersuchende Liquiditätsplan

---

48 Vgl. auch Pape, Überprüfung der Anzeige der Masseunzulänglichkeit, S. 1224.
49 Vgl. dazu pointiert Förster, S. 28.
50 § 208 Abs. 1 S. 4 RefE InsO ÄndG 2004.
51 So auch Pape, Überprüfung der Anzeige der Masseunzulänglichkeit, S. 1226.
52 HK-InsO/Landfermann § 208 RdNr. 5.

betrifft insoweit nicht nur die Exkulpation des Verwalters, sondern auch den Nachweis, dass die Voraussetzungen der Anzeige der Masseunzulänglichkeit vorliegen.

Als Folge des gesetzlichen Regelungskonzepts und dem Verweis auf Sekundäransprüche besteht bei den Beteiligten im masseunzulänglichen Verfahren eine nicht unerhebliche Unsicherheit. Dies führt dazu, dass das für eine zufriedenstellende Verfahrensabwicklung erforderliche gegenseitige Vertrauen beeinträchtigt wird.

C) Die persönliche Haftung des Insolvenzverwalters für die Nichterfüllung von Masseverbindlichkeiten

I. Bedeutung und Funktion

Die Anzeige der Masseunzulänglichkeit und die damit verbundenen Konsequenzen für die Verfahrensbeteiligten[53] und den Gang des Verfahrens haben in der Insolvenzpraxis eine enorme Bedeutung. Diese liegt einerseits in der Häufigkeit von masseunzulänglichen Insolvenzverfahren und deren erheblichen Anteil an der Gesamtzahl der Insolvenzverfahren. Die Masseunzulänglichkeit ist inzwischen von der Einzelfallproblematik zum Massenphänomen geworden; die Anzeige der Masseunzulänglichkeit ist heute eher die Regel als die Ausnahme[54].

Diese Situation ist das Ergebnis einer langjährigen Entwicklung. Betrachtet man das Eröffnungsverfahren, so konnten in den 50er Jahren des 20. Jahrhunderts rund drei Viertel aller Insolvenzen eröffnet werden, weil die Verfahrenskosten gedeckt waren[55]. Zuletzt kehrte sich dieses Verhältnis unter dem Regime der KO jedoch um; rund 75% der Verfahren gelangten wegen Massearmut nicht mehr zur Eröffnung[56].

Nach Einführung der Insolvenzordnung werden inzwischen weit mehr Verfahren eröffnet. So wuchs in den drei Jahren zwischen Einführung der InsO am 1. Januar 1999 bis zum 31. Dezember 2001 die Eröffnungsrate auf über 50% der beantragten Verfahren an[57]. Seit Einführung der Verfahrenskostenstundung gemäß § 4a InsO am 1. Dezember 2001 ist die Eröffnungsquote weiter angestiegen. Berücksichtigt man diese mittels Stundung eröffneten Verfahren, so ergibt sich eine (Gesamt-)-Eröffnungsquote von 75% der angemeldeten Verfahren[58]. Dementsprechend wurde im ersten Halbjahr 2002 lediglich in einem Viertel der Fälle eine Abweisung mangels Masse beschlossen. Bei Unternehmensinsolvenzen liegt die Eröffnungs-

---

53 Zum Beteiligtenbegiff vgl. Leonhardt/Smid/Zeuner-Smid § 60 RdNr. 8ff.; FK-InsO/Hössl § 60 RdNr. 13; Häsemeyer, Insolvenzrecht, RdNr. 6.37.

54 Kübler/Prütting-Pape § 209 RdNr. 3. Zur Häufigkeit massearmer Verfahren nach der KO schon Roth, Prozessuale Folgen, S. 573; zur InsO: Statistisches Bundesamt, Insolvenzen in Deutschland 2003, S. 13. Vgl. auch Ringstmeier, Mietverhältnisse in masseunzulänglichen Insolvenzverfahren, S. 169.

55 Statistisches Bundesamt, Insolvenzen in Deutschland 2003, S. 12.

56 Statisches Bundesamt, Insolvenzen in Deutschland 2003, S. 12; Bork, Einführung, RdNr. 99. Das Stiefkind des Insolvenzrechts hat die Herrschaft übernommen, so Nerlich/Römermann-Mönning § 26 RdNr. 1.

57 Pape/Hauser, Massearme Verfahren, RdNr. 71.

58 Statistisches Bundesamt, Insolvenzen in Deutschland 2003, S. 13.

quote seit 2001 konstant bei rund 50%. Verengt man die Betrachtung auf Insolvenzanträge, die sich auf das Vermögen einer GmbH beziehen, so erfolgt ebenfalls nur noch in etwa der Hälfte der Fälle eine Abweisung mangels Masse[59].

Im eröffneten Verfahren zeigt der Verwalter in einem großen Teil der Verfahren Masseunzulänglichkeit an[60]. Die Gründe für den hohen Anteil masseunzulänglicher Verfahren an der Gesamtheit der Insolvenzverfahren sind vielfältig; die stetige Zunahme der anonymen Mobiliarsicherheiten und die damit verbundene Auszehrung der Masse dürfte jedoch einen großen Teil zu dieser Situation beitragen[61]. Auch prognostisch risikoreiche Fortführungsentscheidungen des Insolvenzverwalters können einen Grund für die Anzeige der Masseunzulänglichkeit darstellen[62].

Die herrschende Meinung zur restriktiven Auslegung des Begriffs der Verfahrenskosten im Rahmen des § 26 InsO befördert die Eröffnung masseunzulänglicher Verfahren zusätzlich[63].

Andererseits liegt die Bedeutung in den einschneidenden Rechtsfolgen, die sich aus der Anzeige der Masseunzulänglichkeit ergeben. Denn neben der quantitativen Relevanz hat die Anzeige der Masseunzulänglichkeit auch in qualitativer Hinsicht große Bedeutung. Dies trifft insbesondere den Insolvenzverwalter und die Alt-Massegläubiger.

Für den Insolvenzverwalter hat der Eintritt der Masseunzulänglichkeit massive Konsequenzen und führt zu einer schwer zu kontrollierenden Gefahrenlage. Seine Pflicht – in nicht näher bezeichnetem Umfang – zur Verwertung und Verwaltung der Masse gemäß § 208 Abs. 3 InsO besteht fort, er hat aber Kenntnis von der Unzulänglichkeit i. S. v. § 61 S. 2 InsO, sodass ihm eine entsprechende Exkulpation im Hinblick auf eine mögliche persönliche Haftung für die Nichterfüllung von Masseverbindlichkeiten nur unter engen – sogleich darzustellenden – Voraussetzungen möglich ist.

Besondere (Haftungs-)Brisanz bergen Betriebsfortführungen. Die Arbeit konzentriert sich deshalb auf die Untersuchung der Abwicklung des masseunzulänglichen (Unternehmens-)Insolvenzverfahrens im Fall der Betriebsfortführung. Bei der Insolvenz natürlicher Personen und selbstständiger Tätigkeit ist für den Verwalter eine komfortable Lösung über die Freigabe von Vermögen, vgl. § 35 Abs. 2 InsO,

---

59 Diskussionsentwurf zur weiteren Änderung der InsO (DiskE InsO ÄndG 2003), S. 14.

60 Statistische Erhebungen liegen nach Auskunft des statistischen Bundesamtes zwar derzeit noch nicht vor; vgl. aber bspw. Smid, Praxishandbuch Insolvenzrecht, § 28 RdNr. 5.

61 So schon Kilger, Der Konkurs des Konkurses, S. 148; vgl. auch Hilgers, Besitzlose Mobiliarsicherheiten, S. 5; zur Auszehrung der Masse durch Sicherungsrechte auch Roth, Prozessuale Folgen, S. 573, 574; kritisch auch Thiemann, Vorläufige Masseverwaltung im Insolvenzeröffnungsverfahren, RdNr. 6; dazu ausführlicher Bork, Einführung, RdNr. 99; Uhlenbruck, Konkurs im Konkurs, S. 804 f.; aktueller Pape/Hauser, Massearme Verfahren, RdNr. 18.

62 Häsemeyer, Verfahren bei Masseunzulänglichkeit, S. 354.

63 Hierzu Kapitel D) II.1.

möglich. Diesen Fall behandelt die Arbeit nicht[64]. Ebenfalls ausgenommen von der Untersuchung ist wegen ungewisser legislativer Zukunft die Möglichkeit der Verfahrenskostenstundung.

Eine Betriebsfortführung ist immer mit der Auslösung von Kosten verbunden, die als Masseverbindlichkeiten den Insolvenzforderungen nach § 38 InsO vorgehen. Typischerweise verursacht auch die Verwaltung und Verwertung wertausschöpfend belasteter Immobilien erhöhte Haftungsrisiken. Trotz der Belastung wird – bspw. im Rahmen eines freihändigen Verkaufs – häufig ein Massebeitrag durch den Insolvenzverwalter zu erzielen sein. Ähnlich wie die Betriebsfortführung löst die Unterhaltung der Immobilie für die Zeit bis zur Verwertung Kosten aus, die als Masseverbindlichkeiten vorab zu befriedigen sind. Diese Kosten kann der Verwalter zwar durch eine Freigabe des Grundstücks aus der Masse vermeiden. Damit ist aber das Grundstück und folglich auch ein möglicher Verwertungsbeitrag für die Masse verloren. Hier wird der Verwalter bereits vor Eröffnung des Verfahrens anhand des Liquiditätsplans zu prüfen haben, ob – und wenn ja zu welchem Zeitpunkt – eine kostendeckende Masse vorliegt und bejahendenfalls, ob er die aus der Unterhaltung der Immobilie entstehenden Masseverbindlichkeiten im Zeitpunkt ihrer Fälligkeiten wird begleichen können.

Die aus der Masseunzulänglichkeit folgenden Konsequenzen für den Insolvenzverwalter sind deshalb besonders bedeutsam, weil seine persönliche Haftung wegen der Steuerungswirkung der zugrundeliegenden Normen eine wichtige Funktion für die Abwicklung des Insolvenzverfahrens einnimmt. Ein gesondertes Haftungsrecht im masseunzulänglichen Verfahren besteht nicht. Die Haftungsvorschriften der InsO können im masseunzulänglichen Verfahren allerdings anders auszulegen sein – abhängig von deren Schutzzweck und den Pflichtenanforderungen, die man an den Insolvenzverwalter stellt. Die Haftung des Verwalters dient der Sicherstellung der Ordnungsgemäßheit seiner Amtsführung[65]. Die Ausgestaltung der Haftung des Insolvenzverwalters im Einzelnen stellt ein Spiegelbild seiner Amtspflichten dar.

Schließlich wurde bereits in Kapitel B) erörtert, dass durch die fehlende Überprüfungsmöglichkeit hinsichtlich der Anzeige der Masseunzulänglichkeit die Frage nach dem tatsächlichen Vorliegen der Insuffizienz auf die Haftungsebene verlagert wird.

Die haftungsrechtliche Verantwortung bildet das Korrelat dafür, dass die Vermögens- und Haftungsabwicklung in die Hand des Verwalters gelegt ist[66]. Die bestimmende Funktion der Haftung zeigt sich wegen der exponierten Stellung des Insolvenzverwalters auch in tatsächlicher Hinsicht. Der Verwalter ist die zentrale

---

64 Vgl. hierzu bspw. Smid, Freigabe des Neuerwerbs in der Insolvenz selbständig tätiger Schuldner, 133, 138.
65 Lüke, Aufgaben und Haftung des Insolvenzverwalters, S. 703; Smid, Praxishandbuch Insolvenzrecht, § 9, RdNr. 108.
66 Häsemeyer, Insolvenzrecht, RdNr. 6.34.

Figur des Insolvenzverfahrens[67]. Angesichts seiner weitreichenden Gestaltungsmöglichkeiten einerseits und der Haftungsgefahren andererseits ist deshalb naheliegend, dass durch ein risikoaverses Verhalten das Ergebnis des Insolvenzverfahrens wesentlich mitbestimmt wird.

Die Haftung des Insolvenzverwalters für die Nichterfüllung von Masseverbindlichkeiten richtet sich sowohl nach den Haftungsvorschriften der InsO gemäß §§ 60, 61 InsO als auch den allgemeinen Vorschriften[68]. Woraus die Haftung im konkreten Fall folgt, bestimmt sich nach der Art der Pflichtverletzung; von Bedeutung ist die Abgrenzung insbesondere wegen der Umkehr der Beweislast zu Lasten des Insolvenzverwalters in § 61 S. 2 InsO.

Für die Massegläubiger bedeutet die Anzeige der Unzulänglichkeit durch den Eintritt der gesetzlichen Befriedigungsrangfolge des § 209 InsO und die damit einhergehende Rückstufung ihrer Forderungen (mithin ihre Einordnung als Alt-Massegläubiger) einen erheblichen Eingriff in ihre Rechte. Schließlich ist die Unzulänglichkeitsanzeige für die Insolvenzgläubiger oftmals das Zeichen, dass mit einer Quote auf ihre Forderungen nicht mehr gerechnet werden kann und etwaig getätigter Aufwand (bspw. für die Vorbereitung der Forderungsanmeldung) nutzlos gewesen ist.

II. Judikatur des BGH zur Haftung wegen der Nichterfüllung von Masseverbindlichkeiten

Maßgeblich hat der BGH mit seinen Urteilen vom 6. Mai 2004[69] und vom 17. Dezember 2004[70] zur persönlichen Haftung des Insolvenzverwalters aufgrund der Nichterfüllung von Masseverbindlichkeiten Stellung genommen und damit teilweise geklärt, welche Anforderungen an eine ordnungsgemäße Abwicklung des Insolvenzverfahrens zu stellen sind.

Entgegen der vorausgegangenen Tendenz in der Rechtsprechung einiger Oberlandesgerichte schränkte der BGH mit diesen Entscheidungen das Haftungsrisiko des Insolvenzverwalters für die Nichterfüllung von Masseverbindlichkeiten ein. Gleichzeitig begründete er die wesentliche Bedeutung eines ordnungsgemäß geführten Liquiditätsplans des Insolvenzverwalters.

---

67 Leonhardt/Smid/Zeuner-Rechel § 56 RdNr. 3.

68 Häsemeyer, Insolvenzrecht, RdNr. 6.44; HambKomm-InsR/Weitzmann § 60 InsO RdNr. 2; Leonhardt/Smid/Zeuner-Smid § 60 RdNr. 6. In Betracht kommt neben einer deliktischen (§§ 823 ff. BGB) oder Haftung aus Verschulden bei Vertragsschluss, § 311 Abs. 2 BGB, insbesondere die abgabenrechtliche Haftung nach § 69 AO.

69 Az. IX ZR 48/03, veröffentlicht in BGHZ 159, 104 ff.

70 Az. IX ZR 185/03, veröffentlicht in ZIP 2005, 311 ff.

1. BGH, Urteil vom 6. Mai 2004 – Az. IX ZR 48/03

Der Entscheidung des BGH vom 6. Mai 2004 **(Ausgangsfall 1)** lag – vereinfacht – folgender Sachverhalt zugrunde:

Der beklagte Insolvenzverwalter bemühte sich nach Eröffnung des Insolvenzverfahrens darum, das Unternehmen der Schuldnerin zu sanieren, und führte deshalb deren Betrieb fort. Er bestellte im Rahmen der Betriebsfortführung bei der Klägerin Waren, welche diese lieferte und in Rechnung stellte. Der Beklagte bezahlte die Rechnungen nicht. Wenig später veräußerte er die Warenbestände und das Anlagevermögen der Schuldnerin an zwei verschiedene Abnehmer, welche lediglich Teilzahlungen auf die vereinbarten Kaufpreise leisteten; der Beklagte zeigte daraufhin dem Insolvenzgericht Masseunzulänglichkeit an. Er wurde von der Klägerin wegen der Nichterfüllung von Masseverbindlichkeiten persönlich in Anspruch genommen.

Die Revision des Beklagten gegen das stattgebende Urteil des OLG Hamm führte zur Aufhebung und Zurückverweisung.

In den Urteilsgründen wies der BGH darauf hin, dass § 61 InsO ausschließlich die Haftung des Insolvenzverwalters für die pflichtwidrige *Begründung* von Masseverbindlichkeiten regele. Für diesen Zeitpunkt habe sich der Insolvenzverwalter zu entlasten. Für die Zeit *nach* Begründung einer Verbindlichkeit lege § 61 InsO hingegen keine insolvenzspezifischen Pflichten fest. Der Senat erörtert die Aufgabe von § 61 InsO, im Interessenkonflikt zwischen Massegläubiger und Insolvenzverwalter zu entscheiden, wen das Risiko zukünftiger Masseunzulänglichkeiten trifft. Die normative Wertung beziehe sich nur auf die Interessenlage des potentiellen Massegläubigers, und zwar in der Situation der Vertragsverhandlung und des Vertragsabschlusses[71].

Nach Ansicht des BGH kann sich der Verwalter auf zweierlei Art entlasten: Er habe entweder zu beweisen, dass objektiv von einer zur Erfüllung der Verbindlichkeit voraussichtlich ausreichenden Masse auszugehen war oder dass für ihn nicht erkennbar war, dass dies nicht zutraf. Der Verwalter könne den hierfür erforderlichen Beweis im allgemeinen nur führen, wenn er eine plausible Liquiditätsrechnung erstellt und diese bis zum Zeitpunkt der Begründung ständig überprüft und aktualisiert. Da das Berufungsgericht die Frage der Entlastung im Begründungszeitpunkt hier nicht geprüft hatte, verwies der BGH die Sache zurück.

Schließlich stellte der BGH in Abweichung von der vorherigen Rechtsprechung einiger Oberlandesgerichte fest, dass die Haftung nach § 61 InsO auf das negative Interesse beschränkt ist[72].

---

71 BGHZ 159, 104, 108, 109.

72 BGHZ 159, 104, 117; a. A. noch OLG Brandenburg NZI 2003, 552, 554.

2. BGH, Urteil vom 17. Dezember 2004 – Az. IX ZR 185/03

Mit einer weiteren Entscheidung vom 17. Dezember 2004 **(Ausgangsfall 2)** konkretisierte der BGH die Anforderungen an den Entlastungsbeweis nach § 61 S. 2 InsO und dem von dem Insolvenzverwalter zu führenden Liquiditätsplan.

Grundlage war der nachfolgend vereinfacht wiedergegebene Fall:

Der beklagte Insolvenzverwalter hatte durch eine Wirtschaftsprüfungsgesellschaft im Eröffnungsverfahren feststellen lassen, „ob der vorhandene Auftragsbestand [...] wirtschaftlich sinnvoll abgearbeitet werden kann". Die beauftragte Wirtschaftsprüfungsgesellschaft bejahte dies und kam zu dem Ergebnis, dass eine Fortführung der betrieblichen Aktivitäten zu einem deutlichen Überschuss zu Gunsten der Masse führen werde. Nach Eröffnung des Insolvenzverfahrens führte der Beklagte den Betrieb der Schuldnerin fort, hatte zuvor jedoch bereits vor Eröffnung in seinem Gutachten die Masseunzulänglichkeit angezeigt. Im Rahmen der Betriebsfortführung bestellte der Beklagte bei der Klägerin mehrfach Waren. Die Rechnungen bezahlte er zunächst nicht. Später zeigte der Beklagte dem Insolvenzgericht erneut die Masseunzulänglichkeit an. Gegenüber der persönlichen Haftungsklage berief sich der Insolvenzverwalter zur Entlastung darauf, dass die den Bestellungen unmittelbar vorausgehenden Planungen hinreichende Liquidität ergeben hätten, um die Forderungen der Klägerin begleichen zu können. Der von diesen Planungen abweichende Liquiditätsengpass sei allein durch eine nicht vorhersehbare Zahlungsverweigerung eines Drittschuldners eingetreten.

Der BGH wies – anders als das Berufungsgericht – die auf § 61 S. 1 InsO gestützte Klage ab, weil er den Entlastungsbeweis nach § 61 S. 2 InsO erfüllt sah.

Im Einzelnen führte der BGH aus, dass der Verwalter zwar plausibel darlegen müsse, auf welcher Basis er bei Begründung der jeweiligen Verbindlichkeit von einer positiven Prognose ausgegangen ist und somit im Rahmen des ihm obliegenden Entlastungsbeweises die Liquiditätspläne im einzelnen zu erläutern habe. Er stellte jedoch klar, dass, wenn sich eine plausible Planung im Nachhinein als falsch darstelle, dies nicht dazu führen dürfe, dem Verwalter die Darlegungs- und Beweislast für eine von der Prognose abweichende Entwicklung aufzuerlegen. Der BGH widerspricht dem Berufungsgericht, dass noch angenommen hatte, dass der beklagte Verwalter hätte darlegen müssen, inwieweit die tatsächliche Entwicklung von den Planzahlen abgewichen sei, diese Abwicklung ursächlich für die Unmöglichkeit der Zahlung der Forderungen der Klägerin bei Fälligkeit und sie nicht vorhersehbar gewesen sei[73]. Wie zeitnah eine Prognose erstellt oder aktualisiert werden muss, sei allerdings eine Frage des Einzelfalls, so der BGH[74].

Mit dem vorliegenden Urteil stellt der BGH schließlich klar, dass § 61 InsO auch auf die Begründung von Neumasseverbindlichkeiten nach Anzeige der Masseun-

---

73 BGH ZIP 2005, 311, 312.
74 BGH ZIP 2005, 311, 312, 313.

zulänglichkeit anzuwenden ist; es gälten keine Besonderheiten gegenüber normalen Masseverbindlichkeiten[75].

III. Haftungsvorschriften der InsO

Der Regelungsrahmen der insolvenzspezifischen Haftung des Insolvenzverwalters ergibt sich aus den §§ 60, 61 InsO. Wegen der Nichterfüllung von Masseverbindlichkeiten kommt eine persönliche Haftung des Insolvenzverwalters nach Vorschriften außerhalb der InsO nur in Ausnahmefällen in Betracht[76].

Die Haftungsnormen der InsO stehen zueinander in einem Stufenverhältnis. Generalklausel ist § 60 InsO. § 61 InsO ist im Verhältnis zu § 60 InsO *lex specialis*[77], soweit wegen der Nichterfüllung von Masseverbindlichkeiten Ersatz verlangt wird und dieselbe insolvenzspezifische Pflicht verletzt wurde.

Der Insolvenzverwalter hat interne und externe Pflichten[78]. Die interne Verantwortlichkeit des Verwalters besteht gegenüber dem Schuldner oder Schuldnerunternehmen. Die aus einer Verletzung folgende Innenhaftung führt i. d. R. zu einem nach § 92 InsO zu liquidierenden Gesamtschaden der Gläubiger[79]. Der Schaden besteht typischerweise in einer Minderung der Insolvenzmasse oder Erhöhung der Passiva, nicht hingegen in der Schädigung konkreter Gläubiger[80].

Bei der externen Verantwortlichkeit des Insolvenzverwalters nach § 60 InsO handelt es sich um die Haftung gegenüber sonstigen Beteiligten, die nicht unbedingt Gläubiger zu sein brauchen[81]. Auch § 61 InsO normiert eine externe Verantwortlichkeit des Insolvenzverwalters. Während es bei der internen Haftung immer um die Verletzung insolvenzspezifischer Pflichten geht[82], ist bei der externen Haftung im Einzelfall die Unterscheidung zwischen der Verletzung insolvenz- und nichtinsolvenzspezifischer Pflichten zu treffen.

Umstritten ist, wie sich die persönliche Haftung des Verwalters zu einer etwaigen parallelen Haftung der Masse verhält, mithin welches Haftungssubjekt (primär) für eine Schädigung einzustehen hat. Eine schädigende Handlung des Insolvenzverwalters kann dem Schuldner unter Umständen analog § 31 BGB zugerechnet

---

75 BGH ZIP 2005, 311, 312.

76 Ständige Rechtsprechung, vgl. BGHZ 100, 346, 351.

77 HambKomm-InsR/Weitzmann § 61 InsO RdNr. 1; Smid, Praxishandbuch Insolvenzrecht, § 9, RdNr. 109.

78 Kilger/K. Schmidt § 82 KO Anm. 1 a/b; Uhlenbruck/Uhlenbruck § 60 RdNr. 4 ff.

79 Gerhardt, Neue Probleme der Insolvenzverwalterhaftung, S. 577.

80 Um Fälle der internen Verantwortlichkeit handelt es sich nach Kilger/K. Schmidt § 82 KO Anm. 1 a bei schuldhafter Pflichtverletzung infolge Inbesitznahme, Verwaltung, Erhaltung und Verwertung der Insolvenzmasse.

81 Uhlenbruck/Uhlenbruck § 60 RdNr. 8.

82 Uhlenbruck/Uhlenbruck § 60 RdNr. 8.

werden[83], sodass auch die Insolvenzmasse für Handlungen des Insolvenzverwalters haftet.

Im Zusammenhang mit der umstrittenen Einordnung der Rechtsstellung des Insolvenzverwalters stellt sich das Problem der Abbildung von Handlungskompetenzen für fremdes Vermögen. Mit der Rechtsprechung[84] und der überwiegenden Meinung im Schrifttum[85] ist der sogenannten Amtstheorie zu folgen. Danach handelt der Insolvenzverwalter materiellrechtlich wie prozessual im eigenen Namen und aus eigenem Recht, jedoch mit Wirkung für und gegen die Masse. Der Schuldner bleibt Träger der Rechte und Pflichten; für Verbindlichkeiten haftet er mit der Masse.

Teilweise wird vertreten, dass in solchen Fällen die Insolvenzmasse primär hafte[86]. Zutreffend ist allerdings davon auszugehen, dass die Ansprüche gegen Insolvenzmasse und Insolvenzverwalter gleichrangig nebeneinander bestehen[87]. Haften sowohl der Verwalter als auch die Masse, folgt daraus kein Vorrang des einen oder anderen Anspruchs[88]. Im Gegenteil: Grundsätzlich haften mehrere Personen gemäß § 840 Abs. 1 BGB als Gesamtschuldner. Eine gesetzliche Grundlage für eine Primärhaftung der Insolvenzmasse ist nicht erkennbar. Sie folgt auch nicht aus einer entsprechenden Anwendung der Zurechnungsnorm des § 31 BGB[89]. Eine Subsidiarität der persönlichen Haftung ist auch deshalb abzulehnen, weil die sie bestimmende Norm eigenständige, ein persönliches Verschulden der verantwortlichen Personen umfassende, Voraussetzungen bildet[90].

Umstritten ist außerdem die Rechtsnatur der insolvenzspezifischen Verwalterhaftung. Teils wird eine deliktische Natur angenommen[91], teils wird vertreten, dass Grundlage der Haftung ein gesetzliches Schuldverhältnis zwischen Insolvenzverwalter und Beteiligten sei[92]. Allerdings dürfte es mit *Lüke*[93] für eine Festlegung in dieser Frage keine praktische Notwendigkeit mehr geben, da mit Inkrafttreten der

83 Dazu ausführlich Lüke, Verwalterhaftung, RdNr. 8 ff. m. w. N.

84 Ständige Rechtsprechung seit RGZ 29, 29; zuletzt bspw. BGH ZInsO 2006, 260.

85 Vgl. nur Häsemeyer, Insolvenzrecht, RdNr. 15.06; Leonhardt/Smid/Zeuner-Smid § 80 RdNr. 13, 27.

86 HambKomm-InsR/Weitzmann § 60 InsO RdNr. 3; Uhlenbruck/Uhlenbruck § 60 RdNr. 2.

87 BAG NZI 2007, 535; BGH ZIP 2006, 194, 195; BGH ZIP 1987, 1398, 1400; Andres/Leithaus-Andres §§ 60, 61 RdNr. 25; Braun/Kind § 60 RdNr. 28; Lüke, Verwalterhaftung, RdNr. 11; Münch-Komm-InsO/Brandes §§ 60, 61 RdNr. 112; Leonhardt/Smid/Zeuner-Smid § 60 RdNr. 31.

88 BGH ZIP 2006, 194, 196.

89 So aber Uhlenbruck/Uhlenbruck § 60 RdNr. 2.

90 BGHZ 124, 86, 99. Die Entscheidung ist zwar zur Frage der persönlichen Haftung von Gläubigerausschussmitgliedern gemäß § 89 KO (heute § 71 InsO) ergangen. Allerdings lassen sich diese Wertungen auf die Haftung nach § 60 InsO übertragen. Denn § 71 InsO ist § 60 InsO nachgebildet, Braun/Kind § 71 RdNr. 1.

91 BGHZ 93, 278, 283; Smid, Haftung des Insolvenzverwalters, RdNr. 15.

92 HambKomm-InsR/Weitzmann § 60 InsO RdNr. 1; Kübler/Prütting-Lüke § 60 RdNr.12; Uhlenbruck/Uhlenbruck § 60 RdNr. 1.

93 Lüke, Aufgaben und Haftung des Insolvenzverwalters, S. 708.

InsO die konkreten Folgen einer Haftung weitgehend geregelt wurden. Die Fragen der Gehilfenhaftung und der Verjährung von Ersatzansprüchen, bei denen sich die dogmatische Qualifikation der Haftung auswirkte, wurden gesetzlich normiert[94].

1. Die Abgrenzung von Risikosphären als Grundlage insolvenzspezifischer Haftung

Es wurde bereits zu Beginn von Kapitel C) betont, dass die Haftung aus § 61 InsO im masseunzulänglichen Verfahren von besonderer Bedeutung ist. Das folgt zum einen daraus, dass bei einer insuffizienten Masse zumindest ein Teil des Haftungstatbestandes des § 61 InsO immer dann erfüllt ist, wenn die Insuffizienz Verbindlichkeiten betrifft, die durch eine Rechtshandlung des Insolvenzverwalters begründet wurden. Dies ist umso schwerwiegender, als es aufgrund der Beweislastregel des § 61 S. 2 InsO Sache des Insolvenzverwalters ist, sich zu entlasten und zu beweisen, dass objektiv von einer zur Erfüllung ausreichenden Masse auszugehen war oder für ihn nicht erkennbar war, dass dies nicht zutraf. Er hat den Beweis zu führen, dass er nicht schuldhaft handelte. Auch deshalb hat sich die neue Haftungsvorschrift des § 61 InsO innerhalb kurzer Zeit zu einer der am meisten gefürchteten Vorschriften der InsO entwickelt[95]. Wir werden allerdings im Laufe dieser Arbeit sehen, dass den Vorschriften bei richtiger Auslegung und unter Berücksichtigung der oben dargestellten jüngsten Judikatur des BGH einiges von ihrem Schrecken genommen werden kann.

Zum anderen ergibt sich die Bedeutung aus dem Einfluss, den die Regelung des § 61 InsO auf die Verfahrensabwicklung hat. § 61 InsO trifft eine Risikoentscheidung zwischen den Beteiligten des Insolvenzverfahrens. Die Norm entscheidet im Interessenkonflikt zwischen Massegläubiger und Insolvenzverwalter darüber, wen das Risiko zukünftiger Masseunzulänglichkeit trifft. Im wesentlichen ist dies der Insolvenzverwalter – jedenfalls im Vergleich zu der Lage unter Geltung der KO[96].

Der BGH hat hier jedoch in den zwei unter Kapitel C) II. dargestellten Entscheidungen eine systemgerechte Einschränkung vorgenommen.

---

94 Leonhardt/Smid/Zeuner-Smid § 60 RdNr. 4. In § 62 InsO wurde nunmehr eine Verjährung der Ansprüche im Rahmen der regelmäßigen Frist des BGB festgelegt, wobei eine Höchstfrist von 3 Jahren nach Beendigung des Insolvenzverfahrens gilt. Die Haftung für Vertreter erfolgt gemäß § 60 Abs. 2 InsO grundsätzlich nach der Zurechnungsvorschrift des § 278 BGB.

95 So plakativ Pape, Haftung aus § 61 InsO bei fehlerhafter Masseverteilung, S. 605.

96 Laws, Haftung des Insolvenzverwalters, MDR 2003, S. 1150, spricht von einer Risikorückverlagerung von den Neugläubigern auf den Verwalter. Zur Rechtsprechung zur KO insbesondere BGHZ 100, 346, 351 und aktuell BGH NJW-RR 2005, 1137.

C) Die persönliche Haftung des Insolvenzverwalters

1.1. Ziele des Gesetzgebers

Der Gesetzgeber hat sich dahingehend entschieden, die Haftungsrisiken des Insolvenzverwalters zugunsten einer Reduktion der Ausfallrisiken der Massegläubiger zu vergrößern. Eine Beeinflussung war vom Gesetzgeber insoweit angestrebt, als er mit der Regelung eine Erleichterung der Unternehmensfortführung im Insolvenzverfahren erreichen wollte[97]. Es war erkannt worden, dass die lückenhafte Regelung zu Zeiten der KO zu einer über das unumgängliche Maß hinausgehenden Verschlechterung der Geschäftsbeziehungen des Insolvenzschuldners nach Verfahrenseröffnung führte[98]. Die Wirkung dieser ungenügenden gesetzlichen Regelung wurde durch die damalige Rechtsprechung des BGH[99], dass es im Hinblick auf die mangelhafte Erfüllung von Neu-Masseverbindlichkeiten an der Verletzung konkursspezifischer Pflichten fehle, verstärkt. Diese Rechtsprechung wurde in der Folge vom BGH dahingehend ausgeweitet, dass er die Auffassung vertrat, eine Haftung des Konkursverwalters käme auch aus allgemeinen Vorschriften bei der Nichterfüllung von Masseverbindlichkeiten grundsätzlich nicht in Betracht[100]. Es sei Aufgabe des Vertragspartners des Verwalters, die Risiken des Vertrages zu ermitteln. Der daraus folgenden Zurückhaltung der Geschäftspartner im Verhältnis zum Insolvenzschuldner sollte durch die neue Ausgestaltung der Verwalterhaftung entgegengewirkt werden. Die erfolgte Neuregelung ist nunmehr, durch die Minderung der Ausfallrisiken der Massegläubiger, geeignet, deren Abschlussbereitschaft zu fördern.

1.2. Bewertung

Eine Regelung, welche auf der einen Seite dazu dient, die Abschlussbereitschaft möglicher Vertragspartner mit dem Insolvenzschuldner durch eine Verschärfung der Insolvenzverwalterhaftung zu fördern, setzt auf der anderen Seite negative Anreize für den Insolvenzverwalter. Denn in dem Maße, wie die Sicherheit der potentiellen Massegläubiger steigt, wächst andererseits auch die Unsicherheit des Insolvenzverwalters. Dies gilt insbesondere bei Betriebsfortführungen, die allein aufgrund der Vielfältigkeit der Tatsachenkonstellationen in großem Umfang Unwägbarkeiten mit sich bringen. Betriebsfortführung und Sanierung stellen eine besondere insolvenzrechtliche Haftungslage dar, weil aufgrund der großen Anzahl wirtschaftlich motivierter Entscheidungen des Verwalters die Sanierungstätigkeit in erheblich höherem Maße als eine liquidierende Tätigkeit das Risiko des Scheiterns in sich trägt[101]. Der Insolvenzverwalter dürfte als Folge bei steigenden

---

97 Begr. RegE zu § 72, abgedruckt in: Uhlenbruck, Das neue Insolvenzrecht, S. 371.

98 Begr. RegE zu § 72, abgedruckt in: Uhlenbruck, Das neue Insolvenzrecht, S. 371.

99 Vgl. insbesondere BGHZ 100, 346, 351.

100 BGH NJW-RR 1990, 94, 96; BGH NJW-RR 1990, 411, 413.

101 Lüke, Aufgaben und Haftung des Insolvenzverwalters, S. 701; Smid, Praxishandbuch Insolvenzrecht, § 9, RdNr. 113. Auch Braun/Kind § 60 RdNr. 1 weist auf die neuen Haftungsrisiken hin,

Haftungsrisiken im Rahmen der gesetzlichen Möglichkeiten der §§ 156, 157 InsO eine risikoreiche Betriebsfortführung zu vermeiden suchen[102]. Er würde veranlasst, „konservative", mit einem geringeren Haftungsrisiko belastete, Verwaltungsmaßnahmen zu ergreifen[103]. Bei einer allzu umfangreichen Haftungsausdehnung droht also das Ziel der Erleichterung einer werterhaltenden Betriebsfortführung konterkariert zu werden. Im Gegensatz zur Lage unter Geltung der KO hingegen nicht durch die mangelnde Abschlussbereitschaft Dritter, sondern des Insolvenzverwalters selbst, der sich durch ein rigides Haftungsregime an einer Betriebsfortführung gehindert sieht[104]. Hinderlich war insoweit auch dic bisherige Rechtsprechung einiger Oberlandesgerichte, die durch eine weite Auslegung des § 61 InsO die Haftungsrisiken für den Insolvenzverwalter noch verschärften[105].

Eine zu weitgehende Ausdehnung der Haftung des Insolvenzverwalters steht damit einer optimalen Verfahrensabwicklung ebenso entgegen wie die bis zur Einführung der InsO zu Ungunsten der Massegläubiger ungeklärte Situation. Im Rahmen der Auslegung der Haftungsnormen und der Diskussion der einzelnen Voraussetzungen gilt es deshalb, den allgemeinen gesetzgeberischen Willen bei Schaffung der InsO im Sinn zu behalten. Denn es ist der vom Gesetzgeber beabsichtigten Gleichsetzung von Fortführung und Liquidation[106] und damit auch einer bestmöglichen Gläubigerbefriedigung nicht zuträglich, die Haftungstatbestände übermäßig auszudehnen. Deshalb ist bei allen Anhaltspunkten in der Regierungsbegründung für eine weitere Insolvenzverwalterhaftung auch zu berücksichtigen, dass dort gleichzeitig festgehalten wird, einer Ausuferung der Haftung des Insolvenzverwalters solle vorgebeugt werden[107]. Dass die Begrenzung der persönlichen Haftung des Verwalters dem Wohl der effizienten, d.h. bestmöglichen Verwertung der Insolvenzmasse dient, wurde bereits zur Geltungszeit der KO erkannt[108].

Ziel der Insolvenzordnung ist die gemeinschaftliche Gläubigerbefriedigung, deren Maximierung anzustreben ist[109]. Um dieses Ziel zu erreichen, hat im Hinblick auf die Haftungsnormen eine besondere Abwägung der Interessen von Insolvenzverwalter und Massegläubiger zu erfolgen. Auch der BGH betont im Ausgangsfall 1, dass im Rahmen von § 61 InsO die Risikosphären von Geschäftspartner und Insol-

---

die durch die unternehmerischen Anforderungen im Vergleich zur überkommenen Liquidationstätigkeit entstehen.

102 Bank/Weinbeer, Insolvenzverwalterhaftung, S. 478; Gerhardt, Neue Probleme der Insolvenzverwalterhaftung, S. 583; MünchKomm-InsO/Brandes §§ 60, 61 RdNr. 33.

103 Kübler/Prütting-Lüke § 61 RdNr. 2.

104 Eine vergleichbare Problemlage führte zu der Neuregelung des masseunzulänglichen Verfahrens in den §§ 208ff. InsO, siehe Begr. zu § 318 RegE, abgedruckt in: Uhlenbruck, Das neue Insolvenzrecht, S. 571.

105 OLG Rostock ZIP 2005, 220; Schleswig-Holsteinisches OLG ZInsO 2005, 606; OLG Hamm ZInsO 2003, 714.

106 Begr. RegE zu § 1, abgedruckt in: Uhlenbruck, Das neue Insolvenzrecht, S. 296.

107 Begr. zu § 71 RegE, abgedruckt in: Uhlenbruck, Das neue Insolvenzrecht, S. 369; Lüke, Aufgaben und Haftung des Insolvenzverwalters, S. 702.

108 BGH ZIP 1987, 115, 117; Lüke, Aufgaben und Haftung des Insolvenzverwalters, S. 702.

109 HK-InsO/Kirchhof § 1 RdNr. 4.

venzverwalter sinnvoll voneinander abzugrenzen sind; zugleich soll einer zu weitgehenden Verantwortlichkeit des Verwalters vorgebeugt werden[110].

Die Interessen- und Risikoabwägung dient grundsätzlich dazu, im Verhältnis zwischen zwei Parteien, die einander mit entgegengesetzten Interessen gegenübertreten, den Gleichgewichtszustand zu bestimmen[111]. Dadurch soll bei Eintritt eines Schadens der daraus entstehende Nachteil in angemessener Weise zugeordnet werden können, mithin eine Risikozuordnung erfolgen[112]. Anders als im Allgemeinen Schuldrecht ist das Insolvenzverfahren allerdings durch eine mehrseitige Interessenlage geprägt. Neben dem für den Schuldner handelnden Insolvenzverwalter und dem jeweiligen Massegläubiger als Vertragspartner sind die Interessen der Insolvenzgläubiger, des Insolvenzgerichts etc. zu beachten. Nach Eintritt der Masseunzulänglichkeit sind darüber hinaus die gemeinsamen Interessen der Alt-Massegläubiger zu berücksichtigen.

Für die Abgrenzung der Risikosphären im Hinblick auf die Nichterfüllung von Verbindlichkeiten gilt: Grundsätzlich hat jede Partei das Risiko zu tragen, auf das sie Einfluss nehmen kann, das demnach in ihrer Sphäre liegt. Die Abgrenzung der Risikosphären kann insbesondere anhand des Vertrages, Vertragszwecks und des dispositiven Rechts erfolgen[113]. Finanzierungsprobleme fallen in den Risikobereich des Geldschuldners. Nach Allgemeinem Schuldrecht kommt ein Schadensersatzanspruch wegen der Nichterfüllung von Geldschulden allerdings nicht in Betracht[114]. Der Schuldner hat vielmehr im Wege der unbeschränkten Vermögenshaftung für seine Verbindlichkeiten einzustehen. Stellt sich heraus, dass das schuldnerische Vermögen zur Erfüllung der Verbindlichkeit insuffizient ist, trifft dies den Geschäftspartner des Schuldners. Er hat grundsätzlich das Ausfallrisiko der Forderung zu tragen; jede Partei hat das Insolvenzrisiko desjenigen zu tragen, den sie sich als Partner ausgesucht hat[115]. Ausnahmen in Form der Überwälzung des Insolvenzrisikos kommen typischerweise bei der Prozessführung vor: beispielsweise in Fällen der gewerblichen Prozessfinanzierung, in denen das Ausfallrisiko in der Regel vom Prozessfinanzierer getragen wird[116].

Diese Grundsätze erfahren bei bereits eingetretener Insolvenz Modifikationen. Mit dem BGH ist davon auszugehen, dass die besondere Situation des Vertragsschlusses durch einen insolventen Partner und das damit gegenüber einem normalen Geschäftsabschluss erhöhte Risiko die Haftung des Insolvenzverwalters recht-

---

110 BGHZ 159, 104, 110, vgl. bereits die Darstellung der Entscheidung in Kapitel C) II.1.

111 MünchKomm-BGB/Roth § 242 RdNr. 45.

112 MünchKomm-BGB/Roth § 242 RdNr. 46 m.w.N.; Staudinger/Looschelders/Olzen § 242 RdNr. 144.

113 BGHZ 101, 152; Palandt/Grüneberg § 313 RdNr. 19.

114 Palandt/Grüneberg § 313 RdNr. 30. Anders bei der verspäteten Erfüllung, wo neben die ursprüngliche Leistung ein Anspruch aus §§ 280, 286 BGB auf Ersatz des Verzögerungsschadens tritt.

115 MünchKomm-BGB/Lieb § 812 RdNr. 40.

116 Vgl. hierzu ausführlich Böttger, Gewerbliche Prozessfinanzierung und staatliche Prozesskostenhilfe.

fertigen; hier ist die Wahrscheinlichkeit einer Zahlungsunfähigkeit deutlich höher als bei dem Vertragsschluss durch jemanden, über dessen Vermögen kein Insolvenzverfahren eröffnet ist[117].

Bei der Bestimmung und Abgrenzung der Risikosphären sind die Besonderheiten des Insolvenzverfahrens zu berücksichtigen, insbesondere Informationsasymmetrien zwischen Verwalter und Massegläubiger. Dies bedeutet für den Fall der Nichterfüllbarkeit von Masseverbindlichkeiten, dass entscheidend ist, ob der Verwalter bei der Begründung der Schuld erkennen konnte, dass die Masse voraussichtlich nicht zur Erfüllung ausreichen würde[118]. Ist das der Fall, ist unter dem Gesichtspunkt der Risikozuordnung die Interessenabwägung dahingehend vorzunehmen, dass der Verwalter als Partei kraft Amtes neben dem Schuldner haftet. Denn in einer solchen Situation wäre der Verwalter schon aus allgemeinen schuldrechtlichen Grundsätzen zu einer Warnung seines Vertragspartners verpflichtet[119]. Zudem hat er einen Informationsvorsprung gegenüber seinem Geschäftspartner. Die Beweislastregel des § 61 S. 2 InsO ist im Vergleich zu allgemeinen Vorschriften strenger, da nur der Insolvenzverwalter einen vollständigen Überblick über den Umfang der Masse und die Höhe der Masseverbindlichkeiten hat[120]. Nach Begründung der Verbindlichkeit bleibt es hingegen bei der allgemeinen Risikoverteilung. Denn dann fehlt es an der besonderen Gefährdung des Gläubigers. Das besondere, gegenüber einem normalen Geschäftsabschluss erhöhte Risiko liegt in der Situation des Vertragsschlusses durch einen insolventen Partner. Die Beweislastumkehr ist allerdings dann nicht mehr gerechtfertigt, wenn sich eine Haftung des Insolvenzverwalters bereits aus anderen Vorschriften ergibt und eine Anwendung von § 61 InsO deshalb nicht in Betracht kommt. Andernfalls ginge die Risikozuordnung einseitig zu Lasten des Insolvenzverwalters.

2. Die Haftung nach § 61 InsO

Dogmatisch handelt es sich bei § 61 InsO um eine Verschuldenshaftung mit einer Umkehr der Beweislast. Die fehlende Erfüllung der vom Verwalter begründeten neuen Masseverbindlichkeit führt zur Vermutung eines schuldhaften Pflichtenverstoßes, der vom Verwalter durch den Nachweis widerlegt werden kann, dass objektiv von einer zur Erfüllung der Verbindlichkeit voraussichtlich ausreichenden Masse auszugehen war oder dass für ihn nicht erkennbar war, dass dieses nicht zutraf[121].

---

117 BGHZ 159, 104, 110.
118 Begr. RegE zu § 72, abgedruckt in: Uhlenbruck, Das neue Insolvenzrecht, S. 371.
119 Begr. RegE zu § 72, abgedruckt in: Uhlenbruck, Das neue Insolvenzrecht, S. 371.
120 Begr. RegE zu § 72, abgedruckt in: Uhlenbruck, Das neue Insolvenzrecht, S. 371.
121 BGHZ 159, 104, 108.

Grundlage der Haftung ist mithin nicht die Nichterfüllung der Verbindlichkeit an sich, sondern die Verletzung von Prognose-, Hinweis- und Aufklärungspflichten bei der Eingehung der Masseverbindlichkeit[122]. Die Erstellung einer Liquiditätsplanung sowie die Eingehung nur solcher Verbindlichkeiten, deren Erfüllung sich auf Grundlage dieser korrekten Planung erwarten lässt, sind die insolvenzspezifischen Pflichten, deren Verletzung durch § 61 InsO sanktioniert wird[123].

2.1 Nichterfüllung einer vom Insolvenzverwalter begründeten Masseverbindlichkeit

Tatbestandlich setzt § 61 InsO zunächst voraus, dass die nicht erfüllbare Masseverbindlichkeit durch eine Rechtshandlung des Insolvenzverwalters begründet wurde. In Anlehnung an § 55 Abs. 1 Nr. 1 InsO sind darunter zunächst nur die sogenannten „gewillkürten" Masseverbindlichkeiten zu verstehen. Mithin die durch Handlungen des Insolvenzverwalters begründeten Verbindlichkeiten, d.h. neben Rechtshandlungen des Insolvenzverwalters auch Realhandlungen, die er innerhalb seines gesetzlichen Wirkungskreises vorgenommen hat[124]. Der Begründung einer neuen Verbindlichkeit durch den Verwalter ist gleichgestellt, wenn der Verwalter die Erfüllung eines gegenseitigen Vertrages wählt (§ 103 InsO) oder von der möglichen Kündigung eines Dauerschuldverhältnisses absieht[125]. Dies deshalb, weil der Insolvenzverwalter auch in diesen Fällen die Möglichkeit gehabt hätte, die Entstehung der Masseverbindlichkeiten zu verhindern. Das hat für den Insolvenzverwalter eine besondere Pflicht zur Prüfung und – je nach Ergebnis – Kündigung von Dauerschuldverhältnissen zur Folge. Eine Haftung bei Dauerschuldverhältnissen kommt vor dem Zeitpunkt ihrer frühestmöglichen Kündigung nicht in Betracht[126].

a) Nichtbegründung bei Absehen von der möglichen Kündigung eines Dauerschuldverhältnisses während Einarbeitungszeit?

Teilweise wird vertreten, das Verstreichenlassen der Kündigungsmöglichkeit zum ersten möglichen oder frühestmöglichen Termin könne nicht per se einer Begründung von Masseverbindlichkeiten gleichgestellt werden[127]. Der Begründungszeitpunkt sei vielmehr unter Berücksichtigung einer angemessenen Einarbeitungszeit festzustellen.

---

122 HK-InsO/Eickmann § 61 RdNr. 1.

123 BGHZ 159, 104, 110. Zuvor bereits Lüke, Aufgaben und Haftung des Insolvenzverwalters, S. 711.

124 HambKomm-InsR/Jarchow § 55 InsO RdNr. 4.

125 Begr. RegE zu § 72, abgedruckt in: Uhlenbruck, Das neue Insolvenzrecht, S. 371.

126 BGHZ 154, 358, 364; BAG ZInsO 2005, 51; Leonhardt/Smid/Zeuner-Smid § 61 RdNr. 8.

127 Bank/Weinbeer, Insolvenzverwalterhaftung, 478, 483; Braun/Kind § 61 RdNr. 4; Deimel, Schadensersatzpflicht des Insolvenzverwalters, S. 787; FK-InsO/Kind § 61 RdNr. 4; ähnlich auch HambKomm-InsR/Weitzmann § 61 InsO RdNr. 14, der von einem „diagnostischem Fenster" spricht.

Begründet wird dies u.a. damit, dass ein Unterlassen im Rechtssinn die Nichtvornahme einer tatsächlich möglichen und auch zumutbaren Handlung voraussetze. Das sei aber nicht der Fall, wenn sich der Verwalter zunächst einen Überblick über die Möglichkeiten einer zeitweiligen Fortsetzung der Geschäfte des Schuldners verschaffen müsse[128]. Deshalb sei dem Verwalter eine Bedenkfrist von wenigstens zwei Wochen einzuräumen, innerhalb derer das Unterlassen einer Kündigung nicht zur Begründung von Masseverbindlichkeiten führe. Bei komplexen Betriebsfortführungen oder undurchsichtigen Vermögensverhältnissen könne auch eine Frist von drei Monaten angemessen sein[129].

Kind[130] versucht diese Auffassung zu stützen, indem er darauf hinweist, dass ein „starker" vorläufiger Verwalter, der am zweiten Tag seiner Bestellung alle Dauerschuldverhältnisse kündigt, weil gerade das Monatsende ansteht, damit die Basis jeder konzeptionellen Insolvenzverwaltung jenseits der schlichten Liquidation beseitige und so einen eigenständigen Haftungstatbestand begründe. Im Umkehrschluss könnten zunächst weiterlaufende Masseverbindlichkeiten deshalb nicht haftungsauslösend sein.

b) Stellungnahme

Im Ergebnis ist einem Haftungsausschluss für Masseverbindlichkeiten, die aus einem Unterlassen einer möglichen Kündigung während einer angemessenen Einarbeitungszeit entstehen, zuzustimmen. Allerdings beruht dies nicht darauf, dass es in einem solchen Fall an der Begründung der Masseverbindlichkeit i.S.v. § 61 InsO fehlt.

Dogmatisch ist vielmehr zutreffend, dass ein Unterlassen der Kündigung auch während einer angemessenen Einarbeitungszeit der Begründung einer Masseverbindlichkeit gleichgestellt ist. Der Insolvenzverwalter handelt in einem solchen Fall allerdings nicht schuldhaft.

(i) Gesetzgeberischer Wille und Systematik

Dies folgt im Wesentlichen aus folgenden Überlegungen: Zunächst spricht der klare Wille des Gesetzgebers für die Begründung einer Verbindlichkeit auch während ei-

---

128 Eine Kündigung sei dann nicht „möglich" im Sinne der Gesetzesbegründung, vgl. Begr. RegE zu § 72, abgedruckt in: Uhlenbruck, Das neue Insolvenzrecht, S. 371. Das AG Hamburg ZInsO 2002, 1197, 1198 ist der Auffassung, dass eine Masseverbindlichkeit aus der unterlassenen Kündigung von Dauerschuldverhältnissen dann nicht entsteht, wenn der Verwalter unverschuldet keine Kenntnis von dem Dauerschuldverhältnis hatte. Dabei vermengt das Gericht allerdings objektiven Tatbestand und Verschulden.

129 Bank/Weinbeer, Insolvenzverwalterhaftung, 478, 483. Ähnlich HambKomm-InsR/Weitzmann § 61 InsO RdNr. 4. Er vertritt die Ansicht, dass (sämtliche) Masseverbindlichkeiten, die innerhalb eines an § 64 GmbHG anzulehnenden dreiwöchigen Prognosefensters begründet wurden, im Falle des Eintritts der Masseunzulänglichkeit als Alt-Masseverbindlichkeiten nach § 209 Abs. 1 Nr. 3 InsO einzustufen seien.

130 Braun/Kind § 61 RdNr. 4; FK-InsO/Kind § 61 RdNr. 4.

ner Einarbeitungszeit. § 61 InsO erfasst zwar seinem Wortlaut nach keine oktroyierten Masseverbindlichkeiten. Aus der Gesetzesbegründung[131] ergibt sich jedoch eindeutig die Gleichstellung von Verbindlichkeiten aus Dauerschuldverhältnissen bei Absehen von einer möglichen Kündigung mit den von § 61 InsO unmittelbar erfassten gewillkürten Masseverbindlichkeiten. Begründet wird dies mit der vergleichbaren unerwünschten Folge des vermeidbaren Entstehens weiterer Masseverbindlichkeiten. Welche Verbindlichkeiten dies sind, ist in § 61 InsO allerdings nicht geregelt.

Wegen der fehlenden ausdrücklichen gesetzlichen Regelung sind deshalb die Normen ergänzend heranzuziehen, die die Gleichstellung von Masseverbindlichkeiten aus Dauerschuldverhältnissen und originären Handlungen des Verwalters an anderer Stelle behandeln. Dies sind § 90 Abs. 1, Abs. 2 Nr. 2 und § 209 Abs. 1 Nr. 2, Abs. 2 Nr. 2 InsO. Ihr Normzweck besteht in der Regelung der Situation von Dauerschuldverhältnissen, deren Bestand durch die Insolvenzeröffnung nicht berührt wird. Das sind Dienst- und Arbeitsverträge sowie Miet- und Pachtverträge über unbewegliche Gegenstände. Deren haftungsrechtliche Behandlung soll nach dem Willen des Gesetzgebers ebenfalls durch § 61 InsO geregelt werden.

§§ 90 Abs. 2 Nr. 2, 209 Abs. 2 Nr. 2 InsO stellen oktroyierte gewillkürten Masseverbindlichkeiten für die Zeit nach dem ersten Termin, zu dem der Verwalter kündigen konnte, gleich. Mit der Anknüpfung an den ersten möglichen Kündigungstermin soll auf die gesonderten Fristbestimmungen der §§ 109, 113 InsO Bezug genommen werden[132]. Der erste mögliche Termin ist insoweit als der erste Termin zu verstehen, zu dem eine Kündigung rechtlich zulässig[133], die besondere insolvenzrechtliche Frist mithin abgelaufen ist. Aus Gründen der Rechtssicherheit ist dieser Zeitpunkt objektiv zu bestimmen[134].

Nichts anderes kann im Rahmen der Beurteilung der Begründung einer Masseverbindlichkeit i. S. v. § 61 InsO gelten. Aus der Gesetzesbegründung ergeben sich keine Anhaltspunkte dafür, dass der Gesetzgeber ähnlich gelagerte Fälle unterschiedlich behandeln wollte. Angesichts der klaren gesetzgeberischen Begründung ergibt sich im Gegensatz zu der Auffassung von *Bank/Weinbeer*[135] aus der fehlenden Regelung der Dauerschuldverhältnisse in § 61 InsO keine andere Einschätzung. Sondern im Gegenteil die Notwendigkeit zur Heranziehung der zu den Parallelvorschriften entwickelten Grundsätze. Das Fehlen eines entsprechenden ausdrücklichen Gleichbehandlungsgebotes in § 61 InsO muss insoweit als redaktionelles Versehen gewertet werden[136].

---

131 Begr. RegE zu § 72, abgedruckt in: Uhlenbruck, Das neue Insolvenzrecht, S. 371.

132 Braun/Kroth § 90 RdNr. 6; MünchKomm-InsO/Hefermehl § 209 RdNr. 31.

133 MünchKomm-InsO/Hefermehl § 209 RdNr. 31; Leonhardt/Smid/Zeuner-Smid § 209 RdNr. 11.

134 Anders hingegen HambKomm-InsR/Kuleisa § 90 RdNr. 9, der auf den tatsächlichen oder möglichen Wissensstand des Insolvenzverwalters abstellt; ebenso MünchKomm-InsO/Breuer § 90 RdNr. 19.

135 Bank/Weinbeer, Insolvenzverwalterhaftung, 478, 483.

136 Laws, Haftung des Insolvenzverwalters, MDR 2003, S. 789.

Würde man zwischen den einzelnen Normen differenzieren, hätte dies schwer hinnehmbare Widersprüche in der Behandlung derselben Forderung zur Folge, insbesondere im Hinblick auf folgendes typisches Beispiel:

Ein Insolvenzverwalter zeigt mit Insolvenzeröffnung drohende Masseunzulänglichkeit gemäß § 208 Abs. 1 S. 2 InsO an[137], weil er absehen kann, dass er wegen umfangreicher fortbestehender Dauerschuldverhältnisse aus Arbeits- und Mietverträgen die Masseverbindlichkeiten im Zeitpunkt ihrer Fälligkeit nicht begleichen können wird. Gleichzeitig prüft er die Fortführung des Betriebes, weil mit dem Erlös aus einer übertragenden Sanierung eine spätere Begleichung möglich scheint. Die Prüfung dauert über das Quartalsende und den erstmöglichen Kündigungstermin an, ohne dass der Verwalter Kündigungen ausspricht.

Mit *Bank/Weinbeer* müsste man nun annehmen, dass die Verbindlichkeiten aus den ungekündigten Arbeitsverträgen für die Zeit nach dem ersten Kündigungstermin in haftungsrechtlicher Sicht nicht durch eine Rechtshandlung des Verwalters begründet wurden. Gleichzeitig halten auch *Bank/Weinbeer* diese Verbindlichkeiten für Neu-Masseverbindlichkeiten i.S.v. § 209 Abs. 1 Nr. 2, Abs. 2 Nr. 2 InsO. Dies hätte also zur Folge, dass unterschiedliche, vom Gesetz nicht vorgesehene, Masseverbindlichkeiten existieren.

Auch bei dem von *Kind*[138] gewählten Beispiel kommt es zu Widersprüchen, wenn man die Begründung einer Masseverbindlichkeit i.S.v. § 61 InsO durch den starken vorläufigen Insolvenzverwalter ablehnt. Sollte sich der vorläufige Verwalter nach Überprüfung der Fortführungsaussichten und Verstreichenlassen einer Kündigungsmöglichkeit zu einer weiteren Fortführung entschließen, hat er die Verbindlichkeiten aus den Dauerschuldverhältnissen nach Verfahrenseröffnung als Masseverbindlichkeiten vorweg zu begleichen, §§ 53, 55 Abs. 2 InsO. Dieselben Masseverbindlichkeiten gälten nach *Kind* aber nicht als von dem vorläufigen Verwalter begründet i.S.v. § 61 InsO.

(ii) Fehlende Unzumutbarkeit

Eine unterschiedliche Behandlung derselben Masseverbindlichkeit und die daraus folgende insolvenzrechtliche Systemwidrigkeit ist weder einleuchtend noch erforderlich. Die Haftung des (vorläufigen) Insolvenzverwalters scheidet nämlich auf der Ebene des Verschuldens aus, weil es für ihn im Zeitraum der Einarbeitung regelmäßig nicht erkennbar ist, dass die Masse insuffizient ist. Denn der Insolvenzverwalter hat in diesem Zeitraum[139] weder verlässliche Zahlen zur Erstellung des erforderlichen Liquiditätsplans noch wird er in der Lage sein, in kürzester Zeit eine vergleichende Liquiditäts- und Erfolgsplanung unter der Prämisse der Stilllegung einerseits und der einstweiligen Fortführung andererseits zu erstellen. Zu-

137 Begriff aus Begr. zu § 318 RegE, abgedruckt in: Uhlenbruck, Das neue Insolvenzrecht, S. 571.
138 Braun/Kind § 61 InsO RdNr. 4; FK-InsO/Kind § 61 RdNr. 4.
139 Zu der Frage, welcher Zeitraum angemessen ist, siehe unten Kapitel C) III.2.2.

dem besteht für den vorläufigen Insolvenzverwalter in dem von *Kind* beschriebenen Fall eine Pflichtenkollision, die ein Verschulden ausscheiden lässt.

Wegen des Ausscheidens der Haftung bedarf es auch keiner Unzumutbarkeitskonstruktion, wie sie von *Bank/Weinbeer*[140] bemüht wird. Eine Gleichstellung scheitert nach deren Meinung auch deshalb, weil ein Unterlassen nur bei zumutbarer Handlungsalternative dem aktiven Tun gleichstehe. Dies sei in der Einarbeitungsphase nicht der Fall. Von einer Unzumutbarkeit ist im Zivilrecht allerdings nur in Ausnahmefällen auszugehen. Um von einer gesetzlichen Regelung unter Berufung auf Unzumutbarkeit abzuweichen, bedarf es eines unerträglichen Interessenungleichgewichts[141]; mithin, dass die eigentliche Rechtsfolge zu untragbaren, mit Recht und Gerechtigkeit nicht zu vereinbarenden Ergebnissen führt. Dies ist allerdings bei der haftungsrechtlichen Gleichstellung von Verbindlichkeiten aus dem Absehen von der Kündigung eines Dauerschuldverhältnisses mit gewillkürten Masseverbindlichkeiten schon deshalb nicht der Fall, weil eine Haftung nach § 61 InsO dafür im Ergebnis ausscheidet. Es fehlt diesbezüglich nämlich am Verschulden. Der Verwalter haftet mangels Verschuldens nicht, wenn er wegen der erforderlichen Einarbeitung während einer angemessenen Zeit nicht kündigt. Denn durch § 61 InsO wird die Verletzung der Pflicht zur Erstellung und ständigen Aktualisierung und Überprüfung einer plausiblen Liquiditätsrechnung sanktioniert[142]. Es ist aber schlicht nicht möglich, einen Liquiditätsplan *ad hoc* zu erstellen[143].

Schließlich spricht auch die mit der Beweislastregel des § 61 S. 2 InsO vorgenommene Risikoverteilung für die hier vertretene Ansicht. Die Norm knüpft an die Interessenlage des künftigen Massegläubigers an und soll die durch den Vertragsabschluss mit einem insolventen Partner verbundenen erhöhten Risiken mildern. Würde man das Absehen von einer Kündigung während der Einarbeitungszeit jedoch nicht als grundsätzlich haftungsbegründend ansehen, hätte der jeweilige Kläger zu beweisen, dass eine angemessene Einarbeitungszeit bereits abgelaufen war und der Insolvenzverwalter deshalb hätte kündigen müssen. Denn dann handelt es sich nicht um eine Frage des Verschuldens, bei der den Gläubigern die Beweislastumkehr des § 61 S. 2 InsO zugutekommt, sondern der Entstehung der Verbindlichkeit, für die der Gläubiger nach allgemeinen Grundsätzen voll darlegungs- und beweispflichtig ist. Dies entspräche aber weder dem Willen des Gesetzgebers bei Schaffung der Norm noch würde dies der Risikozuordnung zwischen Insolvenzverwalter und Geschäftspartner gerecht. Die Frage der notwendigen Einarbeitungszeit stammt aus der Sphäre des Insolvenzverwalters. Er hat die insolvenzrechtliche Pflicht zur Erstellung und Unterhaltung eines Liquiditätsplans[144]; für diesen Zeitraum hat er sich zu exkulpieren.

---

140 Bank/Weinbeer, Insolvenzverwalterhaftung, 478, 483.
141 MünchKomm-BGB/Roth § 313 RdNr. 77.
142 BGHZ 159, 104, 116; BGH ZIP 2005, 311, 312.
143 Zur Anforderung an den exkulpierenden Liquiditätsplan siehe unten Kapitel C) III.2.2.
144 BGHZ 159, 104, 116; BGH ZIP 2005, 311, 312.

2.2. Verletzung einer insolvenzspezifischen Pflicht und Verschulden

Eine persönliche Haftung des Insolvenzverwalters aus § 61 InsO setzt weiterhin dessen schuldhaften Verstoß gegen insolvenzspezifische Pflichten voraus. Im Gegensatz zu § 60 InsO folgt das Erfordernis des Verstoßes gegen eine insolvenzspezifische Pflicht allerdings nicht direkt aus dem Wortlaut, sondern eher aus systematischen Erwägungen. Teilweise wird wegen der fehlenden ausdrücklichen Regelung auch vertreten, § 61 InsO erfordere keine insolvenzspezifische Pflichtverletzung[145].

Insolvenzspezifische Pflichten sind solche nach der Insolvenzordnung (§ 60 Abs. 1 S. 1 InsO). Bei der Regelung des § 61 InsO handelt es sich nach richtiger Ansicht selbst um eine insolvenzspezifische Pflicht[146]. Denn gemäß § 61 InsO hat der Verwalter die Pflicht, keine Verbindlichkeiten einzugehen, die aus der Masse erkennbar nicht befriedigt werden können. § 61 InsO normiert also gleichzeitig Pflicht und Sanktion – anders als § 60 InsO, der die Verletzung allgemeiner, an anderer Stelle normierter insolvenzspezifischer Pflichten sanktioniert.

Der Gesetzgeber wollte ausdrücklich die Haftungssystematik des § 82 KO mit der Verletzung einer konkursspezifischen Pflicht als Voraussetzung der persönlichen Verantwortlichkeit des Verwalters auch in der InsO übernehmen[147]. Die Neuregelung erfolgte, um Schutzdefiziten der Massegläubiger aus der Rechtsprechung des BGH, der eine konkursspezifische Pflicht gegenüber Neu-Massegläubigern gerade ablehnte, zu begegnen[148]. Mit § 61 InsO wurde diese spezifische Pflicht nunmehr normiert[149].

a) Pflicht zur Liquiditätsplanung als insolvenzspezifische Pflicht

Mit seinen als Ausgangsfälle 1 und 2 dargestellten Entscheidungen aus dem Jahr 2004 legt der BGH dar, dass § 61 InsO die Erstellung, Überprüfung und Aktualisierung einer plausiblen Liquiditätsrechnung zur insolvenzspezifischen Pflicht erhebt[150]. Nur bei Unterhaltung eines ordnungsgemäßen Liquiditätsplans kann dem Verwalter die Exkulpation nach § 61 S. 2 InsO gelingen. Im Einzelnen hat der BGH zu den inhaltlichen Anforderungen an eine exkulpierende Liquiditätsplanung entschieden, dass der Planung gleichsam eine Trias zugrundezuliegen hat: Erforderlich ist danach eine Prognose aufgrund der aktuellen Liquiditätslage der Masse, der realistischen Einschätzung noch ausstehender offener Forderungen und der künftigen Geschäftsentwicklung für die Dauer der Fortführung[151]. Forde-

---

145 Laws, Haftung des Insolvenzverwalters, MDR 2003, 787, 790.
146 Lüke, Aufgaben und Haftung des Insolvenzverwalters, S. 710.
147 Begr. zu § 71 RegE, abgedruckt in: Uhlenbruck, Das neue Insolvenzrecht, S. 369.
148 BGHZ 100, 346, 351.
149 Lüke, Aufgaben und Haftung des Insolvenzverwalters, S. 710.
150 BGHZ 159, 104, 110; BGH ZIP 2005, 311, 312.
151 BGHZ 159, 104, 116; BGH ZIP 2005, 311, 312.

rungen, bei denen ernsthafte Zweifel bestehen, ob sie in angemessener Zeit realisiert werden können, können nicht berücksichtigt werden[152].

Eine weitere Konkretisierung der Anforderungen nimmt der BGH allerdings nicht vor. Er lässt vielmehr offen, wann eine Liquiditätsrechnung im Einzelfall plausibel ist.

(i) Führung der Handelsbücher, § 239 HGB

Einen Anhaltspunkt für die zu erfüllenden Anforderungen bieten die Grundsätze zur Führung der Handelsbücher nach § 239 Abs. 2 HGB[153]. § 239 Abs. 2 HGB konkretisiert die allgemeinen materiellen Anforderungen an die Buchführung nach § 238 Abs. 1 S. 2, 3 HGB[154]. Danach müssen die Eintragungen eines Kaufmanns in Büchern und die sonst erforderlichen Aufzeichnungen vollständig, richtig, zeitgerecht und geordnet vorgenommen werden. Dies ist auf den Liquiditätsplan aufgrund der Vergleichbarkeit des Zwecks der kaufmännischen Bücher und des Liquiditätsplans, nämlich des Gläubigerschutzes[155], übertragbar; ungeachtet dessen, dass sich seine Stellung bspw. hinsichtlich Verwertungshandlungen von der eines Kaufmannes unterscheidet[156]. Die Verpflichtung zur zeitgerechten Erfassung betrifft den zeitlichen Zusammenhang zwischen Geschäftsvorfall und Buchung. Eine nähere gesetzliche Bestimmung des Begriffes „zeitgerecht" besteht nicht. In der Literatur wird angenommen, dass an die Erfassung der Grundaufzeichnungen (Journal etc.) und Kassenvorgänge strengere Anforderungen zu stellen sind, während für die Hauptbuchfunktion eine periodenmäßige Erfassung ausreicht[157]. Da der Liquiditätsplan eher der Grundaufzeichnung und den Kassenvorgängen als dem Hauptbuch entspricht, sind grundsätzlich strengere Anforderungen an die zeitliche Erfassung der Aufzeichnungen zu stellen.

(ii) Übertragung der Grundsätze des IDW Prüfungsstandards 800

Die Grundsätze zur Führung der Handelsbücher nach § 239 Abs. 2 HGB sind allerdings nur insoweit hilfreich, als sie bestehende Buchführungspflichten bzw. hier Pflichten zur Liquiditätsplanung konkretisieren können. Bei der Beantwortung der Frage, wie der Liquiditätsplan an sich auszugestalten ist, helfen sie nicht weiter.

In Betracht kommt insoweit eine Anwendung des Maßstabs des IDW Prüfungsstandards 800 auf die erforderliche Liquiditätsplanung der Insolvenzverwalter.

---

152 BGHZ 159, 104, 116.
153 So auch HambKomm-InsR/Weitzmann § 61 InsO RdNr. 13.
154 Baumbach/Hopt/Merkt § 239 RdNr. 2.
155 Zum Zweck von Handelsbilanz und Buchführungspflicht vgl. bspw. Winnefeld, Bilanzhandbuch, Einführung, RdNr. 44.
156 Leonhardt/Smid/Zeuner-Smid § 159 RdNr. 7.
157 Vgl. Winkeljohann/Klein in Beck-Bil-Komm § 239 RdNr. 5.

Im Frühjahr 2008 hat der Fachausschuss Sanierung und Insolvenz des Instituts der Wirtschaftsprüfer (IDW) den IDW Prüfungsstandard 800 „Empfehlungen zur Prüfung eingetretener oder drohender Zahlungsunfähigkeit bei Unternehmen" neu gefasst[158]. Neben der Definition der Zahlungsunfähigkeit enthält der Prüfungsstandard 800 insbesondere Hinweise dazu, wie die Zahlungsunfähigkeit im Einzelfall zu ermitteln ist. Zudem werden Ausführungen zur retrograden Ermittlung der Zahlungsunfähigkeit gemacht, d.h. wie rückblickend festzustellen ist, zu welchem in der Vergangenheit liegenden Stichtag bereits Zahlungsunfähigkeit vorlag.

Der Prüfungsstandard 800 sieht vor, dass zur Prüfung der Zahlungsunfähigkeit in einem ersten Schritt die konkret vorhandene Liquidität den am Stichtag fälligen Verbindlichkeiten in einem Finanzstatus gegenüberzustellen ist. Im Rahmen der vorhandenen Liquidität sind danach neben Barmitteln und Schecks (soweit mit ihrer Einlösung gerechnet werden kann) Bankguthaben zu berücksichtigen, soweit über sie verfügt werden kann. Weiterhin zählen freie Kreditlinien bei Banken zur vorhandenen Liquidität, soweit sie ungekündigt sind.

Demgegenüber sind zum Zeitpunkt der Erstellung des Liquiditätsstatus fällige Forderungen nicht Teil der vorhandenen Liquidität und deshalb erst in der auf den Liquiditätsstatus in einem zweiten Schritt aufbauenden Planungsrechnung zu berücksichtigen, sofern mit ihrem Eingang zuverlässig gerechnet werden kann.

Im Rahmen der Liquiditätsplanung auf der zweiten Stufe sind darüber hinaus kurzfristig verwertbare Gegenstände mit ihrem tatsächliche realisierbaren Wert sowie im Planungszeitraum zufließende Außenstände anzusetzen.

Der ermittelten Liquidität sind in der erststufigen Statusprüfung sämtliche zum Stichtag fälligen Verbindlichkeiten gegenüberzustellen, zu deren Ausgleich zum Stichtag und im Planungszeitraum einerseits ernsthaft aufgefordert wurde und der Schuldner andererseits verpflichtet ist. Verbindlichkeiten, die zum Zeitpunkt der Erstellung des Liquiditätsstatus noch nicht fällig oder noch nicht entstanden sind, sind demgegenüber in der auf dem Status aufbauenden Liquiditätsplanung zu berücksichtigen[159].

Der Prüfungsstandard 800 geht für die Ermittlung des in der Vergangenheit liegenden Zeitpunkts der Zahlungsunfähigkeit, also deren retrograden Ermittlung, davon aus, dass es für den Begriff der Zahlungsunfähigkeit keinen Unterschied machen kann, ob ermittelt werden soll, zu welchem in der Vergangenheit liegenden Zeitpunkt Zahlungsunfähigkeit bestand; ob sie heute vorliegt oder morgen eintreten wird[160].

---

158 Vgl. hierzu den Überblick bei FAS IDW, PS 800 und Ermittlung der Zahlungsunfähigkeit, 201 ff.

159 Zum Umfang der zu berücksichtigenden Verbindlichkeiten FAS IDW, PS 800 und Ermittlung der Zahlungsunfähigkeit, 204, 205.

160 FAS IDW, PS 800 und Ermittlung der Zahlungsunfähigkeit, 205.

Nach IDW ist zur so verstandenen Ermittlung der Zahlungsunfähigkeit regelmäßig vom Bestand der fälligen Verbindlichkeiten zum Zeitpunkt der Eröffnung des Insolvenzverfahrens auszugehen (1. Stichtag). In einem zweiten Schritt ist sodann der Zeitpunkt zu ermitteln, zu dem die erste der bei Eröffnung des Insolvenzverfahrens noch nicht beglichenen Verbindlichkeiten fällig geworden ist (2. Stichtag). Da nach der BGH-Rechtsprechung[161] die Vermutung für den Schuldner streitet, dass er eine Liquiditätslücke von 10% und weniger in aller Regel schließen kann, ist von diesem zweiten Stichtag ausgehend sodann zu ermitteln, wann die Liquiditätslücke mehr als 10% betragen hat. Ab diesem Tag ist grundsätzlich von Zahlungsunfähigkeit auszugehen[162]. Auch im Rahmen dieser retrograden Ermittlung kann auf die Erstellung eines Liquiditätsstatus typischerweise nicht verzichtet werden. Denn allein aus dem Umstand, dass bei Eröffnung eine in der Vergangenheit fällige Verbindlichkeit nicht ausgeglichen worden ist, kann nicht zwingend geschlossen werden, dass der Schuldner zu diesem Zeitpunkt bereits zahlungsunfähig war[163].

Bei Anwendung des Prüfungsstandards 800 kann der Insolvenzverwalter die vom BGH festgelegten Anforderungen an eine Exkulpation erfüllen. Ein unter Einhaltung des Maßstabs des Prüfungsstandards 800 erstellter Liquiditätsplan stellt eine plausible Liquiditätsrechnung im Sinne der dargestellten BGH-Rechtsprechung dar. Denn ein solcher Liquiditätsplan basiert auf einer leicht nachvollziehbaren Erfassung der aktuellen Liquiditätslage der Masse, die anhand einer realistischen Einschätzung noch ausstehender offener Forderungen und der künftigen Geschäftsentwicklung für die Dauer der Fortführung im Wege der Prognose vom Status zum Plan fortgeschrieben wird. Die Übertragung des Prüfungsstandards auf die Ermittlung der Zulänglichkeit der Masse und damit auf die Liquiditätsplanung des Verwalters liegt deshalb nahe. Masseunzulänglichkeit bedeutet Illiquidität, Zahlungsunfähigkeit, sei sie nur drohend oder bereits eingetreten. Der Eintritt der Masseunzulänglichkeit führt zur Insolvenz in der Insolvenz[164]. Die Arbeit zeigt an verschiedenen Stellen[165], dass sich Zahlungsunfähigkeit und Masseunzulänglichkeit sowohl im diesbezüglichen gesetzgeberischen Willen, ihrer Funktionsweise als auch der Interessenlage der Beteiligten stark ähneln.

Sachgerecht erscheint die Übertragung des Prüfungsstandards 800 zudem wegen der Vergleichbarkeit der Rechtstellung des Insolvenzverwalters und des Geschäftsleiters bei der – vorliegend besonders interessierenden – Betriebsfortführung[166]. Der Insolvenzverwalter hat in der Betriebsfortführung wie ein Geschäftsleiter unternehmerische Entscheidungen zu treffen. Auch den Geschäftsleiter trifft die

---

161 Maßgeblich BGHZ 163, 134ff.

162 BGH ZIP 2006, 2222; FAS IDW, PS 800 und Ermittlung der Zahlungsunfähigkeit, 205. Vgl. auch den Beitrag von Pape, Zahlungsunfähigkeit, 1952, 1953.

163 FAS IDW, PS 800 und Ermittlung der Zahlungsunfähigkeit, 206.

164 Hierzu nachfolgend bspw. Kapitel C) III.3.2.a).

165 Vgl. Kapitel D) III.2 und D) III.4.

166 Berger/Frege, Business Judgement Rule bei Unternehmensfortführung in der Insolvenz, 204. Vgl. auch sogleich Kapitel C) III.3.2.b)(ii)1.

Pflicht zur ständigen Eigenprüfung hinsichtlich der Zahlungsfähigkeit des Unternehmens, vgl. § 15a InsO. Nach § 64 S. 1 GmbHG sind Geschäftsführer zum Ersatz von Zahlungen verpflichtet, die nach Eintritt der Zahlungsunfähigkeit geleistet wurden. Zur Haftungsvermeidung – und damit vergleichbar dem Insolvenzverwalter – sind sie insoweit verpflichtet, einen Liquiditätsstatus aufzustellen, der sich in Ermangelung gesetzlicher Anhaltspunkte am IDW Prüfungsstandard 800 orientiert[167].

Die Ermittlung der Zulänglichkeit der Masse anhand des Prüfungsstandards 800 ist schließlich transparent und genügt damit auch den aktuellen Bestrebungen, bspw. in Form des GAVI, zu einer größeren Transparenz der Verfahrensführung. Die Ermittlung nach Prüfungsstandard 800 ermöglicht sowohl in einem möglichen Haftungsprozess eine eindeutige retrograde Ermittlung der Masse bei Eingehung der Verbindlichkeit als auch bei der allgemeinen Verfahrensabwicklung eine einfache Prüfung der Masse durch das Insolvenzgericht. Sie ermöglicht dem Verwalter, zu den jeweiligen Berichtsterminen seinen Liquiditätsplan zum Status zu verdichten und dem Gericht somit eine leicht zu überprüfende Rechnung vorzulegen. Die Ermittlung anhand des Prüfungsstandards 800 dient damit auch der Ökonomie des Insolvenzverfahrens.

(iii) Konkretisierung durch Schutzzweck der Norm

Der Umfang der zu berücksichtigenden Verbindlichkeiten ist anhand des Schutzzwecks von § 61 InsO zu bestimmen. Wie bereits im Zusammenhang mit Ausgangsfall 1 dargestellt, dient die Haftung nach § 61 InsO dazu, das durch einen Vertragsabschluss mit einem insolventen Partner gegenüber einem normalen Geschäftsabschluss erhöhte Risiko auszugleichen[168]. Verbindlichkeiten aus Schäden, die nicht durch die Insolvenz des Vertragspartners verursacht werden, sind nicht von dem Schutzzweck von § 61 InsO erfasst und sind deshalb auch nicht bei der Liquiditätsplanung zu berücksichtigen. Der BGH hat deshalb mit Beschluss vom 25. September 2008 klargestellt, dass sich die Pflicht zur Liquiditätsplanung nach § 61 InsO auf die primären vertraglichen Erfüllungsansprüche, nicht jedoch auf Sekundäransprüche bezieht[169]. Es sei nach Sinn und Zweck von § 61 InsO nicht gerechtfertigt, dem Vertragspartner der Masse mehr Rechte zuzusprechen als ihm außerhalb einer Insolvenz zustünden[170]. Ein Ersatz von Sekundäransprüchen kann insoweit nur im Rahmen der Haftung nach § 60 InsO in Betracht kommen.

(iv) Einschränkungen im Einzelfall

Die Anforderungen an den Liquiditätsplan können variieren. Die Anwendung des Prüfungsstandards 800 wird nicht in jedem Insolvenzverfahren tunlich sein. Ein-

167 Schmidt/Uhlenbruck, GmbH in Krise, Sanierung und Insolvenz, RdNr. 5.82, 5.83.
168 BGHZ 159, 104, 110.
169 BGH WM 2008, 2174.
170 BGH WM 2008, 2174, 2175.

schränkungen sind bspw. denkbar, wenn es sich um reines Ordnungsverfahren mit einer überschaubaren Masse handelt, lediglich einfach kalkulierbare Liquidationshandlungen vorzunehmen sind und keine revolvierenden Masseverbindlichkeiten vorliegen. In einem solchen Fall dient die Verfahrenskontrolle mehr einer Rechenschaftslegung, ein extensiver Liquiditätsplan ist nicht erforderlich. Eine Liquiditätsplanung nach dem Maßstab des IDW Prüfungsstandards 800 kann zudem schlicht nicht möglich sein, wenn keine oder nur unzureichende Buchhaltungsunterlagen vorhanden sind. Welche Sorgfalt der Insolvenzverwalter hinsichtlich der Liquiditätsplanung anzuwenden hat, ist von ihm im Einzelfall unter Berücksichtigung der tatsächlichen Gegebenheiten und den Anforderungen an seine Exkulpation zu entscheiden. Grundsätzlich gilt, dass der Insolvenzverwalter immer die Sorgfalt anzuwenden hat, welche die übertragene Aufgabe erfordert.

(v) Darlegungs- und Beweislast

Hinsichtlich der Darlegungs- und Beweislast des Insolvenzverwalters betreffend den Liquiditätsplan ergibt sich nach der Rechtsprechung folgendes Bild: Der Verwalter muss plausibel darlegen, auf welcher Basis er bei Begründung der jeweiligen Verbindlichkeit von einer positiven Prognose ausgegangen ist. In der Regel wird der Insolvenzverwalter dabei erläutern müssen, dass er sämtliche gegenwärtigen Verbindlichkeiten und Ansprüche der Masse in den Plan eingestellt hat, mit welchen zukünftigen Verbindlichkeiten und Ansprüchen er gerechnet hat und warum er von einem Zahlungseingang zu einem bestimmten Zeitpunkt ausgegangen ist. Der Insolvenzverwalter hat somit im Rahmen des ihm obliegenden Entlastungsbeweises die Liquiditätspläne im einzelnen zu erläutern[171].

Der Gesetzgeber hat die Beweislastregel damit begründet, dass nur der Insolvenzverwalter einen vollständigen Überblick über den Umfang der Masse und die Höhe der Masseverbindlichkeiten hat[172].

b) Prognoseelement

Es wurde bereits gezeigt, dass die zeitpunktbezogen festgestellte Liquidität zur Erstellung des Plans für die Zukunft prognostisch fortzuentwickeln ist. Der BGH hat zur Prognose im Ausgangsfall 2 festgestellt, dass es eine Frage des Einzelfalls sei, wie zeitnah die Prognose erstellt oder aktualisiert werden muss[173]. Der Prüfungsstandard 800 sieht auf der Aktivseite für eine Ansetzbarkeit im Rahmen der zu beschaffenden Liquidität die für Forderungen bereits dargestellten hohen Anforderungen vor. Körperliche Vermögensgegenständen sind nur ansetzbar, wenn sie konkret verwertbar sind, weil entweder ein konkreter Markt für den Gegenstand oder ein definitives Angebot hierfür vorhanden ist. Verbindlichkeiten sind korrespondierend konservativ anzusetzen.

---

171 BGH ZIP 2005, 311, 312.

172 Begr. RegE zu § 72, abgedruckt in: Uhlenbruck, Das neue Insolvenzrecht, S. 371.

173 BGH ZIP 2005, 311, 313.

Interessengerecht hat der BGH entschieden, dass sich der von dem Insolvenzverwalter zu führende Entlastungsbeweis lediglich auf dessen Erkenntnismöglichkeit im Zeitpunkt der Begründung der Ansprüche bezieht[174]. Dies ist bei der retrograden Ermittlung der Masseunzulänglichkeit zu berücksichtigen. Denn § 61 InsO regelt ausschließlich die Haftung des Insolvenzverwalters für die pflichtwidrige Begründung von Masseverbindlichkeiten und legt keine insolvenzspezifischen Pflichten für die Zeit nach Begründung einer Verbindlichkeit fest[175].

Maßgebend für die Begründung ist grundsätzlich, wann der anspruchsbegründende Tatbestand materiell-rechtlich abgeschlossen ist. Bei gewillkürten Masseverbindlichkeiten wird dies regelmäßig der Zeitpunkt des Vertragsschlusses sein. In Einzelfällen kann der Zeitpunkt der Begründung nach Sinn und Zweck von § 61 InsO auch noch später liegen[176]. Die von § 61 InsO geregelte Interessenlage knüpft nämlich an den Zeitpunkt an, in dem der Insolvenzverwalter die konkrete Leistung des Massegläubigers noch verhindern kann, ohne vertragsbrüchig zu werden[177]. Bei oktroyierten Verbindlichkeiten ist hingegen auf den Zeitpunkt nach der frühestmöglichen Kündigung abzustellen[178].

Erweist sich die in dem aktuellen und sorgfältig überprüften Liquiditätsplan gemachte Prognose im Nachhinein als falsch, führt dies nicht dazu, dass dem Verwalter die Beweislast für die Ursachen einer von der Prognose abweichenden Entwicklung aufzuerlegen ist[179]. Diese Auffassung des BGH ist zutreffend, da der Zweck von § 61 InsO, d.h. der Schutz der Vertragspartner vor dem durch die Insolvenz erhöhten Risiko des Ausfalls, eine solch weitgehende Umkehr der Beweislast nicht umfasst.

Die *Ex-post* Beurteilung der Prognose des Verwalters hat sich folglich an dessen *Ex-ante* Perspektive zu orientieren. Ist die Einschätzung des Verwalters aus der *Ex-ante* Perspektive zutreffend oder nicht vorwerfbar unrichtig, haftet der Verwalter nicht. Dies gilt auch dann, wenn sich die Ursachen für die Abweichungen von der Liquiditätsplanung später nicht aufklären lassen[180].

c) Behandlung von Dauerschuldverhältnissen

Wie bereits dargestellt, kann es problematisch sein, wenn der Insolvenzverwalter später nicht vollständig zu befriedigende Masseverbindlichkeiten während einer angemessenen Einarbeitungszeit begründet[181]. In diesem Zeitraum begründete Masseverbindlichkeiten werden grundsätzlich von § 61 InsO erfasst.

---

174 BGH ZIP 2005, 311, 312.

175 BGHZ 159, 104, 108.

176 Nach BGHZ 159, 104, 116, trifft dies etwa auf Leistungen zu, die erst auf Abruf durch den Verwalter erfolgen sollen.

177 BGHZ 159, 104, 116.

178 Leonhardt/Smid/Zeuner-Smid § 61 RdNr. 8.

179 BGH ZIP 2005, 311, 313.

180 HambKomm-InsR/Weitzmann § 61 InsO RdNr. 14.

181 Siehe Kapitel C) III.2.1.a).

Im Schrifttum wird deshalb empfohlen, in der Zeit der Erstellung einer Liquiditätsberechnung die Entstehung größerer Masseverbindlichkeiten zu vermeiden[182]. Dies würde die Kündigung von Dauerschuldverhältnissen erfordern und könnte die Fortführungspflicht nach § 158 InsO verletzen. Bei Fortführung eines schuldnerischen Betriebes wird es zur Werterhaltung häufig unerlässlich sein, die Leistungen von Dritten in Anspruch zu nehmen und dadurch Masseverbindlichkeiten zu begründen.

Eine Kündigung von Dauerschuldverhältnissen ist allerdings nicht erforderlich, weil der Verwalter während des für die Erstellung des Liquiditätsplans erforderlichen Zeitraumes Verbindlichkeiten nicht pflichtwidrig begründet. Denn seine Pflicht zur Erstellung und Unterhaltung eines solchen Plans kann er während dieser Zeit nicht verletzen. Die Dauer dieser Frist lässt sich unabhängig von den konkreten Umständen auf höchstens drei Wochen festlegen[183]. Diese Frist ergibt sich aus einem Rückgriff auf § 64 Abs. 2 S. 1 GmbHG und § 92 Abs. 2 S. 1 AktG. Vergleichbare Interessenlage und Handlungsumfeld erlauben diesen Rückgriff[184]. Der Gesetzgeber hat bereits an anderer Stelle insolvenzrechtlicher Haftungsnormen Regelungen des Gesellschaftsrechts zum Vorbild genommen und bspw. die Formulierung des Sorgfaltsmaßstabs in § 60 InsO an die Formulierungen im Handels- und Gesellschaftsrecht angelehnt[185]. Zwar macht er an gleicher Stelle auch deutlich, dass keine unveränderte Übertragung der Grundsätze des Handels- und Gesellschaftsrechts möglich sei, vielmehr die Besonderheiten des Insolvenzverfahrens zu beachten seien. Diesen Besonderheiten muss bei der Frage der Frist zur Erstellung des Liquiditätsplans dadurch Rechnung getragen werden, dass eine Vorbefassung des Insolvenzverwalters berücksichtigt wird. Denn war der Insolvenzverwalter vor Antritt seines Amtes bereits als Gutachter oder vorläufiger Verwalter tätig, wird ihm keine dreiwöchige Frist mehr zuzugestehen sein. Allerdings ist die Festlegung einer Höchstfrist von drei Wochen geeignet, Unsicherheiten zu vermeiden und sämtlichen Beteiligten Gewissheit über ihr Handlungsumfeld einzuräumen.

Es ist nur vordergründig vorteilhaft für den Insolvenzverwalter und eine erfolgreiche Verfahrensabwicklung, ihm mit *Bank/Weinbeer*[186] je nach Einzelfall Fristen von bis zu drei Monaten für die Erstellung eines Liquiditätsplans zuzugestehen. Denn der mit § 61 InsO beabsichtigten Förderung der Abschlussbereitschaft etwaiger Geschäftspartner[187], gerade in dem wichtigen Zeitraum zwischen Verfahrenseröffnung und Berichtstermin, wäre dies nicht dienlich. Im Gegensatz zu der Annahme

---

182 So aber Lüke, Aufgaben und Haftung des Insolvenzverwalters, S. 712.

183 Anders *Lüke*, der die Auffassung vertritt, Fristen ließen sich dafür nicht festlegen, vgl. Lüke, Aufgaben und Haftung des Insolvenzverwalters, S. 712.

184 So auch HambKomm-InsR/Weitzmann § 61 InsO RdNr. 14.

185 Nämlich an § 347 Abs. 1 HGB, § 93 Abs. 1 AktG und §§ 34 Abs. 1, 43 Abs. 1 GmbHG, vgl. Begr. zu § 71 RegE, abgedruckt in: Uhlenbruck, Das neue Insolvenzrecht, S. 369.

186 Haftung des Insolvenzverwalters, NZI 2005, 478, 483.

187 Begr. RegE zu § 72, abgedruckt in: Uhlenbruck, Das neue Insolvenzrecht, S. 371.

einer Höchstfrist von drei Wochen findet die Auffassung von *Bank/Weinbeer* zudem keine gesetzliche Stütze.

d) Bedeutung der Liquiditätsplanung

Die Bedeutung der Liquiditätsplanung ist vordergründig auf die Exkulpationsmöglichkeit nach § 61 S. 2 InsO beschränkt. Anhand der vorangestellten Entscheidungen des BGH aus dem Jahr 2004 lässt sich jedoch die erheblich darüber hinausgehende Bedeutung verdeutlichen.

Durch die Anforderungen an den Entlastungsbeweis wird gleichzeitig konkretisiert, was unter der Sorgfalt eines ordentlichen und gewissenhaften Insolvenzverwalters zu verstehen ist. Denn der Verschuldensmaßstab des § 61 InsO orientiert sich an den Anforderungen des § 60 Abs. 1 S. 2 InsO[188], wonach der Verwalter für die Sorgfalt eines ordentlichen und gewissenhaften Insolvenzverwalters einzustehen hat. Eine Verfahrensabwicklung ohne eine ordnungsgemäße Liquiditätsplanung wird folglich den Anforderungen an einen ordentlichen und gewissenhaften Insolvenzverwalter nicht gerecht.

Dies bedeutet auch, dass die Pflicht zur Liquiditätsplanung die Handlungsmöglichkeiten des Insolvenzverwalters einschränkt. Verfahrenshandlungen, deren finanzielle Folgen er nicht anhand eines ordnungsgemäßen Liquiditätsplans darlegen kann, sind für den Verwalter wegen der damit verbundenen Haftungsgefahr faktisch unzulässig.

Im Verlauf der weiteren Untersuchung wird festgestellt, dass die Liquiditätsplanung nicht nur im Rahmen von § 61 InsO von Bedeutung ist. Wie noch zu zeigen ist, stützt der vorläufige Insolvenzverwalter/Sachverständige vielmehr auch eine mögliche Empfehlung zur Abweisung mangels Masse gemäß § 26 InsO auf einen Finanzplan, der im Wesentlichen mit dem hier erörterten Liquiditätsplan übereinstimmt. Gelangt der vorläufige Insolvenzverwalter/Sachverständige in seinem Liquiditätsplan hingegen zu dem Ergebnis, dass eine verfahrenskostendeckende Masse vorhanden ist und wird das Verfahren eröffnet, wird er im Fall der Massearmut nach Verfahrenseröffnung wiederum auf Grund des Liquiditätsplans über einen Verfahrensabbruch nach § 207 InsO oder eine geordnete Abwicklung nach § 208 InsO entscheiden[189]. Darüber hinaus hat der Liquiditätsplan auch im Zusammenhang mit der Befriedigung der Alt-Massegläubiger für die Haftung nach § 60 InsO Bedeutung, siehe Kapitel C III.3.2.b)(i).

Schließlich wurde bereits in Kapitel B) angesprochen, dass der Liquiditätsplan mittelbar auch zur Beantwortung der Frage dienen kann, ob tatsächlich Masseunzulänglichkeit vorliegt und damit deren Anzeige rechtmäßig erfolgte.

---

188 Kübler/Prütting-Lüke § 61 RdNr. 12; MünchKomm-InsO/Brandes §§ 60, 61 RdNr. 89.

189 Die Liquiditätspläne des § 61 InsO werden vielfach mit den nach § 208 InsO zu führenden Plänen übereinstimmen, vgl. auch HambKomm-InsR/Weitzmann § 208 InsO RdNr. 7. Siehe dazu Kapitel B).

e) Verschulden

Es wurde bereits gezeigt, dass die Haftung des Insolvenzverwalters nach § 61 InsO ein schuldhaftes Handeln des Insolvenzverwalters voraussetzt. Auch insoweit trifft die Beweislast – nämlich für die Nichterkennbarkeit der Unzulänglichkeit – den Insolvenzverwalter[190].

Die gleichzeitige Normierung von Pflicht und Sanktion führt zu Abgrenzungsschwierigkeiten zwischen der Pflichtverletzung und dem Verschuldenserfordernis. Beide Merkmale gehen ineinander über. Die Pflicht von § 61 InsO liegt darin, die Begründung von Masseverbindlichkeiten zu unterlassen, wenn erkennbar ist, dass die Masse zur Erfüllung nicht ausreicht; mithin einen ordnungsgemäßen Liquiditätsplan zu führen. Das Verschulden ist ausgeschlossen, wenn der Verwalter bei Begründung der Forderung nicht voraussehen konnte, dass die Masse nicht ausreichen würde[191]. Beide Voraussetzungen erfordern die Erkennbarkeit der Insuffizienz im Zeitpunkt der Begründung der Verbindlichkeit. Die Abgrenzung wird häufig deshalb entbehrlich sein, weil sich der Verwalter sowohl hinsichtlich der Pflichtverletzung als auch des Verschuldens exkulpieren muss.

Ein Verschulden von Angestellten des Schuldners, die der Verwalter im Rahmen ihrer bisherigen Tätigkeit für die Liquiditätsplanung (bspw. in der Buchhaltung) einsetzt, hat er nicht zu vertreten, wenn diese nicht offensichtlich ungeeignet sind und der Verwalter sie ordnungsgemäß überwacht, § 60 Abs. 2 InsO.

2.3. Schaden

Die Haftung aus § 61 InsO setzt schließlich einen Ausfallschaden bei dem betroffenen Massegläubiger voraus. Eine gesetzliche Konkretisierung der Voraussetzungen eines Schadenseintritts ist nicht erfolgt.

Mit dem BGH liegt ein Ausfallschaden i. S. v. § 61 InsO jedenfalls dann vor, wenn der Insolvenzverwalter die Masseunzulänglichkeit angezeigt hat und nicht zu erwarten ist, dass die Alt-Massegläubiger innerhalb absehbarer Zeit Befriedigung erhalten[192]. Ob ein ersatzfähiger Schaden dagegen bereits bei Verzug eintritt[193], ist streitig. Der BGH hat diese Frage in den beiden maßgeblichen, in Kapitel C) II vorangestellten Urteilen ausdrücklich offengelassen[194].

Gegen einen Schadenseintritt bereits bei Verzug spricht die Schutzrichtung von § 61 InsO: Die Norm soll die Vertragspartner des Insolvenzverwalters vor einem besonderen Ausfallrisiko schützen und nicht die Haftungsfolgen bei Verzug erwei-

---

190 Andres/Leithaus-Andres §§ 60, 61 RdNr. 30.

191 Andres/Leithaus-Andres §§ 60, 61 RdNr. 30.

192 BGHZ 159, 104, 108; BGH ZIP 2005, 311, 312; BGH WM 1977, 847, 848.

193 OLG Hamm ZIP 2003, 1165, 1166; dafür wohl auch Kübler/Prütting-Lüke § 61 RdNr. 7; Laws, Haftung des Insolvenzverwalters, MDR 2003, S. 789.

194 BGH ZInsO 2004, 609, 610.

tern[195]. In der Vergangenheit nahm der BGH einen Ausfallschaden dann an, wenn dem Massegläubiger ein Vorgehen gegen die Masse unzumutbar war[196]. Ebenso bejahte der BGH in den Ausgangsfällen 1 und 2 einen Ausfallschaden deshalb, weil sich die Massegläubiger jedenfalls nicht auf den Ausgang eines möglicherweise langwierigen Rechtsstreits über ungewisse Ansprüche vertrösten lassen müssen[197]. Eine Nichterfüllung i.S.v. § 61 InsO und damit ein Ausfallschaden dürfte deshalb mangels Unzumutbarkeit nicht bereits dann vorliegen, wenn ein Fälligkeitstermin vom Insolvenzschuldner nur um wenige Tage nicht eingehalten werden kann. Die Auffassung, die eine Nichterfüllung bei Fälligkeit bereits für eine persönliche Haftung des Insolvenzverwalters ausreichen lassen will, geht diesbezüglich zu weit. Zudem erscheint es lebensfern, anzunehmen, dass in einem solchen Fall Massegläubiger wegen einer vernachlässigbaren Verzögerung Klage erhöben[198].

Statt von einer starren Lösung auszugehen, erscheint es deshalb zweckmäßiger, den Schadenseintritt jeweils individuell anhand einer Zumutbarkeitsprüfung zu bestimmen. Dies entspricht der Abgrenzung der vorübergehenden von der dauerhaften Unmöglichkeit im Allgemeinen Schuldrecht, mithin des Verzugs von der Unmöglichkeit[199]. Grundsätzlich ist unter Berücksichtigung aller Umstände nach Treu und Glauben zu entscheiden, ob dem Gläubiger ein Festhalten am Vertrag zuzumuten ist[200]. So könnte auch im Hinblick auf einen Ausfallschaden i.S.v. § 61 InsO danach entschieden werden, ob dem konkreten Massegläubiger nach Treu und Glauben die Durchsetzung der Primärleistungspflicht noch zumutbar ist. Regelmäßig werden dem Massegläubiger aufgrund der gesetzgeberischen Wertung keine übermäßigen Wartepflichten aufzuerlegen sein[201]. Massegläubiger sind außerhalb der Insolvenz, § 53 InsO, zu befriedigen und nicht Teil der Haftungsgemeinschaft. Folglich ist mit dem BGH[202] ein weiteres Zuwarten jedenfalls nach Anzeige der Masseunzulänglichkeit unzumutbar, sodass spätestens dann ein Ausfallschaden anzunehmen sein wird. Nach Anzeige der Masseunzulänglichkeit fehlt einer Leistungsklage gegen den Schuldner wegen des Vollstreckungsverbots

---

195 HambKomm-InsR/Weitzmann § 61 InsO RdNr. 8.

196 BGH WM 1977, 847, 848.

197 BGHZ 159, 104, 108; BGH ZIP 2005 311, 312.

198 Ebenso Laws, Haftung des Insolvenzverwalters, MDR 2004, S. 1150, die davon ausgeht, dass kaum ein Massegläubiger unverzüglich nach Fälligkeit und Nichterfüllung seiner Forderung eine Klage gegen den Verwalter anstrengen werde.

199 Dazu siehe bspw. Palandt/Heinrichs § 275 RdNr. 10ff. Eine Geldschuld kann zwar nicht unmöglich werden, Palandt/Heinrichs § 275 RdNr. 3, gleichwohl ähnelt sich jedoch die Situation: Im Blickpunkt steht jeweils der Gläubiger, für den zu fragen ist, ob er Schadensersatz statt der Leistung verlangen darf.

200 BGH LM Nr. 4.

201 Nämlich seines Schutzes zur Sicherstellung der Möglichkeit der Unternehmensfortführung im Insolvenzverfahren, Begr. RegE zu § 72, abgedruckt in Uhlenbruck, Das neue Insolvenzrecht, S. 371.

202 BGHZ 159, 104, 108.

nach § 210 InsO das Rechtsschutzbedürfnis[203]. Massegläubiger können ihre Ansprüche dann nicht mehr selbst durchsetzen[204]. Selbst bei der Anzeige einer bloß „temporären" Masseunzulänglichkeit liegt im Regelfall eine Belastung des Massegläubigers vor, weil ihm weder Kontrollmöglichkeiten im Hinblick auf die Anzeige zustehen, noch er Einfluss auf die Rückkehr ins Regelinsolvenzverfahren und damit die Befriedigung seiner Forderung hat. Auch hätte es der Verwalter andernfalls in der Hand, durch das bloße Behaupten einer temporären Unzulänglichkeit über seine persönliche Einstandspflicht zu bestimmen[205].

Als Kriterien für die Beurteilung der Zumutbarkeit vor Anzeige der Masseunzulänglichkeit kommen bspw. die Höhe der offenen Forderung, die Wahrscheinlichkeit der Realisierung einer zur Erfüllung der Verbindlichkeit ausreichenden liquiden Masse und die vermutliche Realisierungsdauer in Betracht. Die Lösung, die den Eintritt eines Ausfallschadens als Frage der Zumutbarkeit sieht, hat schließlich den Vorteil, eine einzelfallbezogene Betrachtung zu ermöglichen und damit schematische Vorgehensweisen zu vermeiden.

Im Ergebnis ist festzuhalten, dass eine fehlende Erfüllbarkeit der Masseverbindlichkeit aus der liquiden Masse im Zeitpunkt der Fälligkeit für den Eintritt eines Ausfallschadens i.S.v. § 61 InsO nicht ausreichend ist. Es ist vielmehr darauf abzustellen, ob eine hinreichend wahrscheinliche Möglichkeit zur Erzielung einer ausreichenden liquiden Masse besteht und dem Massegläubiger das Abwarten auf deren Eintritt zuzumuten ist.

Ist das der Fall, so liegt kein nach § 61 InsO zu ersetzender Ausfallschaden vor. Der Massegläubiger kann allerdings Ersatz des Verzögerungsschadens nach §§ 280 Abs. 1, 2, 286 BGB verlangen.

2.4. Art und Umfang des Schadensersatzanspruchs

Art und Umfang des Schadensersatzes richten sich nach §§ 249ff. BGB, wobei ein eventuelles Mitverschulden des Geschädigten nach § 254 BGB zu berücksichtigen ist[206].

Mit dem BGH und der überwiegenden Meinung in der Literatur ist der Ersatzanspruch des Massegläubigers auf den Vertrauensschaden begrenzt[207]. Dies folgt aus der Natur des § 61 InsO als gesetzlicher Haftungsanspruch und dem allgemeinen Grundsatz, dass gesetzliche Ersatzansprüche regelmäßig bloß auf Ersatz des nega-

---

203 HK-InsO/Landfermann § 210 RdNr. 6; Leonhardt/Smid/Zeuner-Smid § 208 RdNr. 25 m.w.N.
204 BGH ZIP 2005, 311, 312.
205 ArbG Kiel ZInsO 2002, 893, 896; Bank/Weinbeer, Insolvenzverwalterhaftung, 478, 484. Zur Anzeige der temporären Masseunzulänglichkeit vgl. Kapitel D) III.4.3.e).
206 OLGR Düsseldorf 2004, 259; OLG Dresden ZInsO 2001, 671.
207 BGHZ 159, 104, 117; BGH ZIP 2005, 311, 313; ebenfalls Braun/Kind § 61 RdNr. 6; FK-InsO/Kind § 61 RdNr. 6; HambKomm-InsR/Weitzmann § 61 InsO RdNr. 10; MünchKomm-InsO/Brandes §§ 60, 61 RdNr. 38. A.A. noch OLG Hamm ZIP 2003, 1163.

tiven Interesses gerichtet sind[208]. Dafür spricht auch der Inhalt der Pflichtverletzung bei § 61 InsO. Dem Insolvenzverwalter wird vorgeworfen, eine Masseverbindlichkeit eingegangen zu sein, obgleich im Zeitpunkt der Begründung Zweifel an deren Erfüllbarkeit erkennbar waren. Das ist ein typischer Fall der Vertrauenshaftung[209]. Der betroffene Massegläubiger ist demnach so zu stellen, als hätte die zur Begründung der Masseverbindlichkeit führende Rechtshandlung des Insolvenzverwalters nicht stattgefunden.

a) Mitverschulden nach § 254 BGB bei Vertragsschluss mit insolventem Vertragspartner?

Die Ersatzpflicht des Insolvenzverwalters ist gemäß § 254 BGB zu beschränken, wenn bei der Entstehung oder Entwicklung des Schadens ein Verschulden des Massegläubigers mitgewirkt hat. § 254 BGB findet auch bei insolvenzrechtlichen Schadensersatzansprüchen Anwendung. Die Norm gilt, soweit nicht Sondervorschriften bestehen, gegenüber allen Schadensersatzansprüchen, gleichgültig, auf welchem Rechtsgrund sie beruhen[210]. Grundsätzlich trifft den Geschädigten ein Mitverschulden, wenn er diejenige Sorgfalt außer Acht lässt, die jedem ordentlichen und verständigen Menschen obliegt, um sich vor Schaden zu bewahren[211].

Teilweise sind Tendenzen im Schrifttum erkennbar, die unter Berufung auf die Fallgruppe des Handelns auf eigene Gefahr eine Risikoverlagerung von dem Insolvenzverwalter auf die Massegläubigern andeuten. Der Geschädigte handelt auf eigene Gefahr und wirkt insoweit bei der Entstehung des Schadens mit i.S.v. § 254 BGB, wenn er sich bewusst in eine Situation drohender Eigengefährdung begibt[212]. Dies kann im Hinblick auf den Vertragsschluss mit einem Insolvenzverwalter ausnahmsweise der Fall sein, wenn der Geschäftspartner des Insolvenzverwalters über vergleichbare Kenntnisse der Liquiditätssituation des Schuldners verfügt wie der Verwalter selbst.

Im nachfolgend vereinfacht dargestellten Fall hat das OLG Düsseldorf beispielsweise einen Ersatzanspruch des Gläubigers wegen Mitverschuldens abgelehnt[213]:

Kläger war ein Kreditinstitut, das Masse- und wesentlicher Insolvenzgläubiger sowie durch einen Mitarbeiter im Gläubigerausschuss vertreten war. Das Institut hatte vor Verfahrenseröffnung die Deckung der Verfahrenskosten garantiert und war im Laufe des Verfahrens durch ständigen Kontakt zu den Mitarbeitern des Schuldners und kontinuierliche Übersendung von Kontoständen, Tagesumsätzen u.ä. über die Finanzlage des Schuldners informiert. Gleichwohl hatte es mit dem Insolvenzverwalter eine Erlösverteilungsvereinbarung getroffen, wonach es im Hinblick auf die

208 BGHZ 159, 104, 117.
209 BGHZ 159, 104, 117.
210 Palandt/Heinrichs § 254 RdNr. 2.
211 Palandt/Heinrichs § 254 RdNr. 8.
212 Palandt/Heinrichs § 254 RdNr. 32.
213 OLGR Düsseldorf 2004, 259 ff.; Leitsätze abgedruckt in ZIP 2004, 1375, 1376.

Freigabe diverser Güter und Forderungen eine Millionenzahlung aus dem Verkauf des schuldnerischen Unternehmens erhalten sollte. Allerdings war ihm zum Zeitpunkt des Abschlusses der Vereinbarung wegen der Vorlage eines Vermögensstatus' durch den Insolvenzverwalter bereits bekannt, dass eine Unterdeckung herrschte.

Hier ging das Gericht davon aus, dass eine Haftung aus § 61 InsO deshalb ausscheide, weil der Vertragspartner über dieselben tatsächlichen Kenntnisse wie der Insolvenzverwalter verfügte. Die Entscheidung über den Vertragsschluss und die Begründung der Masseverbindlichkeit zu seinen Gunsten sei deshalb als bewusstes Handeln auf eigenes Risiko einzustufen und der Anspruch, wenn er denn überhaupt entstanden sei, gemäß § 254 BGB auf Null zu kürzen.

Diese Entscheidung wurde in der Literatur teilweise zum Anlass genommen, für eine verstärkte Anwendung von § 254 BGB im Rahmen der Schadensersatzansprüche aufgrund von § 61 InsO zu plädieren[214]. Zu weitgehen dürfte indes die Ansicht von *Bank/Weinbeer*[215], wonach eine Haftung des Insolvenzverwalters gegenüber Mitarbeitern des schuldnerischen Unternehmens aus den gleichen Gründen häufig ausgeschlossen sei. *Bank/Weinbeer* gehen davon aus, dass bei Mitarbeitern eines insolventen Unternehmens grundsätzlich Kenntnis von den wirtschaftlichen Verhältnissen gegeben sein dürfte, sodass ihre weitere Tätigkeitsentfaltung regelmäßig auf eigenes Risiko erfolgt und der Verwalter für den Ausfall der Forderungen von Arbeitnehmern unter Vertrauensschutzgesichtspunkten nicht nach § 61 InsO zur Verantwortung gezogen werden kann.

b) Stellungnahme

Handeln auf eigene Gefahr setzt eine bewusste Eigengefährdung voraus[216]. Diese wiederum erfordert, dass der Geschädigte die Konsequenzen seines Tuns, mithin die mögliche Nichterfüllung seiner Forderung, erkennt. Dies wird aber grundsätzlich auch bei dem Vertragsschluss mit einem Insolvenzverwalter nicht der Fall sein. Zwar bestehen beim Vertragsschluss mit einem insolventen Partner erhöhte Ausfallrisiken. Der Gesetzgeber hat allerdings § 61 InsO gerade mit dem Ziel, das Vertrauen der Geschäftspartner in die Geschäftsbeziehung mit einem Insolvenzschuldner zu stärken, normiert[217]. Es sei nicht gewollt, eine Haftung des Verwalters mit der Begründung abzulehnen, dass sich dessen Geschäftspartner bewusst sein müssten, das Risiko der Masseunzulänglichkeit einzugehen[218]. Im Gegenteil: Der Vertragspartner soll sich darauf verlassen können, dass er vom Verwalter gewarnt wird, wenn der Eintritt der Masseunzulänglichkeit im Zeitpunkt des Vertragsschlusses wahrscheinlicher ist als deren Nichteintritt. Denn ist diese Voraussetzung gegeben, so trifft den Vertragspartner ein erhöhtes Risiko, das über die allgemeinen Gefahren eines Vertragsabschlusses – auch des Vertragsabschlusses

214 Bank/Weinbeer, Insolvenzverwalterhaftung, 478, 484.
215 Bank/Weinbeer, Insolvenzverwalterhaftung, 478, 484.
216 Palandt/Heinrichs § 254 RdNr. 32.
217 Begr. RegE zu § 72, abgedruckt in: Uhlenbruck, Das neue Insolvenzrecht, S. 371.
218 Begr. RegE zu § 72, abgedruckt in: Uhlenbruck. Das neue Insolvenzrecht, S. 371.

mit einem Insolvenzverwalter – weit hinausgeht. Im Umkehrschluss darf ein Vertragspartner bei Abschluss eines Vertrages mit dem Insolvenzverwalter grundsätzlich davon ausgehen, dass die Masse zur Tilgung der Verbindlichkeiten ausreicht, und er deshalb eine Gefährdung weder absichtlich noch bewusst eingeht. Die dargestellte Ansicht *Bank/Weinbeers* stellt sich klar gegen die Ziele des Gesetzgebers, ohne aus anderen Gründen zu überzeugen.

In tatsächlicher Hinsicht ist zu bemerken, dass der ganz überwiegende Teil der Mitarbeiter eines insolventen Unternehmens im Übrigen gerade keine Kenntnis von den genauen wirtschaftlichen Verhältnissen ihres Arbeitgebers haben wird. Deren Kenntnis wird über das generelle Vorliegen eines Insolvenzeröffnungsgrundes in der Regel nicht hinausgehen. Lebensnah ist davon auszugehen, dass lediglich Mitarbeiter der Buchhaltung einen genauen Überblick über die konkreten Verhältnisse haben dürften. Selbst bei den Buchhaltungsmitarbeitern ist eine genaue Kenntnis aber dann nicht vorhanden, wenn der Insolvenzverwalter, wie in der Praxis üblich, die Liquiditätsplanung über sein Büro führt. Erst recht hingegen ist kaum vorstellbar, dass beispielsweise in einem Industrieunternehmen Mitarbeiter der Produktion umfassend über die finanzwirtschaftliche Situation informiert sind. Anders verhielte sich die Situation nur, wenn die Arbeitnehmer vom Insolvenzverwalter exakt aufgeklärt worden wären. Eine Aufklärung über eine mögliche Arbeit ohne Lohn dürfte für eine erfolgreiche Betriebsfortführung indes wenig hilfreich sein und deshalb in der Praxis entsprechend selten vorkommen. Denn zumindest höher qualifizierte Arbeitnehmer werden sich dadurch zum sofortigen Verlassen des Betriebes ermutigt fühlen und eine geordnete Betriebsfortführung damit entscheidend erschweren, wenn nicht unmöglich machen.

Für eine Anspruchskürzung nach § 254 BGB bleibt deshalb bei normalen „Dritten" kein Raum. Dazu zählen auch Arbeitnehmer, wenn der Insolvenzverwalter ihnen gegenüber durch Weiterbeschäftigung Masseverbindlichkeiten begründet. Nur ausnahmsweise und in Sonderfällen, wenn wie in dem beschriebenen Fall des OLG Düsseldorf[219] viele Faktoren eine genaue Kenntnis des Gläubigers von den finanzwirtschaftlichen Umständen begründen, wird ein Ausschluss der Haftung wegen überwiegenden Mitverschuldens in Form des Handelns auf eigene Gefahr nach § 254 BGB in Betracht kommen. Eine Übertragung dieser Rechtsprechung auf andere Vertragspartner ist jedoch untunlich. Sie findet weder in Sinn und Zweck der Regelung des § 61 InsO noch in den tatsächlichen Gegebenheiten Anhaltspunkte.

Eine bei der Verteilung der unzulänglichen Masse zu erwartende Quote, § 209 Abs. 1 InsO, muss sich der Massegläubiger nicht auf seinen Schaden anrechnen lassen. Allerdings hat er dem Insolvenzverwalter entsprechend § 255 InsO Vorteilsausgleich zu gewähren[220].

---

219 OLGR Düsseldorf 2004, 259 ff.; Leitsätze abgedruckt in ZIP 2004, 1375, 1376.

220 BGHZ 159, 104, 121. HambKomm-InsR/Weitzmann § 61 InsO RdNr. 16. Der Gläubiger wird insoweit den prozessualen Antrag auf Zahlung des Schadensersatzes Zug um Zug gegen Abtretung des Anspruches gegen die Masse nach § 209 InsO stellen.

2.5. Anspruchsberechtigte

Der Schadensersatzanspruch aus § 61 InsO ist ein Individualanspruch. Anspruchsberechtigt sind die jeweils betroffenen Massegläubiger als Einzelne[221]. Eine analoge Anwendung von § 92 InsO kommt nicht in Betracht.

3. Die Haftung nach § 60 InsO

Im Gegensatz zur Haftung nach § 61 InsO ist Auslöser der insolvenzrechtlichen Haftung aus § 60 InsO die schuldhafte schadensbegründende Verletzung *allgemeiner* insolvenzspezifischer Pflichten gegenüber Beteiligten i.S.v. § 60 InsO.

Es wurde zuvor gezeigt, dass, soweit durch den Insolvenzverwalter gegen die Pflicht zur ordnungsgemäßen Überwachung und Planung der Liquidität bei Begründung einer Masseverbindlichkeit verstoßen wird, § 61 InsO vorgeht.

Gleichwohl kann § 60 InsO auch im Zusammenhang mit der Nichterfüllung von Masseverbindlichkeiten einschlägig sein. Denn wir haben gesehen, dass eine Haftung für die Schädigung von Massegläubigern durch Nichterfüllung deren Verbindlichkeiten *nach* der Begründung der Masseverbindlichkeiten vom Vorrang des § 61 InsO unberührt bleibt. Im Ausgangsfall 1 hat der BGH nochmals deutlich gemacht, dass Ansprüche von Massegläubigern nach § 60 InsO wegen eines Ausfalls durch eine schuldhafte Masseverkürzung in Betracht kommen[222]. Zudem kann auch eine unberechtigte Anzeige der Masseunzulänglichkeit zu einer Haftung nach § 60 InsO führen. Die genauen Fallgruppen der Haftung aus § 60 InsO wegen der Nichterfüllung von Masseverbindlichkeiten sind bislang nicht geklärt. Im folgenden soll deshalb eine Einordnung vorgenommen werden.

3.1. Massegläubiger als Beteiligte

Voraussetzung einer Haftung nach § 60 InsO ist, dass es sich bei den Geschädigten um Beteiligte i.S.v. § 60 InsO handelt. Nach dem sogenannten materiell-rechtlichen Beteiligtenbegriff sind darunter all diejenigen Personen zu verstehen, denen gegenüber dem Verwalter insolvenzspezifische Pflichten obliegen[223]. Das sind solche Pflichten, die sich aus der InsO selbst ergeben.

In der Literatur wird teilweise bestritten, dass auch Massegläubiger Beteiligte i.S.v. § 60 InsO sind[224]. Dies wird vor allem darauf gestützt, dass § 61 InsO die

---

221 BGH in ständiger Rspr., vgl. nur BGH WM 1975, 517; MünchKomm-InsO/Brandes §§ 60, 61 RdNr. 33, 118; Smid, Haftung des Insolvenzverwalters, RdNr. 69.

222 BGHZ 159, 104, 111.

223 Ständige Rechtsprechung seit BGH WM 1961, 511 ff.; zuletzt BGH ZIP 2001, 1376 ff.; siehe auch Leonhardt/Smid/Zeuner-Smid § 60 RdNr. 8 m.w.N.

224 Ablehnend HK-InsO/Landfermann § 208 RdNr. 12; Uhlenbruck/Uhlenbruck § 208 RdNr. 14.

Pflichten des Insolvenzverwalters gegenüber den Massegläubigern nunmehr abschließend regele[225]. Diese Ansicht ist allerdings nicht zutreffend. § 61 InsO stellt ausschließlich auf den Zeitpunkt der Begründung der Masseverbindlichkeit ab und kann deshalb nicht abschließend sein. Es besteht eine *allgemeine* Pflicht des Insolvenzverwalters zur Vorwegbefriedigung der Massegläubiger nach § 53 InsO[226]. Diese Pflicht besteht über den Begründungszeitpunkt der Verbindlichkeit hinaus. Für die Zeit nach Begründung der Verbindlichkeit ist deshalb eine Bezugnahme auf die allgemeine Pflicht nach § 53 InsO möglich. Wegen dieser Pflicht des Insolvenzverwalters sind die Massegläubiger Beteiligte i. S. v. § 60 InsO.

Auch andere Bedenken können nicht überzeugen. Zwar ist zutreffend, dass Massegläubiger verfahrensrechtlich nicht als Beteiligte des Insolvenzverfahrens angesehen werden können, da sie außerhalb des Insolvenzverfahrens befriedigt werden. Dieses Auseinanderfallen von formeller und materieller Stellung der Beteiligten ist aber deshalb unschädlich, weil die Beteiligtenstellung i. S. v. § 60 InsO eben an die materiell-rechtlichen Stellung anknüpft[227]. Anders wäre es nur, wenn § 60 InsO den Kreis der Beteiligten einschränkte, wie es beispielsweise in § 154 ZVG, der auf § 9 ZVG und damit lediglich die formell Beteiligten abstellt, der Fall ist[228].

Dass die Verfahrensstellung für die Frage der Haftung bedeutungslos ist[229], zeigt auch die Behandlung der aussonderungsberechtigten Gläubiger. Inhaber von Aussonderungsrechten sind keine Verfahrensbeteiligten, da sich ihre Rechte nach den Gesetzen, die außerhalb des Insolvenzverfahrens gelten, richten, § 47 S. 2 InsO. Sie werden außerhalb des Verfahrens befriedigt. Gleichwohl ist anerkannt, dass der Insolvenzverwalter die insolvenzspezifische Pflicht hat, Aussonderungsrechte zu berücksichtigen[230], mithin aussonderungsberechtigte Gläubiger haftungsrechtlich Beteiligte i. S. v. § 60 InsO sind. Verletzt der Insolvenzverwalter die Pflicht zur Berücksichtigung der Aussonderungsrechte schuldhaft, hat er dafür gemäß § 60 InsO einzustehen[231].

Richtigerweise sind Massegläubiger deshalb als Beteiligte i. S. v. § 60 InsO anzusehen[232].

---

225 HK-InsO/Landfermann § 208 RdNr. 12.
226 Kübler/Prütting Pape § 208 RdNr. 6, 17; Leonhardt/Smid/Zeuner-Smid § 61 RdNr. 1.
227 Vgl. Smid, Haftung des Insolvenzverwalters, RdNr. 47, 54.
228 Uhlenbruck/Uhlenbruck § 60 RdNr. 9.
229 Häsemeyer, Insolvenzrecht, RdNr. 6.37.
230 Vgl. nur Leonhardt/Smid/Zeuner-Smid § 60 RdNr. 11 m. w. N.
231 Smid, Haftung des Insolvenzverwalters, RdNr. 56. Ebenfalls HambKomm-InsR/Büchler § 47 InsO RdNr. 73.
232 Bereits BGH ZIP 1987, 1398, 1399; Andres/Leithaus-Andres §§ 60, 61 RdNr. 6; FK-InsO/Kind § 60 RdNr.12; HK-InsO/Eickmann§ 60 RdNr. 5. Auch BGH ZInsO 2004, 609, 611, hält § 60 InsO gegenüber Massegläubigern für anwendbar.

3.2. Verletzung einer insolvenzspezifischen Pflicht

Weitere Voraussetzung eines Schadensersatzanspruchs aus § 60 InsO ist, dass der Insolvenzverwalter eine gegenüber dem betroffenen Beteiligten einschlägige insolvenzspezifische Pflicht verletzt. Im Hinblick auf die Nichterfüllung von Masseverbindlichkeiten bedeutet dies, dass der Verwalter seine allgemeine Pflicht zur Vorwegbefriedigung aus § 53 InsO verletzen muss. Im Kontext des masseunzulänglichen Verfahrens kann zudem eine Verletzung seiner Pflichten aus §§ 208f. InsO in Betracht kommen. Denn auch die Vorschriften über das masseunzulängliche Verfahren begründen besondere insolvenzspezifische Handlungspflichten des Verwalters[233]. Allerdings wird die Abgrenzung im Einzelfall häufig entbehrlich sein, weil die Verletzung der Pflichten aus §§ 208f. InsO regelmäßig auch zu einer Verletzung der Vorwegbefriedigungspflicht aus § 53 InsO führt.

Es wurde bereits dargestellt[234], dass der Insolvenzverwalter bei Verletzung der Vorwegbefriedigungspflicht jedoch nur dann nach § 60 InsO haftet, wenn die Verletzungshandlung nicht im Außerachtlassen der Überwachungs- und Kontrollpflichten im Zeitpunkt der Begründung der Masseverbindlichkeit liegt.

Um eine Kategorisierung etwaiger Pflichtverletzungen nach Begründung der Verbindlichkeit zu ermöglichen, sollen nachfolgend Fallgruppen denkbarer Verletzungshandlungen gebildet werden. Grundsätzlich ist eine Unterscheidung zwischen der fehlerhaften Anzeige der Masseunzulänglichkeit und fehlerhaften Abwicklungshandlungen möglich, wobei innerhalb dieser Gruppen weitere Unterscheidungen erfolgen.

a) Fehlerhafte Anzeige der Masseunzulänglichkeit

Fehlerhaft ist die Unzulänglichkeitsanzeige dann, wenn sie entweder verfrüht bzw. unberechtigt oder verspätet erfolgt.

(i) Verfrühte/Unberechtigte Anzeige der Masseunzulänglichkeit

Es ist teilweise zu beobachten, dass zur Reduzierung der Haftungsgefahren insbesondere bei Betriebsfortführungen eine Anzeige der Masseunzulänglichkeit erfolgt, obgleich die Voraussetzungen des § 208 Abs. 1 InsO, nämlich die drohende oder eingetretene Zahlungsunfähigkeit der Insolvenzmasse bezüglich der sonstigen Masseverbindlichkeiten, nicht vorliegen[235]. Dieses von der InsO nicht gedeckte Verhalten stellt eine Verletzung sowohl der Pflicht zur Vorwegbefriedigung der Massegläubiger aus § 53 InsO als auch der zur rechtmäßigen Unzulänglichkeitsanzeige aus § 208 InsO dar. Denn der Insolvenzverwalter darf die Masseunzuläng-

---

233 HK-InsO/Landfermann § 208 RdNr. 12.

234 Vgl. hierzu zuvor Kapitel C) III.2.2.

235 Unerfüllt bleibt insoweit der Wunsch *Lükes*, dass es den Verwaltern um Haftungsvermeidung durch pflichtgemäßes Verhalten gehen möge, vgl. Aufgaben und Haftung des Insolvenzverwalters, S. 703.

lichkeit nur anzeigen, wenn sie eingetreten ist oder droht, die Voraussetzungen des § 208 InsO also objektiv vorliegen. § 208 InsO begründet insoweit nicht nur ein Recht des Verwalters zur Anzeige, sondern auch die Pflicht zur rechtmäßigen Anzeige. Die „Insolvenz in der Insolvenz" darf nur ausgelöst werden, wenn auch deren „Eröffnungsgründe" vorliegen[236]. Die Pflicht zur Vorwegbefriedigung wird verletzt, weil auch durch die unrechtmäßige Anzeige die Wirkungen der §§ 209, 210 InsO ausgelöst und die Verbindlichkeiten zurückgestuft werden.

Die unberechtigte Anzeige der Masseunzulänglichkeit stellt jedoch keine nach § 61 InsO zu sanktionierende Pflichtverletzung dar, weil die Masse tatsächlich nicht insuffizient ist. Der Anwendungsbereich von § 61 InsO ist nicht eröffnet. Missverständlich ist deshalb die Aussage des BGH, die sich aus § 61 InsO ergebenden Haftungsrisiken verhinderten eine mutwillige Anzeige der Insuffizienz[237]. Eine Haftung droht dem Verwalter in diesem Fall mangels einschlägiger Pflichtverletzung nicht aus § 61 InsO, sondern vielmehr aus § 60 InsO.

Eine Inanspruchnahme des Verwalters wird allerdings deshalb eher selten sein, weil er auch zur Anzeige der drohenden Masseunzulänglichkeit berechtigt ist[238]. Einem potentiellen Kläger wird es insoweit schwerfallen, nachzuweisen, dass eine Insuffizienz nicht einmal drohte. Denn zumeist wird er sich auf das Zahlenmaterial des Insolvenzverwalters stützen müssen. Dieser trifft jedoch eine Prognoseentscheidung, die ihm einen gewissen Beurteilungsspielraum eröffnet[239]. Im Rahmen eines Haftungsprozesses kann die Rechnung des Insolvenzverwalters zwar überprüft, aber aufgrund des Beurteilungsspielraums – auch unter Zugrundelegung der in Kapitel C) III.2.2.a) erörterten Grundsätze – selten widerlegt werden.

(ii) Verspätete Anzeige

Es ist auch denkbar, dass der Insolvenzverwalter die Masseunzulänglichkeit gegenüber dem Insolvenzgericht verspätet anzeigt. Dies ist dann der Fall, wenn der Insolvenzverwalter noch Masseverbindlichkeiten begründet, obwohl ein ordentlicher und gewissenhafter Verwalter den voraussichtlichen Eintritt der Masseunzulänglichkeit bereits hätte erkennen können. Dabei handelt es sich allerdings um eine Verletzung der Pflicht zur ständigen Überprüfung und Aktualisierung der Liquiditätsplanung, sodass sich die Haftung an § 61 InsO zu orientieren hat. Eine nach § 60 InsO auszugleichende Verletzungshandlung liegt bei der verspäteten Unzulänglichkeitsanzeige daneben grundsätzlich nicht vor. Allerdings kann es dann zu einer Haftung nach § 60 InsO kommen, wenn der Verwalter bei verspäteter Feststellung keine neuen Masseverbindlichkeiten begründet, aber bereits be-

236 Kübler/Prütting-Pape § 208 RdNr. 6, 17; MünchKomm-InsO/Hefermehl § 208 RdNr. 74, 77.
237 BGH ZIP 2004, 326, 329.
238 So auch HambKomm-InsR/Weitzmann § 208 InsO RdNr. 24.
239 Siehe hierzu bereits Kapitel C) III.2.2.b). Auch Kübler/Prütting-Pape § 208 RdNr.16ff.

stehende voll befriedigt, während andere Massegläubiger dann nur noch eine Quote erhalten[240]; Verletzungshandlung ist dann jedoch die fehlerhafte Verteilung.

b) Abwicklungsfehler

Eine persönliche Haftung des Insolvenzverwalters wegen der Nichterfüllung von Masseverbindlichkeiten kann zudem aufgrund von Abwicklungsfehlern in Betracht kommen. Der Insolvenzverwalter haftet den Massegläubigern für eine pflichtwidrige Verkürzung der Masse[241]. Die Möglichkeiten einer Verletzungshandlung sind zwar vielfältig. Gleichwohl erscheint hinsichtlich der Nichterfüllung von Masseverbindlichkeiten eine zweifache weitere Unterteilung sinnvoll und möglich: Einerseits kann zwischen eher administrativen Verteilungsfehlern und Fehlern im Rahmen der Betriebsfortführung unterschieden werden; andererseits in zeitlicher Hinsicht zwischen Fehlern vor und nach dem Eintritt der Insuffizienz.

(i) Pflichtverletzungen durch Verteilungsfehler

Die reine Liquidation ist grundsätzlich weniger haftungsträchtig als eine Betriebsfortführung. Auch im Bereich der Liquidation treffen den Verwalter im Verhältnis zu den Massegläubigern wegen der Pflicht zur Vorwegbefriedigung jedoch spezifische Handlungspflichten. Im Ausgangsfall 1 betont der BGH ausdrücklich, dass der Verwalter die Pflicht hat, vor jeder Verteilung der Masse zu kontrollieren, ob die anderen Masseverbindlichkeiten rechtzeitig und vollständig aus der verbleibenden Insolvenzmasse bezahlt werden können[242].

Stellt sich bei Erfüllung dieser Pflicht heraus, dass die Masse insuffizient ist, besteht die Pflicht zur anteiligen Befriedigung gleichrangiger Massegläubiger. Der Verwalter darf dann nicht mehr einzelne Massegläubiger voll befriedigen. Zu Recht weist der BGH darauf hin, dass der Verwalter nicht befugt ist, einem von mehreren Massegläubigern das Risiko zuzuweisen, ob sich in Zukunft weitere Masseeingänge realisieren lassen[243].

Danach kann sich ein Insolvenzverwalter nur dann auf die Unkenntnis weiterer Masseverbindlichkeiten berufen, wenn er darlegt und ggf. beweist, hinreichende organisatorische Vorkehrungen getroffen zu haben, um eine vollständige und rechtzeitige Buchung aller Masseverbindlichkeiten sicherzustellen[244]. Erneut zeigt sich die Relevanz der Unterhaltung eines ordnungsgemäßen Liquiditätsplans: Führt der Insolvenzverwalter einen ordnungsgemäßen Liquiditätsplan nach den in Kapitel C) III.2.2.a) beschriebenen Grundsätzen und hält er sich hieran, kann es nicht zu einer pflichtwidrigen Verteilung kommen.

---

240 BGHZ 159, 104, 111; Uhlenbruck/Uhlenbruck § 208 RdNr. 14. Dazu siehe sogleich Kapitel C) III.3.2.b)(i).
241 BGHZ 159, 104, 111.
242 BGHZ 159, 104, 114.
243 BGHZ 159, 104, 115.
244 BGHZ 159, 104, 121.

(ii) Pflichtverletzungen im Rahmen von Betriebsfortführungen

Wie bereits im Rahmen der Einführung angesprochen, sind die Haftungsrisiken bei der Fortführung eines schuldnerischen Betriebs für den Verwalter deutlich höher als bei der rein liquidierenden Verwertung[245]. Gleichwohl sind bislang weder der genaue Maßstab für Pflichtverletzungen wegen unternehmerischer Fehlentscheidungen im Rahmen von Betriebsfortführungen noch der dogmatische Anknüpfungspunkt geklärt.

Grundsätzlich ist eine Betriebsfortführung im Insolvenzverfahren nur pflichtgemäß, wenn deren Erträge die Kosten zumindest decken[246]. Der Insolvenzverwalter ist deshalb verpflichtet, eine unrentable Betriebsfortführung einzustellen. Der Verwalter haftet allerdings nur insoweit für eine defizitäre Fortführung als unternehmerische Fehlentscheidung, wie für ihn die fehlende Eignung dieser Maßnahme offensichtlich sein musste[247].

Die Pflicht zur Meidung einer defizitären Betriebsfortführung besteht grundsätzlich gegenüber den Insolvenzgläubigern. Kommt es durch die unrentable Betriebsfortführung zu einer Insuffizienz der Masse, kann jedoch auch eine Pflichtverletzung gegenüber den Massegläubigern vorliegen.

Problematisch ist für den Verwalter, dass nach § 158 InsO grundsätzlich eine Pflicht zur Fortführung des Betriebes bis zum Berichtstermin besteht. Das Gesetz nimmt nach § 158 Abs. 2 Satz 2 InsO eine nicht erhebliche Masseminderung in Kauf, um die Entscheidung über die Verwertung offenzuhalten[248]. Eine Pflichtverletzung kann also dann nicht vorliegen, wenn die Betriebsfortführung nur zu einer unerheblichen Masseminderung führt. Die Erheblichkeitsschwelle ist allerdings dann überschritten, wenn die Befriedigung der Neu-Masseschulden bei Fortführung nicht gesichert ist[249]. Ebenso, wenn zwar durch die Betriebsfortführung keine neuen ausfallgefährdeten Masseverbindlichkeiten entstehen, aber die Befriedigung bereits entstandener, bspw. noch nicht fälliger, Masseverbindlichkeiten gefährdet wird. Der Insolvenzverwalter verletzt sonst durch die fortgesetzte Masseverkürzung – Liquidationsverschleppung – seine Vorwegbefriedigungspflicht aus § 53 InsO.

Wie bereits in der Einführung angesprochen, und wie später in Kapitel E) gezeigt wird, wächst das Risiko einer Pflichtverletzung für den Insolvenzverwalter nach

---

245 Lüke, Aufgaben und Haftung des Insolvenzverwalters, S. 712.

246 So bereits BGHZ 99, 151, 156; BGH NJW-RR 1990, 94; Berger/Frege, Business Judgement Rule in der Insolvenz, S. 204.

247 Leonhardt/Smid/Zeuner-Smid § 60 RdNr. 20.

248 Andres/Leithaus-Andres § 158 RdNr. 1. Kritisch dazu Leonhardt/Smid/Zeuner-Smid § 158 RdNr. 15 f.

249 MünchKomm-InsO/Görg § 158 RdNr. 11. Auch *Lüke* geht davon aus, dass eine Fortführungspflicht dann nicht mehr besteht, wenn diese die Begründung neuer Masseverbindlichkeiten erfordert, die voraussichtlich nicht mit Massemitteln erfüllt werden können, Aufgaben und Haftung des Insolvenzverwalters, S. 720.

Eintritt der Masseunzulänglichkeit deutlich. Denn er bleibt gemäß § 208 Abs. 3 InsO weiterhin zur Verwaltung und Verwertung der Masse verpflichtet[250]. Dies schließt nach umstrittener Meinung auch eine Betriebsfortführung nicht aus[251]. Eine Betriebsfortführung nach dem Eintritt der Insuffizienz führt allerdings zu enormen Haftungsrisiken. Zunächst droht eine Haftung gegenüber den Neu-Massegläubigern aus § 61 InsO. Die Exkulpationsmöglichkeit nach § 61 S. 2 InsO wird wegen der Kenntnis der Masseinsuffizienz, wenn sie nicht ganz ausscheidet, so doch jedenfalls kaum noch darstellbar sein[252] – diese Frage wird ausführlich im Rahmen der Untersuchung der Betriebsfortführung im masseunzulänglichen Verfahren in Kapitel F) II.2.2 erörtert.

Gegenüber den Alt-Massegläubigern ist allerdings eine Pflichtverletzung nur nach § 60 InsO denkbar. Den Verwalter trifft die Pflicht, die Entstehung neuer Verluste durch die Fortsetzung des Verfahrens zu vermeiden[253]. Wenn die Betriebsfortführung mehr Masseverbindlichkeiten begründet, als durch sie abgebaut werden, kann sie dem Insolvenzverwalter – ebenso wie im Regelverfahren – als Liquidationsverschleppung angelastet werden[254]. Voraussetzung ist, dass bei einer Fortführung erwachsende Masseverbindlichkeiten nicht getilgt werden können und der Insolvenzverwalter dies erkennen kann. Ist das der Fall, ist der Verwalter zu einer sofortigen Liquidation verpflichtet[255].

Für sonstige Aufwendungen, die der Insolvenzverwalter außerhalb einer Betriebsfortführung wegen § 208 Abs. 3 InsO für die Abwicklung tätigen muss, kommt eine Pflichtverletzung gegenüber den Alt-Massegläubigern von vornherein nicht in Betracht. Denn sie haben den für die Abwicklung erforderlichen Aufwand ohnehin zu tragen[256].

Allerdings ist gerade bei der Betriebsfortführung zu bedenken, dass der Verwalter verschiedene Interessen wahrzunehmen hat und einer mehrseitig fremdbestimmten Tätigkeit nachgeht. Dem muss der Haftungsumfang Rechnung tragen, indem nicht jedes Fehlschlagen einer Verwaltermaßnahme zur persönlichen Haftung führen darf[257]. Der Verwalter sollte versuchen, mögliche Chancen einer bestmöglichen Verwertung zu ergreifen. Lassen sich diese Chancen später entgegen der vorherigen, begründeten Erwartung nicht realisieren, so erwächst daraus nicht auto-

---

250 Siehe Kapitel E) II.

251 Braun/Kießner § 208 RdNr. 29, str. A.A. wohl BGH ZInsO 2002, 879, 881, wonach sich die Pflicht nach § 208 Abs. 3 InsO nur noch auf eine geordnete Verwertung der Restmasse beziehe. HambKomm-InsR/Weitzmann § 208 InsO RdNr. 10 geht davon aus, dass eine Fortführung nur zulässig sei, wenn die Masseunzulänglichkeit lediglich temporär ist. Siehe hierzu eingehend Kapitel F) II.2.2.a).

252 Für ein Ausscheiden: BK-InsO/Breutigam § 208 RdNr. 24. Laws, Haftung des Insolvenzverwalters, MDR 2003, 787, 791.

253 HK-InsO/Landfermann § 208 RdNr. 14; Uhlenbruck/Uhlenbruck § 208 RdNr. 20.

254 Kübler/Prütting-Pape § 208 RdNr. 21; MünchKomm-InsO/Hefermehl § 208 RdNr. 46 f.

255 BGH ZIP 1989, 1584, 1589.

256 Leonhardt/Smid/Zeuner-Smid § 208 RdNr. 25.

257 Kübler/Prütting-Lüke § 60 RdNr. 5.

matisch eine Haftung. Dieser Maßstab gilt im Hinblick auf die ordnungsgemäße Liquiditätsplanung grundsätzlich auch gegenüber Neu-Massegläubigern im Rahmen der Haftung gemäß § 61 InsO.

Der konkrete Maßstab, an dem bei Scheitern einer Betriebsfortführung die Pflichtwidrigkeit der Fortführung zu messen ist, ist offen. Im Gegensatz zum Pflichtwidrigkeitsmaßstab im Rahmen von § 61 InsO hat der BGH hierzu bislang nicht ausdrücklich Stellung genommen.

1. *Maßstab der Pflichtgemäßheit*

1.1. *Business Judgement Rule*

Im Regelverfahren werden als Maßstab für die Pflichtwidrigkeit unternehmerischer Entscheidungen teilweise die Grundsätze der *Business Judgement Rule* herangezogen[258]. *Uhlenbruck* spricht in diesem Zusammenhang auch von einer *Insolvency Judgement Rule*[259]. Die *Business Judgement Rule* wurde im Jahr 2005 nach amerikanischem Vorbild in § 93 Abs. 1 S. 2 AktG kodifiziert. Danach handelt der Vorstand einer Aktiengesellschaft nicht pflichtwidrig, wenn er bei einer unternehmerischen Entscheidung vernünftigerweise annehmen durfte, auf der Grundlage angemessener Informationen zum Wohle der Gesellschaft zu handeln. Dies soll auf den Insolvenzverwalter übertragbar sein, wenn er zum Wohle der Masse handelt[260]. Bei Einhaltung der *Business Judgement Rule* liege keine Pflichtverletzung vor. Auf die Frage des Verschuldens kommt es insoweit nicht mehr an.

1.2. *Spekulationsverbot*

Im Banken- und Vermögensverwaltungsverkehr wird zur Beurteilung der Pflichtgemäßheit von Investitions- und Desinvestitionsentscheidungen der Verwalter fremden Vermögens teilweise auf das sogenannte Spekulationsverbot zurückgegriffen[261]. In Deutschland stammt das Spekulationsverbot ursprünglich aus dem öffentlichen Recht. Das aus Art. 28 Abs. 1 GG i. V. m. den jeweiligen Gemeindeordnungen abzuleitende Spekulationsverbot beschränkt die Geschäftstätigkeit kommunaler Eigengesellschaften[262]. Der konkrete Inhalt des Spekulationsverbotes, insbesondere die Frage, wie der Begriff Spekulation zu verstehen ist, ist allerdings unklar. Eine allgemeingültige Legaldefinition existiert nicht. Einzig § 4 Abs. 3 Sparkassenordnung Bayern normiert: *Sparkassen dürfen keine Geschäfte betreiben, bei denen die mit dem jeweiligen Geschäft verbundenen Risiken für die Sparkasse nicht tragbar oder von ihr nicht steuerbar sind (Spekulationsverbot).*

---

258 Vgl. bspw. Berger/Frege, Business Judgement Rule bei Unternehmensfortführung in der Insolvenz, S. 204; HambKomm-InsR/Weitzmann § 60 InsO RdNr. 29.

259 Uhlenbruck, Corporate Governance, Compliance and Insolvency Judgement Rule als Problem der Verwalterhaftung, S. 1614.

260 Berger/Frege, Business Judgement Rule bei Unternehmensfortführung in der Insolvenz, ZIP 2008, S. 208.

261 Benicke, Pflichten des Vermögensverwalters, S. 760.

262 Vgl. OLG Naumburg WM 2005, 1313, 1317.

Im privaten finanzwirtschaftlichen Bereich besteht Einigkeit nur insoweit, dass sich Spekulation durch die Eingehung eines besonders hohen Risikos auszeichnet[263]. Ob darüber hinaus die Unkalkulierbarkeit des Risikos maßgebendes Kriterium oder auf das Verhältnis von Chance/Risiko/Ertrag abzustellen ist, ist offen. Nach dem BGH sollen spekulative Anlagen in der Vermögensverwaltung jedenfalls nicht grundsätzlich verboten sein; vielmehr kommt es dort auf eine ausgewogene Mischung von spekulativen und konservativeren Angeboten an[264].

Ein Spekulationsverbot des Insolvenzverwalters (hinsichtlich Fix- und Finanzleistungsgeschäften) ist auch in der InsO verankert. § 104 InsO schränkt das grundsätzliche Wahlrecht des Verwalters bei gegenseitigen Verträgen, die keine Seite vollständig erfüllt hat, ein. Wegen des Risikocharakters gerade der in § 104 Abs. 2 InsO normierten Geschäfte betreffend Finanzleistungen soll die Masse vor Spekulationen des Verwalters geschützt werden. Der Rechtsausschuss des Bundestages hielt es für sachgerecht, Kursspekulationen durch den Verwalter nicht zuzulassen und daher das Wahlrecht des Verwalters auszuschließen[265]. Nach richtiger Ansicht beschränkt sich das Verbot allerdings nicht auf die in § 104 InsO genannten Fälle. Spekulative Geschäfte sind dem Insolvenzverwalter grundsätzlich untersagt; darin unterscheidet sich seine Stellung von derjenigen des Kaufmanns[266].

2. *Bewertung*

Unternehmensleitung unterscheidet sich qualitativ von Vermögensverwaltung. Gleichwohl ergänzen sich der durch die *Business Judgement Rule* und das Spekulationsverbot in seinem allgemeinen Verständnis vorgegebene Rahmen pflichtgemäßen Handelns. Der Regelungsrahmen der *Business Judgement Rule* ist deutlich konturierter als der Inhalt des Spekulationsverbotes. Ob § 93 Abs. 1 S. 2 AktG uneingeschränkt auf unternehmerische Entscheidungen des Insolvenzverwalters bei der Betriebsfortführung Anwendung finden kann, ist wegen der besonderen Verwalteraufgaben und den daraus resultierenden Unterschieden zu den Leitungsaufgaben eines Vorstandes allerdings zweifelhaft. Auch ist die Stellung des Verwalters, der mehrseitig dem Wohl aller Gläubiger verpflichtet ist, eine andere als die des Geschäftsleiters, der ausschließlich im Interesse des von ihm geleiteten Unternehmens handelt. Auf der einen Seite stehen die Pflichtenanforderungen des Kaufmanns (*Business Judgement Rule*), auf der anderen die des Treuhänders (*Spekulationsverbot*).

Gleichwohl sprechen die mit Einführung der InsO normierten Fortführungspflichten, §§ 157, 158 InsO und die gesetzliche Verankerung der Sanierung als gleichwertige Alternative zur Liquidation zumindest für eine entsprechende Anwendung der Grundkriterien der *Business Judgement Rule*.

---

263 Benicke, Pflichten des Vermögensverwalters, S. 763.
264 BGH WM 1994, 834, 836.
265 Vgl. Beschl.-Empfehlung des RechtsA zu § 118, abgedruckt in: Uhlenbruck, Das neue Insolvenzrecht, S. 428.
266 Leonhardt/Smid/Zeuner-Smid § 159 RdNr. 7.

Bei der Fortführung eines Geschäftsbetriebes durch den Insolvenzverwalter wäre es für ihn unzumutbar, wenn man ihm nicht wie sonstigen Geschäftsleitern auch Handlungsspielraum und Beurteilungsermessen zubilligen würde[267]. Denn im Rahmen einer Betriebsfortführung ähnelt seine Tätigkeit eher der eines Kaufmannes.

Das Spekulationsverbot kann hier insoweit einfließen, als dass der Insolvenzverwalter dann nicht mehr vernünftigerweise davon ausgehen kann, zum Wohle der Masse und damit pflichtgemäß zu handeln, wenn das mit der Betriebsfortführung verbundene Risiko unkalkulierbar und für ihn nicht steuerbar, mithin spekulativ ist. Hier ist ein Rückgriff auf die normative Wertung von § 104 InsO möglich; d.h., spekulative Geschäfte des Insolvenzverwalters sind unzulässig.

Eine Betriebsfortführung ist folglich pflichtgemäß, wenn der Verwalter ermessensfehlerfrei, d.h. auf der Grundlage angemessener Information und im Rahmen eines angemessenen, grundsätzlich kalkulierbaren Risikos, zum Wohle der Masse handelt[268]. Insoweit besteht ein Gleichlauf mit den zuvor zur Exkulpation nach § 61 S. 2 InsO beschriebenen Voraussetzungen: Die Informationsgrundlage ist auch bei der Frage nach der Haftung gemäß § 60 InsO im Rahmen von Betriebsfortführungen jedenfalls dann angemessen, wenn sie den Grundsätzen einer ordnungsgemäßen Liquiditätsplanung, wie in Kapitel C) III.2.2.a) beschrieben, genügt.

Geht man wie hier von einer grundsätzlichen Schrankenlosigkeit des Abwicklungsgebotes nach § 208 Abs. 3 InsO aus[269], findet dieser Maßstab auch auf die Prüfung der Pflichtgemäßheit einer Betriebsfortführung im masseunzulänglichen Verfahren Anwendung. Die diesbezüglichen Anforderungen im Einzelnen werden in Kapitel F) II.2.2 untersucht.

3.3. Verschulden

Weitere Voraussetzung für die Schadensersatzpflicht des Verwalters ist sein Verschulden. Maßstab ist die Sorgfalt eines ordentlichen und gewissenhaften Verwalters, § 60 Abs. 1 S. 2 InsO.

Bei bedeutenden Entscheidungen wird der Insolvenzverwalter typischerweise die Zustimmung der Gläubigerversammlung oder des Gläubigerausschusses (soweit eingesetzt) einholen, auch wenn kein direkter Anwendungsfall von § 160 InsO vorliegt. Das Verschulden des Verwalters entfällt zwar nicht automatisch mit Zustimmung der Gläubigerversammlung[270]. Sie kann aber Indiz dafür sein, dass der Ver-

---

267 Vgl. zu dem Handlungsrahmen von Geschäftsleitern BGHZ 135, 244.

268 Dies betont auch Uhlenbruck, Corporate Governance, Compliance and Insolvency Judgement Rule als Problem der Insolvenzverwalterhaftung, S. 1618.

269 Vgl. hierzu ausführlich Kapitel F) II.2.1.

270 BGH ZIP 1985, 423, 425.

walter seinen Sorgfaltspflichten Genüge getan hat; so zum Beispiel, wenn der Verwalter auf Wunsch der Gläubigerversammlung einen Betrieb, unter Umständen trotz Masseunzulänglichkeit, fortführt[271].

Im Gegensatz zu der Regelung des § 61 InsO trägt beim Ersatzanspruch nach § 60 InsO der Anspruchsteller die Beweislast für alle anspruchsbegründenden Tatsachen und damit auch für das schuldhafte Handeln des Verwalters. Dies bedeutet für den Insolvenzverwalter eine wesentliche Erleichterung gegenüber seiner Haftung wegen der Nichterfüllung von Masseverbindlichkeiten nach § 61 InsO.

3.4. Art und Umfang des Schadensersatzes

Der Umfang der Haftung richtet sich auch bei § 60 InsO nach den §§ 249ff. BGB, wobei ein Mitverschulden wiederum nach § 254 BGB zu berücksichtigen ist. Auch nach § 60 InsO kann lediglich das negative Interesse verlangt werden. Allerdings wird ein Anspruch nach § 60 InsO wegen schuldhafter Masseverkürzung nicht selten mit dem positiven Interesse übereinstimmen[272].

Verstößt der Insolvenzverwalter hingegen gegen die Vorwegbefriedigungspflicht, indem er bei Insuffizienz einzelne Massegläubiger noch voll befriedigt, anstatt die gleichrangigen Gläubiger anteilig zu befriedigen, haftet er den benachteiligten Massegläubigern auf den Betrag, der auf sie bei anteiliger Befriedigung entfallen wäre[273].

Problematisch ist die Frage des Schadensumfangs, wenn der Insolvenzverwalter die Masseunzulänglichkeit zur Reduzierung seines Haftungsrisikos nur prophylaktisch, also unberechtigt anzeigt und die Massegläubiger dadurch zurückgestuft werden. Denn in diesem Fall ist eine ausreichende Masse eigentlich vorhanden, sodass auch die zurückgestuften Massegläubiger im Ergebnis mit ihrer Forderung nicht ausfallen werden[274].

Allerdings ergibt sich für zurückgestufte Massegläubiger der Nachteil, dass sie auf unbestimmte Zeit nicht mit einer vollständigen Befriedigung rechnen und wegen § 210 InsO ihre Forderung auch nicht im Wege der Zwangsvollstreckung durchsetzen können. Es kann gerichtlich nicht mehr Zahlung, sondern nur noch Feststellung verlangt werden[275].

Hierdurch kann dem Gläubiger ein Verzögerungsschaden entstehen, der nach §§ 249ff. BGB zu ersetzen ist. Der Gläubiger ist deshalb so zu stellen, wie er bei

271 HK-InsO/Eickmann § 60 RdNr. 14. Leonhardt/Smid/Zeuner-Smid § 60 RdNr. 28.
272 BGHZ 159, 104, 120.
273 BGHZ 159, 104, 120.
274 BGH ZIP 2004, 326, 329; HK-InsO/Landfermann § 208 RdNr. 11; MünchKomm-InsO/Hefermehl § 208 RdNr. 40, 78.
275 BGH ZIP 2004, 326, 329.

rechtzeitiger Leistung des Schuldners stehen würde[276]. Vom Insolvenzverwalter sind deshalb die aus der Verzögerung der Erfüllung entstehenden Nachteile, wie insbesondere Kreditkosten und/oder entgangene Zinsgewinne, zu ersetzen. Hierfür ist der betroffene Massegläubiger darlegungs- und ggf. auch beweispflichtig.

3.5. Anspruchsberechtigte

Schädigt der Insolvenzverwalter einen Massegläubiger, liegt regelmäßig ein Einzelschaden vor, der schon während des Insolvenzverfahrens geltend gemacht werden kann[277]. Daran ändert sich nichts, wenn dem Massegläubiger der Ausfall gerade infolge einer Masseverkürzung durch den Insolvenzverwalter entsteht[278]. Grundsätzlich sind demnach die Massegläubiger auch bei nach § 60 InsO zu ersetzenden Schädigungen jeweils einzeln anspruchsberechtigt.

Wurde hingegen bereits Masseunzulänglichkeit angezeigt, liegt es mit dem BGH nahe, wegen des von allen betroffenen Massegläubigern gemeinschaftlich erlittenen Schadens eine entsprechende Anwendung von § 92 InsO in Erwägung zu ziehen; die Massegläubiger hatten von vorneherein nur einen durchsetzbaren Anspruch auf eine Quote ihrer Forderung[279]. Wenn nach rechtmäßig erfolgter Unzulänglichkeitsanzeige die Insolvenzmasse durch Abwicklungsfehler des Insolvenzverwalters weiter schuldhaft verkürzt wird, sind die Alt-Massegläubiger als Gesamtheit durch die Verminderung der Insolvenzmasse betroffen und geschädigt. Für die Geltendmachung dieses Schadens sind sie dann nicht individuell aktivlegitimiert. Anders hingegen, wenn eine Masseverkürzung auch hinsichtlich Forderungen von Neu-Massegläubigern i.S.v. § 209 Abs. 2 Nr. 2 InsO eintritt. Schadensersatzansprüche nach § 60 InsO dieser Gläubiger sind Individualansprüche; Forderungen von Neu-Massegläubigern sind von dem Vollstreckungsverbot nach § 210 InsO nicht erfasst.

IV. Die Haftung nach allgemeinen Vorschriften

Eine persönliche Haftung des Insolvenzverwalters wegen der Nichterfüllung von Masseverbindlichkeiten kann sich schließlich aus allgemeinen Vorschriften, insbesondere §§ 311 Abs. 2, 3, 241 BGB, §§ 823ff. BGB sowie § 69 AO und weiteren öffentlich-rechtlichen Normen, ergeben.

Eine eigene Haftung des Verwalters wegen einer vorvertraglichen Pflichtverletzung aus §§ 311 Abs. 2, 3, 241 BGB setzt voraus, dass der Verwalter einen besonde-

276 Palandt/Heinrichs § 286 RdNr. 45.
277 MünchKomm-InsO/Brandes §§ 60, 61 RdNr. 118; Smid, Haftung des Insolvenzverwalters, RdNr. 70.
278 BGHZ 159, 104, 120.
279 BGHZ 159, 104, 112.

ren Vertrauenstatbestand begründet hat. Denn der Verwalter handelt als Partei kraft Amtes[280] nicht für sich selbst, sondern für den Insolvenzschuldner. Insoweit ist seine persönliche Haftung für vorvertragliche Pflichtverletzungen nach den Grundsätzen der Vertreterhaftung zu beurteilen.

Mehr als das im Geschäftsverkehr übliche Vertrauen nimmt jedoch grundsätzlich auch ein Verwalter nicht in Anspruch, der als solcher auftritt[281]. Seine vertragliche Haftung kann deshalb nur unter besonderen Voraussetzungen begründet sein[282]. Es entsprach deshalb zur KO ab 1987 ständiger Rechtsprechung des BGH, dass der Konkursverwalter für von ihm begründete Masseverbindlichkeiten, die nicht vollständig erfüllt werden können, nicht persönlich haftet[283].

Dies gilt auch nach Inkrafttreten der InsO. Durch § 61 InsO wurde zwar eine insolvenzspezifische Pflicht des Verwalters normiert, keine Verbindlichkeiten einzugehen, die erkennbar nicht gedeckt sind. Es ist aber nicht erkennbar, dass diese Änderung auch zu einer geänderten Auffassung im Hinblick auf die Haftung nach dem Allgemeinen Schuldrecht führt. Vielmehr dürfte es dabei bleiben, dass der Verwalter mangels entsprechenden Vertrauenstatbestandes in der Regel nicht nach §§ 311, 241 BGB haftet[284].

Auch eine Haftung aus §§ 823ff. BGB wegen der Nichterfüllung von Masseverbindlichkeiten wird häufig nicht einschlägig sein. Eine Haftung aus § 823 Abs. 1 BGB ist schon deshalb nicht gegeben, weil durch die Begründung von nichterfüllbaren Masseverbindlichkeiten lediglich das Vermögen des Gläubigers geschädigt wird. Das Vermögen als solches wird von § 823 Abs. 1 BGB jedoch nicht geschützt[285]. Eine Haftung kommt deshalb nur nach § 823 Abs. 2 BGB i.V.m. einem Schutzgesetz, häufig § 263 StGB[286], und § 826 BGB in Betracht. Beide Anspruchsgrundlagen verlangen ein vorsätzliches Handeln des Anspruchsgegners[287]. Selbst bedingt vorsätzliche Schädigungen der Massegläubiger durch den Insolvenzverwalter werden jedoch (mangels erforderlicher krimineller Energie) nur in Ausnahmefällen vorkommen.

Haftungsgefahren ergeben sich deshalb eher aus öffentlich-rechtlichen Vorschriften, die grundsätzlich auch im masseunzulänglichen Verfahren Anwendung fin-

280 Leonhardt/Smid/Zeuner-Smid § 80 RdNr. 27.

281 BGH NJW-RR 2005, 1137, 1138.

282 Lüke, Aufgaben und Haftung des Insolvenzverwalters, S. 710; Leonhardt/Smid/Zeuner-Smid § 60 RdNr. 13.

283 Eine diesbezügliche Haftung aus § 82 KO lehnt der BGH mangels konkursspezifischer Pflicht des Verwalters ab. Vgl. BGHZ 100, 351, 352; BGH NJW-RR 1990, 94, 96; BGH NJW-RR 2005, 1137.

284 Palandt/Heinrichs § 311 RdNr. 64.

285 Ständige Rechtsprechung, BGHZ 41, 127; Palandt/Sprau § 823 RdNr. 1.

286 Eine persönliche Haftung des Verwalters als Partei kraft Amtes ergibt sich auch bei einem Handeln des Schuldners aus § 14 Abs. 1 Nr. 3 StGB.

287 § 823 Abs. 2 BGB kann zwar grundsätzlich auch fahrlässig verletzt werden, § 263 StGB als Schutzgesetz hingegen erfordert eine vorsätzliche Begehung.

den[288]. Insbesondere droht die Haftung wegen unterlassener Steuerzahlungen aus § 69 AO. Der Insolvenzverwalter ist Vermögensverwalter i. S. d. § 34 Abs. 3 AO. Verletzt er seine Pflicht zur Erfüllung der steuerlichen Aufgaben des Schuldners, haftet er deshalb persönlich nach § 69 AO[289]. Voraussetzung ist allerdings, dass er mindestens grob fahrlässig gehandelt hat.

Im Übrigen unterliegt der Verwalter denselben öffentlich-rechtlichen Pflichten wie jede Person. Die ordnungs- und umweltrechtliche Verantwortung trifft ihn persönlich[290]. Problematisch ist die Behandlung von Störungen, die von einem Massegegenstand ausgehen. Für den Insolvenzverwalter kommt bei (drohender) Masseunzulänglichkeit insoweit eine Freigabe des betroffenen Gegenstandes aus der Insolvenzmasse in Betracht, die der Masse eine etwaige Beseitigungspflicht und die damit verbundenen Kosten nimmt[291]. Macht der Insolvenzverwalter von dieser Möglichkeit Gebrauch, vermeidet er eine aus der Nichtbefolgung der betroffenen Pflicht eine etwaig drohende persönliche Haftung. Da damit allerdings der Vermögenswert des freigegebenen Gegenstandes für die Masse verloren ist, ist die Freigabe in jedem Einzelfall einer Kosten/Nutzen-Analyse zu unterziehen.

V. Zwischenergebnis

Der Insolvenzverwalter sieht sich im Zusammenhang mit einer insuffizienten Masse mit Haftungsrisiken sowohl aus §§ 60, 61 InsO als auch aus allgemeinen Vorschriften konfrontiert.

Das insolvenzrechtliche Haftungskonzept der §§ 60, 61 InsO ist das Ergebnis einer Interessenabwägung und Risikozuordnung. Im Hinblick auf das insolvenzrechtliche Ziel der optimalen Gläubigerbefriedigung, § 1 S. 1 InsO, ist der Tatbestand des § 61 InsO grundsätzlich eng auszulegen. Eine der Risikozuordnung zuwiderlaufende, unangemessene Gefahr persönlicher Inanspruchnahme schadet dem Verfahren, da der Verwalter dadurch zur einseitigen Orientierung an der weniger haftungsträchtigen Liquidation statt zu einer Fortführung veranlasst würde. Das gleichwertige Nebeneinander von Liquidation und Sanierung würde durch ein negatives Anreizsystem praktisch ausgehebelt.

Der diesem Kapitel vorangestellten, einschränkenden Judikatur des BGH ist deshalb zuzustimmen. § 61 InsO, der allein auf eine Pflichtverletzung im Zeitpunkt der Begründung der Masseverbindlichkeit abstellt, erfordert wie § 60 InsO eine insolvenzspezifische Pflichtverletzung. Voraussetzung der Haftung ist, dass der Verwalter seine Pflicht zur realistischen Einschätzung der Liquidität, ständigen Überprüfung und Aktualisierung der Liquiditätsrechnung verletzt. Hinsichtlich der

288 BFH BB 1994, 2263.
289 Hess/Weis/Wienberg § 60 RdNr. 95.
290 Kübler/Prütting-Lüke § 60 RdNr. 57.
291 Leonhardt/Smid/Zeuner-Smid § 80 RdNr. 30, 35.

Erstellung des Liquiditätsplans kann auf den Maßstab des IDW Prüfungsstandards 800 zur Ermittlung der Zahlungsunfähigkeit zurückgegriffen werden. Die Anwendung des Prüfungsstandards 800 ist aufgrund der vergleichbaren Funktionsweise von Masseunzulänglichkeit und Zahlungsunfähigkeit sachgerecht. Beides betrifft die Frage der (Il-)Liquidität. Eine Anwendung des Prüfungsstandards 800 dient aufgrund dessen Transparenz darüber hinaus der Ökonomie des Insolvenzverfahrens. Der mit der Erstellung des Liquiditätsplans verbundene Aufwand, der in größeren Verfahren erheblich sein kann, ist wiederum selbst in die Liquiditätsrechnung einzubeziehen. Berücksichtigungsfähig sind im Liquiditätsplan die Verbindlichkeiten aus primären vertraglichen Erfüllungsansprüchen; Sekundäransprüche sind wegen des Schutzzwecks von § 61 InsO grundsätzlich unbeachtlich. Die Pflicht des Verwalters zur Liquiditätsplanung korrespondiert mit seiner Entlastungsmöglichkeit nach § 61 S. 2 InsO. Im Hinblick auf das der Liquiditätsplanung innewohnende Prognoseelement hat sich die *Ex-post* Beurteilung des Handelns des Insolvenzverwalters an seiner *Ex-ante* Perspektive zu orientieren. Durch diese Eingrenzung wird eine nicht gewollte Ausuferung der Haftung des Insolvenzverwalters vermieden.

Die Liquiditätsplanung hat jedoch eine über die Exkulpation nach § 61 S. 2 InsO deutlich hinausgehende Bedeutung. Für den Fall der Betriebsfortführung (ebenso wie bei der hier nicht behandelten Prozessführung) spielt auf Grund des Zeitbezuges das prognostische Element der Liquiditätsplanung eine besondere Rolle. Insoweit ist eine plausible und genaue Darstellung durch den Verwalter erforderlich.

Ist der Anwendungsbereich von § 61 InsO nicht eröffnet, weil es an einer Pflichtverletzung im Begründungszeitpunkt fehlt, ist eine Haftung wegen der Nichterfüllung von Masseverbindlichkeiten auch nach § 60 InsO möglich. Die Verletzungshandlungen können in Fallgruppen der fehlerhaften Anzeige der Masseunzulänglichkeit und Abwicklungsfehler eingeteilt werden. Abwicklungsfehler sind Fehler im Rahmen einer Betriebsfortführung und/oder Verteilungsfehler. Der Verwalter hat bei der Befriedigung der Masseverbindlichkeiten die Pflicht, vor jeder Verteilung zu kontrollieren, ob die anderen Masseverbindlichkeiten rechtzeitig und vollständig aus der verbleibenden Insolvenzmasse gezahlt werden können. Verstößt er hiergegen, haftet er benachteiligten Massegläubigern aus § 60 InsO.

D) Massekostenarmut und Masseunzulänglichkeit

In Kapitel C) wurde gezeigt, welche allgemeinen haftungsrechtlichen Kriterien hinsichtlich der Nichterfüllung von Masseverbindlichkeiten bestehen. Diese sind nunmehr auf die besondere Situation des masseunzulänglichen Verfahrens anzuwenden. Ziel ist, dadurch die Pflichtenanforderungen des Insolvenzverwalters im masseunzulänglichen Verfahren, die das Gesetz sehr sparsam handelt, zu erarbeiten[292]. Die Frage danach, wann der Verwalter in welcher Form bei Masseunzulänglichkeit verwerten muss, wird im Lichte seiner Haftung dargestellt.

Erneut wird auch die Bedeutung der Liquiditätsplanung deutlich: Jedes massearme Verfahren ist masseunzulänglich; nur, wenn die Liquiditätsplanung des Insolvenzverwalters eine Deckung der Verfahrenskosten ergibt, wird das massearme als masseunzulängliches Insolvenzverfahren eröffnet. Es handelt sich um eine Art gestuftes Ausschlussverfahren, d.h. wenn weder die Fälle der Massekostenarmut gemäß § 26 InsO oder § 207 InsO vorliegen, wird das masseunzulängliche Verfahren gemäß §§ 208ff. InsO durchgeführt. Dabei enthalten § 26 InsO und § 208 Abs. 1 S. 2 InsO ein dem § 61 S. 2 InsO vergleichbares Prognoseelement.

Häufig wird es vorkommen, dass die vorhandene liquide Masse im Zeitpunkt der Gutachtenerstellung nicht zur Deckung der Verfahrenskosten ausreicht, der vorläufige Insolvenzverwalter/Sachverständige aber aufgrund seiner Prognose über die Herbeiführung einer ausreichenden Masse die Eröffnung empfiehlt. Typisches Beispiel sind Verfahren, bei denen auf Grund möglicher Anfechtungsansprüche die Eröffnung empfohlen wird. Der vorläufige Insolvenzverwalter/Gutachter schließt in diesem Fall eine Art Wette betreffend die Masseanreicherung ab. Verliert er diese Wette, muss das Verfahren abgebrochen werden. Bevor das masseunzulängliche Verfahren untersucht wird, ist deshalb zunächst der Fall der Massekostenarmut darzustellen.

I. Begriffsbestimmung

„Massearmut" ist der Oberbegriff für die verschiedenen Erscheinungsformen der insuffizienten Masse, d.h. für den Fall, dass die Masse nicht zur Deckung oder Erfüllung der Masseverbindlichkeiten ausreicht[293]; sei es im engeren Sinn schon

292 Vgl. insbesondere Kapitel E) II und F) II.2.1.

293 Zur Begrifflichkeit vgl. Kübler, Massearme Insolvenzverfahren, RdNr. 13 sowie MünchKomm-InsO/Hefermehl § 207 RdNr. 2 und FK-Inso/Schulz § 207 RdNr. 2; hingegen Uhlenbruck/

nicht zur Deckung der Kosten des Verfahrens oder im weiteren Sinn nicht zur Erfüllung der sonstigen Masseverbindlichkeiten. In der InsO wird nach dem Grad der Massearmut unterteilt in Massekostenarmut (§§ 26, 207 InsO) und Masseunzulänglichkeit (§ 208 InsO)[294]. Teilweise wird an Stelle von Massekostenarmut auch von Masselosigkeit gesprochen[295].

Vor Eröffnung des Insolvenzverfahrens ist nur die Frage relevant, ob Massekostenarmut, die zur Abweisung gemäß § 26 InsO führt, vorliegt. Sind jedenfalls die Kosten des Verfahrens i.S.v. § 54 InsO gedeckt, muss das Verfahren eröffnet werden. Nach Eröffnung hingegen erfolgt die Unterscheidung zwischen Massekostenarmut und Masseunzulänglichkeit.

II. Massekostenarmut vor Verfahrenseröffnung

Ist die Massekostenarmut schon vor Eröffnung erkennbar, wird der Eröffnungsantrag vom Insolvenzgericht gemäß § 26 Abs. 1 InsO abgewiesen.

Die Abweisung erfolgt, weil im Hinblick auf den Zweck des Insolvenzverfahrens, die gemeinschaftliche Gläubigerbefriedigung, das Verfahren und die Organe nicht unentgeltlich zur Verfügung gestellt werden. Da die Durchführung des Verfahrens nicht im öffentlichen Interesse erfolgt, wäre eine weitgehende staatliche Alimentation unangebracht[296].

Durch die Regelung des § 26 InsO soll verhindert werden, dass eine Insolvenzeröffnung nutzlose Kosten verursacht und den Insolvenzverwalter der übermäßigen Gefahr einer Haftung gemäß § 61 InsO aussetzt, wenn ein Insolvenzverfahren nach § 207 InsO ohnehin nicht durchgeführt werden könnte[297].

Die Ablehnung der Verfahrenseröffnung führt zur Rückkehr zum „Urzustand" des Konkurses, dem Zusammenlaufen der Gläubiger, die sich nunmehr eigenmächtig aus dem rechtlich unverwalteten Vermögen des Schuldners befriedigen können[298]. Eine rechtlich geordnete Singularzwangsvollstreckung kommt dann nur noch in der Theorie vor. In der Praxis wird jeder Gläubiger an Ort und Stelle

---

Uhlenbruck § 207 RdNr. 1, der unter Massearmut nur die Massekostenarmut versteht; vgl. hierzu auch Smid, Praxishandbuch Insolvenzrecht, § 28, RdNr. 8.

294 Leonhardt/Smid/Zeuner-Smid § 208 RdNr. 1.

295 So FK-InsO/Schulz § 207 RdNr. 3; ebenfalls in diesem Sinn Uhlenbruck/Uhlenbruck § 26 RdNr. 4; anders Haarmeyer/Wutzke/Förster, Kapitel 1, RdNr. 2.

296 Bork, Einführung, RdNr. 98. Braun/Kind, § 26 RdNr. 2, weisen darauf hin, dass dies zwar dem Grunde nach zutrifft, das (durch Eröffnung funktionierende) Insolvenzrecht jedoch auch eine wirtschaftliche Hygienefunktion erfüllt. Für natürliche Personen gilt dies wegen der Möglichkeit der Verfahrenskostenstundung nach § 4a InsO ohnehin nur eingeschränkt. Eine Stundung hat zur Folge, dass die Gerichtskosten zunächst unerhoben bleiben und Kosten des Verwalters/Treuhänders von der Staatskasse verauslagt werden, HambKomm-InsR/Nies § 4a InsO RdNr. 23.

297 HK-InsO/Kirchhof § 26 RdNr. 2.

298 Metzger, Verfahrenskostendeckende Masse, S. 17.

versuchen, zu retten, was zu retten ist.[299] Unter denjenigen Gläubigern, die Kenntnis vom wenigen verwertbaren Vermögen haben, setzt dann ein Wettlauf um die relevanten Vermögensgegenstände ein.

1. Abweisung mangels Masse, § 26 InsO

1.1. Grundlagen

Voraussetzung der Eröffnung des Insolvenzverfahrens ist nach § 26 InsO, dass die Kosten des Verfahrens voraussichtlich gedeckt sind. Erforderlich ist, dass die Kostendeckung für die gesamte Verfahrensdauer besteht[300]. Ein Antrag auf Verfahrenseröffnung ist deshalb auch dann abzulehnen, wenn das Gericht zu der Überzeugung gelangt, dass das eröffnete Verfahren mangels Masse alsbald einzustellen sein würde[301].

a) Prognoseelement

Wie bereits oben in der Einführung zu Kapitel D) erwähnt, enthält auch § 26 InsO ein Prognoseelement: Aus der Verwendung des Begriffs „voraussichtlich" ergibt sich, dass es sich bei der Entscheidung über die Kostendeckung um eine Prognoseentscheidung handelt – vergleichbar dem prognostischen Element i.R.v. § 61 InsO. Für eine positive Eröffnungsentscheidung ist eine überwiegende Wahrscheinlichkeit der Kostendeckung erforderlich[302]. Die Prognose selbst ist in dreierlei Hinsicht zu treffen:

Zum einen müssen sowohl verfügbare Masse als auch entstehende Kosten geschätzt und dabei eine Entscheidung über die „Voraussichtlichkeit" der Massekostendeckung getroffen werden. Zum anderen muss der für die Generierung einer ausreichenden liquiden Masse erforderliche Zeitraum prognostiziert werden.

Die ursprüngliche vorgesehene Regelung, wonach eine Verfahrenskostendeckung bis zum Berichtstermin ausreichen sollte, hat der Gesetzgeber während des Gesetzgebungsverfahrens wieder verworfen. Nach der Beschlussempfehlung des Rechtsausschusses des Bundestages wurden die Worte „bis zum Berichtstermin" gestrichen, weil eine Belastung der Gerichte mit einer Vielzahl von eröffneten, aber

---

299 Kilger, Konkurs des Konkurses, S. 157.

300 HK-InsO/Kirchhof § 26 RdNr. 10.

301 Smid, Praxishandbuch Insolvenzrecht, § 5, RdNr. 3; Leonhardt/Smid/Zeuner-Smid § 26 RdNr. 22; OLG Köln ZInsO 2000, 606; LG Darmstadt ZIP 1981, 470 zu § 107 KO; anders jedoch bei alsbald drohender Masseunzulänglichkeit nach § 208 InsO, mit dieser Begründung darf die Eröffnung nicht abgelehnt werden, vgl. HK-Kirchhof § 26 RdNr. 14.

302 HambKomm-InsR/Schröder § 26 RdNr. 5; FK-InsO/Schmerbach § 26 RdNr. 13.

nicht zu Ende geführten Verfahren befürchtet wurde[303]. Eine lediglich temporäre Kostendeckung genügt deshalb nicht.

Ist Ergebnis der Prognose, dass das schuldnerische Vermögen nicht zur Verfahrenskostendeckung ausreicht, so unterbleibt eine Abweisung gemäß § 26 Abs. 1 S. 2 InsO nur dann, wenn ein ausreichender Geldbetrag vorgeschossen wird oder die Kosten des Verfahrens nach § 4a InsO gestundet werden. Die Stundungsmöglichkeit besteht jedoch nur zugunsten von natürlichen Personen, die zudem einen Antrag auf Restschuldbefreiung gestellt haben müssen. Handelt es sich bei dem vermögenslosen Schuldner um eine juristische Person und wird ein ausreichender Geldbetrag nicht vorgeschossen, so bleibt als Folge nur die zwingende Abweisungsentscheidung[304].

b) Rechtsfolge der Abweisung

Der Schuldner wird nach Abweisung des Eröffnungsantrages zur Warnung des Geschäftsverkehrs gemäß § 26 Abs. 2 S. 1 InsO in das Schuldnerverzeichnis („Schwarze Liste“)[305] eingetragen. Einige juristische Personen, wie die AG (§ 262 Abs. 1 Nr. 4 AktG) oder die GmbH (§ 60 Abs. 1 Nr. 5 GmbHG)[306] und die Genossenschaft (§ 81a Nr. 1 GenG), sowie daneben als Personengesellschaft auch die GmbH & Co. KG (§§ 161, 131 Abs. 2 Nr. 1 HGB) werden infolge der Abweisung mangels Masse aufgelöst. Die Liquidation erfolgt dann nicht nach insolvenzrechtlichen, sondern gesellschaftsrechtlichen Grundsätzen[307]. Das zuständige Amtsgericht als Registergericht hat in diesen Fällen die Auflösung der Gesellschaft von Amts wegen einzutragen.

Die maßgeblichen Parameter der Prognoseentscheidung, das Vermögen des Schuldners und dessen Liquidierbarkeit einerseits und die Verfahrenskosten andererseits, werden im folgenden dargestellt.

1.2. Begriff des schuldnerischen Vermögens

Das Vermögen des Schuldners i.S.v. § 26 InsO ist die um Aus- und Absonderungsrechte bereinigte Insolvenzmasse[308]. Es handelt sich um die sogenannte „Soll-Masse“[309]. Davon sind auch zukünftige Vermögenszuwächse wie Neuerwerb, Ansprüche aus Insolvenzanfechtung oder Ansprüche gegen die Gesellschafter um-

303 Vgl. Beschl. Empfehlung RechtsA zu § 30, abgedruckt in: Uhlenbruck, Das neue Insolvenzrecht, S. 332.
304 Nerlich/Römermann-Mönning § 26 RdNr. 32.
305 Bork, Einführung, RdNr. 100.
306 Dazu kritisch K. Schmidt, Gesellschaftsrecht, § 38 IV, 6 d, S. 1209.
307 K. Schmidt, Gesellschaftsrecht, § 11 V, 3 b, S. 310.
308 Braun/Kind § 26 RdNr. 11.
309 Hierzu Braun/Bäuerle § 35 RdNr. 7; HambKomm-InsR/Lüdtke § 35 InsO RdNr. 1.

fasst[310]. Die Ermittlung des Vermögens obliegt dem zuständigen Insolvenzgericht gemäß § 5 Abs. 1 InsO von Amts wegen[311].

Das zur Verfahrenskostendeckung erforderliche Vermögen des Schuldners muss jedoch nicht schon bei Verfahrenseröffnung, sondern erst in angemessener Zeit nach Verfahrenseröffnung liquide vorhanden sein[312]. Ausreichend für eine Eröffnung ist, dass die Kostendeckung mit hinreichender Wahrscheinlichkeit zeitnah verwirklicht werden kann[313]. Zwar ist das Problem der Kostendeckung vorrangig als ein Problem der aktuellen Liquidität, also der verfügbaren Eigenmittel, anzusehen. Allerdings ist unter dem Gesichtspunkt der „voraussichtlichen" Deckung auch die Liquidierbarkeit zu berücksichtigen, also die Möglichkeit, Vermögensobjekte mehr oder weniger rasch in Geld umzuwandeln. Eine mangelnde Anfangsliquidität ist deshalb unschädlich, wenn z.B. aus zukünftigen Zuflüssen die Kosten gedeckt werden können. Entsprechend ist bei vorhandenen Vermögensgütern zu überprüfen, ob sie in angemessener Zeit liquidiert werden können. Verfahrenseröffnungen sollen nicht voreilig abgelehnt werden, wenn begründete Aussicht besteht, dass die Insolvenzmasse noch ausreichend vermehrt werden kann[314].

Eine gesetzliche Regelung, welcher Zeitraum für die Herbeiführung einer ausreichenden Masse angemessen ist, besteht allerdings nicht. Im Hinblick auf die fehlende gesetzliche Regelung werden hierzu verschiedene Auffassungen vertreten. Die Bandbreite reicht dabei von höchstens sechs Monaten[315] bis zu zwei Jahren und mehr[316]. Nach Auffassung des BGH kann durchaus auf einen Zeitraum von einem Jahr ab der Eröffnung abgestellt werden[317]. Bei der Beurteilung der Angemessenheit ist zu bedenken, dass eine allzu lange Frist bis zum Eintritt der Verfahrenskostendeckung für den Insolvenzverwalter eine unzumutbare Härte darstellen kann. Sein Vergütungsanspruch stellt regelmäßig die größte Verfahrenskostenposition dar[318]. Im Hinblick auf die aus Art. 12 Abs. 1 GG resultierenden verfassungsrechtlichen Anforderungen darf eine Vergütung des Verwalters deshalb nicht erst

---

310 HambKomm-InsR/Schröder § 26 InsO RdNr. 9.

311 HK-InsO/Kirchhof § 26 RdNr. 17. Kübler/Prütting-Pape bezeichnet die entsprechende Prüfung als „Kardinalpflicht" des Insolvenzgerichts; das Gericht wird sich zur Erledigung dieser Pflicht jedoch meist der Hilfe eines vorläufigen Insolvenzverwalters bedienen, dessen Aufgabe dann die Ermittlung des schuldnerischen Vermögens ist, vgl. nur Leonhardt/Smid/Zeuner-Smid, InsO § 26 RdNr. 2.

312 BGH ZInsO 2003, 706; HambKomm-InsR/Schröder § 26 InsO RdNr. 27.

313 BGH ZInsO 2003, 706. Für die Verfahrenseröffnung im Verbraucherinsolvenzverfahren bei nicht vorhandener Anfangsliquidität, wenn erwartet werden kann, dass die mit der Eröffnung entstehenden Kosten zeitnah gedeckt werden, vgl. bspw. OLG Köln ZInsO 2000, 606.

314 HK-InsO/Kirchhof § 26 RdNr. 2.

315 OLG Köln ZInsO 2000, 606; HK-InsO/Kirchhof § 26 RdNr. 8; Uhlenbruck/Uhlenbruck § 26 RdNr. 13.

316 LG Leipzig InVo 2002, 370; AG Hamburg NZI 2000, 140. Zwischen beiden Haarmeyer/Wutzke/Förster Kapitel 3, RdNr. 195.

317 BGH ZInsO 2003, 706.

318 HambKomm-InsR/Schröder § 26 InsO RdNr. 29.

unangemessen spät erfolgen. Als relevante Umstände für den im Einzelfall zumutbaren Zeitraum können beispielsweise der voraussichtliche Wert des Vermögens, der voraussichtliche Arbeitsaufwand bis zur Realisierung hinreichender liquider Mittel und das Maß der Prognosesicherheit dienen[319].

1.3. Begriff der Verfahrenskosten

Der Begriff der Kosten des Verfahrens ist in § 54 InsO gesetzlich definiert[320]. Gleichwohl wird die Frage, welche Kosten als Eröffnungsvoraussetzung richtigerweise von der Masse gedeckt sein müssen, seit Einführung der InsO kontrovers diskutiert[321].

Nach § 54 InsO sind Kosten des Insolvenzverfahrens die Gerichtskosten sowie die Vergütung und Auslagen des vorläufigen Insolvenzverwalters, des Insolvenzverwalters (§ 63 InsO) und der Mitglieder des Gläubigerausschusses (§ 73 InsO). Als Reaktion auf die geringe Eröffnungsquote in den letzten Jahren des Geltungszeitraums der KO[322] haben nach der InsO nunmehr sonstige Masseverbindlichkeiten gemäß § 55 InsO bei der Frage der Kostendeckung grundsätzlich außer Betracht zu bleiben[323]. Im einzelnen ist jedoch heftig umstritten, welche Verbindlichkeiten zu den sonstigen Masseverbindlichkeiten zählen sollen und welche noch unter den Begriff der Kosten nach § 54 InsO zu subsumieren sind[324]. Diskutiert wird, ob und inwieweit bestimmte Kosten für Verwaltung, Verwertung und Verteilung der Masse berücksichtigungsfähige Kosten darstellen können bzw. unter Umständen deren Berücksichtigung sogar geboten ist.

Durch die mit Einführung der InsO erfolgte Verengung des Begriffs der zu deckenden Verfahrenskosten auf den in § 54 InsO normierten Inhalt soll eine erleichterte Verfahrenseröffnung erreicht werden[325]. Ziel war, in mehr Fällen die noch vorhandenen Vermögenswerte in einem staatlich beaufsichtigten und geordneten

---

319 HambKomm-InsR/Schröder § 26 InsO RdNr. 29.

320 Kübler/Prütting-Pape § 26 RdNr. 4, 9a; Pape/Hauser, Massearme Verfahren nach der InsO, RdNr. 69; Uhlenbruck/Uhlenbruck § 26 RdNr. 5. Auch Smid, Abwicklung masseunzulänglicher Verfahren, S. 1313.

321 Vgl. einerseits HK-InsO/Kirchhof § 26 RdNr. 15; Kübler/Prütting-Pape § 26 RdNr. 9b sowie Uhlenbruck/Uhlenbruck § 26 RdNr. 8. Anders hingegen Braun/Kind § 26 RdNr. 17; HK-InsO/Landfermann § 207 RdNr. 5. Differenzierend Leonhardt/Smid/Zeuner-Smid § 26 RdNr. 8, 11 ff. Einen Überblick über den Streitstand verschafft auch Voigt, Masseinsuffizienz, S. 1531 ff.

322 Vgl. Allgemeine Begründung zur Insolvenzordnung, Ziffer 1 a), abgedruckt in: Uhlenbruck, Das neue Insolvenzrecht, S. 223, 224. In der KO war gemäß § 60 KO i.V.m. § 58 Nr. 2 KO zur Verfahrenseröffnung auch die Deckung (eines Teils) der nunmehrigen sonstigen Masseverbindlichkeiten gemäß § 55 Abs. 1 Nr. 1 InsO erforderlich.

323 Vgl. HK-InsO/Kirchhof § 26 RdNr. 2.

324 Siehe unten Kapitel D) II.1.3.

325 MünchKomm-InsO/Haarmeyer § 26 RdNr. 1.

Verfahren zumindest an die Massegläubiger auszukehren, um sozialschädliche Konflikte zu unterbinden und maximale Verteilungsgerechtigkeit zu erreichen[326].

Die bewusste gesetzgeberische Entscheidung gegen eine Berücksichtigung der sonstigen Masseverbindlichkeiten führt dazu, dass erst im eröffneten Verfahren an deren Nichtdeckung und somit an die Massearmut im weiteren Sinn Rechtsfolgen geknüpft werden[327].

Nach Festlegung der berücksichtigungsfähigen Kosten für die Eröffnungsentscheidung erfolgt die Ermittlung der konkreten Höhe im Wege der Schätzung für den Einzelfall[328]. Bei der Schätzung ist zu beachten, dass in massearmen Verfahren oft besondere Schwierigkeiten – z.B. durch umfangreiche Aus- oder Absonderungsrechte oder eine ungewöhnlich unvollständige Buchhaltung des Schuldners[329] – vorliegen werden, die gemäß § 3 Abs. 1 lit. a InsVV eine Erhöhung des Regelsatzes rechtfertigen[330]. Demnach ist typischerweise gerade in massearmen Verfahren mit erhöhten Kosten zu rechnen.

a) Streitstand

Die Befürworter eines engen, streng am Wortlaut der §§ 26, 54 InsO orientierten Verständnisses des Verfahrenskostenbegriffs vertreten, dass jegliche Kosten für Verwaltung, Verwertung und Verteilung der Masse bei der Frage der Verfahrenskostendeckung außer Betracht zu bleiben hätten[331].

Andere sind der Ansicht, dass Masseverwaltungs-, -verwertungs- und -verteilungskosten i.S.v. § 55 Abs. 1 Nr. 1 InsO zumindest teilweise bei der Beurteilung der Frage der Verfahrenskostendeckung heranzuziehen seien[332]. Die für die berücksichtigungsfähigen Verbindlichkeiten gebrauchte Terminologie ist dabei ebenso uneinheitlich wie der konkrete Umfang der Einbeziehung sonstiger Verbindlichkeiten. So wird teils von „unausweichlichen Verwaltungskosten“[333], teils von „normativen Verfahrenskosten“[334] und teils von „erzwungen gekorenen“ Masseverbindlichkeiten[335] gesprochen. Die Unterschiede liegen nicht nur in der Be-

326 Leonhardt/Smid/Zeuner-Smid § 26 RdNr. 6.
327 MünchKomm-InsO/Haarmeyer § 26 RdNr. 13; Kübler, Massearme Verfahren, RdNr. 7.
328 HK-InsO/Kirchhof § 26 RdNr. 10.
329 LG Mainz Rpfleger 1975, 253, 254; HK-InsO/Kirchhof § 26 RdNr. 12.
330 HK-InsO/Kirchhof § 26 RdNr. 12.
331 AG Hamburg NZI 2000, 140; Busch, Insolvenzverwalter und Überwindung der Massearmut, S. 91; HK-InsO/Kirchhof § 26 RdNr. 14; Kübler/Prütting-Pape § 26 RdNr. 9c; MünchKomm-InsO/Haarmeyer § 26 RdNr. 15 a.E.
332 Für eine weite Einbeziehung: Braun/Kind § 26 RdNr. 19. Einschränkend: AG Charlottenburg ZIP 1999, 1689; HK-InsO/Landfermann § 207 RdNr. 5; Nerlich/Römermann-Mönning § 26 RdNr. 19ff.
333 Haarmeyer/Wutzke/Förster Kapitel 3, RdNr. 195; Rattunde/Röder, Verfahrenseröffnung und Kostendeckung nach der InsO, S. 309, 316; Leonhardt/Smid/Zeuner-Smid § 26 RdNr. 12.
334 Braun/Kießner § 207 RdNr. 8.
335 Voigt, Masseinsuffizienz, S. 1532ff.

griffsbildung, sondern auch in dem jeweiligen Umfang der einzubeziehenden Aufwendungen.

Unausweichliche Verwaltungskosten sollen unter den Auslagenbegriff zu subsumieren sein und insoweit zu den Verfahrenskosten nach § 54 InsO gehören[336]. Nach *Smid*[337] sind Ausgaben des Verwalters dann als „Auslagen" i.S.d. § 54 Nr. 2 InsO und damit als berücksichtigungsfähige Kosten i.S.d. § 26 Abs. 1 InsO zu qualifizieren, wenn sie sich für den Verwalter als „notwendig" darstellen, wie es bspw. bei Kosten aufgrund öffentlich-rechtlicher Pflichten der Fall sei. Dabei handele es sich um solche Kosten, deren Gegenstand Verwalterpflichten sind, die zum essentiellen Kernbereich der Verwalteraufgaben gehören, ohne die gewissermaßen die Tätigkeit des Insolvenzverwalters keine ordnungsgemäße wäre[338]. Dass zu den Kosten des Insolvenzverfahrens auch die „unausweichlichen Verwaltungskosten" zu zählen sind, ergebe sich aus einer teleologischen und verfassungskonformen Auslegung des § 54 InsO[339]. Sonstige Masseverbindlichkeiten i.S.d. § 55 InsO seien nicht zu berücksichtigen, soweit sie nicht als notwendige Auslagen zu qualifizieren sind[340].

Der BGH ist zuletzt im Hinblick auf die mit der Beauftragung eines Steuerberaters zur Erfüllung der dem Insolvenzverwalter nach § 34 Abs. 3 AO obliegenden steuerlichen Pflichten davon ausgegangen, dass der Verwalter unter gewissen Umständen einen Anspruch auf Erstattung der hierfür angefallenen Kosten als Auslagen hat[341]. Das zuständige Insolvenzgericht hatte den Antrag auf Auslagenerstattung zuvor mit der Begründung abgelehnt, solche Ausgaben seien keine Auslagen, sondern Masseverbindlichkeiten.

b) Stellungnahme

(i) Wortlaut der Norm und gesetzgeberischer Wille

Der Wortlaut der §§ 26, 54 InsO selbst lässt eine Einbeziehung der Kosten für Verwaltung, Verwertung und Verteilung der Insolvenzmasse grundsätzlich nicht zu. Diese Kosten sind gemäß § 55 Abs. 1 Nr. 1 InsO typischerweise als sonstige Masseverbindlichkeiten einzuordnen.

Auch der gesetzgeberische Wille spricht gegen eine Einbeziehung dieser Kosten. Nach der Begründung zu § 26 InsO haben die sonstigen Masseverbindlichkeiten für die Frage der Kostendeckung außer Betracht zu bleiben[342]. Trotz anhaltender Kritik hieran wurde auch im Rahmen des Gesetzes zur Vereinfachung des Insol-

---

336 Leonhardt/Smid/Zeuner-Smid § 26 RdNr. 11, 12; so auch Dinstühler, Abwicklung massearmer Insolvenzverfahren, S. 1699.

337 Leonhardt/Smid/Zeuner-Smid § 26 RdNr. 12.

338 Leonhardt/Smid/Zeuner-Smid § 26 RdNr. 12, 15.

339 Leonhardt/Smid/Zeuner-Smid § 26 RdNr. 12.

340 Leonhardt/Smid/Zeuner-Smid § 208 RdNr. 4.

341 BGH ZIP 2004, 1717, 1718, 1719.

342 Begr. zu § 30 RegE, abgedruckt in: Uhlenbruck, Das neue Insolvenzrecht, S. 331.

venzverfahrens vom 13. April 2007[343] eine Einbeziehung der unausweichlichen Verwaltungskosten in die zu deckenden Verfahrenskosten und eine dementsprechende Änderung des § 26 InsO nicht vorgenommen.

Die gegenteilige Auffassung stellt sich diesem eindeutigen Willen entgegen. Zwar ist der Wille des Gesetzgebers bei der Auslegung einer Norm nicht das letzte Ziel[344]. Der dem Gesetz selbst innewohnende Sinn darf neben dem historischen Willen nicht außer Betracht bleiben. Auslöser für die Verengung der berücksichtigungsfähigen Kosten und die damit angestrebte Erhöhung der Eröffnungsquote war der vom Gesetzgeber so empfundene weitgehende Funktionsverlust des alten Konkursrechts[345]. Anstatt die Liquidation dem Vermögensträger selbst zu überlassen, sollten möglichst viele schuldnerische Vermögen wieder im Wege einer „gerichtlichen Zwangsliquidation“[346] unter Beachtung des Grundsatzes der Gläubigergleichbehandlung abgewickelt werden.

Die Erfahrungen unter Anwendung der InsO zeigen nun, dass das Ziel einer Erhöhung der Eröffnungsquote auch durch die Neufassung des Gesetzes und die Senkung der Kostenschwelle erreicht wird[347].

Eine direkte Einbeziehung der sonstigen Masseverbindlichkeiten in den Verfahrenskostenbegriff des § 54 InsO ist mithin nicht möglich.

Allerdings schließt dies die Berücksichtigung „unausweichlicher“ Verwaltungskosten nicht grundsätzlich aus. Eine Berücksichtigung ist über den Begriff der Auslagen i. S. v. § 54 Nr. 2 InsO denkbar, dieser Begriff ist offen[348]. Nach § 4 Abs. 2 InsVV handelt es sich bei den Auslagen um besondere Kosten des Insolvenzverwalters. Die Bezeichnung „besondere Kosten“ ist dabei als Abgrenzung zu den allgemeinen Geschäftskosten des Verwalters zu verstehen, die bereits mit der Vergütung nach § 63 InsO i. V. m. § 4 Abs. 1 InsVV abgegolten sind[349]. Eine nähere Bestimmung der Bezeichnung „besondere Kosten“ ist gesetzlich jedoch nicht erfolgt. Nach allgemeiner Auffassung[350] handelt es sich dabei um die auf das jeweilige Verfahren bezogenen Aufwendungen des Verwalters, die den Umständen nach angemessen sind, weder zu den allgemeinen Geschäftskosten gehören noch nach § 4 Abs. 1 S. 3 InsVV durch Verpflichtungen der Masse gedeckt werden können.

---

343 BGBl I, S. 509 ff.

344 Larenz/Canaris, Methodenlehre, S. 137.

345 Allgemeine Begründung zur Insolvenzordnung, Ziffer 1a), abgedruckt in: Uhlenbruck, Das neue Insolvenzrecht, S. 223, 224; zum „Konkurs des Konkurses“ vgl. auch Leonhardt/Smid/Zeuner-Smid § 208, RdNr. 1.

346 Leonhardt/Smid/Zeuner-Smid, vor § 1, Einleitung, RdNr. 6. In der Literatur wurde darauf hingewiesen, dass ohne die Abwicklung des Vermögens in einem geordneten Insolvenzverfahren ein geradezu brutaler Gläubigerwettlauf entstehe, vgl. Kilger, Konkurs des Konkurses, S. 156.

347 Wie sich nicht zuletzt auch durch die seit Einführung der InsO gestiegene Eröffnungsquote gezeigt hat, vgl. Statistisches Bundesamt, Insolvenzen in Deutschland 2003, S. 12.

348 Leonhardt/Smid/Zeuner-Smid § 26 RdNr. 11.

349 Haarmeyer/Wutzke/Förster § 4 InsVV RdNr. 46.

350 BGH ZIP 2004, 1717, 1720; Haarmeyer/Wutzke/Förster § 4 InsVV RdNr. 46 ff.

Teilweise wird allerdings vertreten, besondere Kosten könnten grundsätzlich keine Kosten aus Aufgaben sein, mit denen Dritte aufgrund besonderes Sachverstandes betraut werden[351]; Auslagen sollen nur solche Ausgaben sein, die der Verwalter persönlich tätigt, weil er beispielsweise auf Einrichtungen seiner Kanzlei zurückgreifen kann. Entgegen dieser bspw. von *Kaufmann* vertretenen Ansicht, lässt sich aus der Begründung des Verordnungsgebers allerdings nicht erkennen, dass sie auch eine Regel für Verträge mit Dritten, insbesondere Freiberuflern enthält. § 4 InsVV besagt nichts darüber, wie der Insolvenzverwalter rechtlich notwendige Kosten in massearmen Verfahren abrechnen darf.

Anders als bei der generellen Einbeziehung von Fortführungskosten und anderen sonstigen Masseverbindlichkeiten bedeutet eine solche Vorgehensweise keinen Verstoß gegen den Gesetzeswortlaut der §§ 26, 54 InsO. Die Auslegung des Begriffs der Auslagen muss allerdings dort Grenzen finden, wo eine allzu großzügige Anwendung die gesetzgeberische Wertung umgeht. Mit einer entsprechend restriktiven Handhabung kann dem gewandelten Zweck der InsO freilich genüge getan werden[352].

Unausweichliche Verwaltungskosten sind nur dann berücksichtigungsfähig, wenn sie bei sachgerechter Amtsführung den Umständen nach angemessen sind, weil der Insolvenzverwalter sie nicht mit ihm zumutbaren Mitteln abwehren kann. Dies wird typischerweise voraussetzen, dass es sich um Ausgaben zur Erfüllung hoheitlich auferlegter Pflichten handelt und das Verfahren masseunzulänglich ist.

(ii) Verfassungsrechtliche Bedenken

Eine Ablehnung der Einbeziehung unausweichlicher Verwaltungskosten begegnet zudem verfassungsrechtlichen Bedenken[353]. Bereits zur KO hat das BVerfG entschieden[354], dass der Vergütungsanspruch des Konkursverwalters verfassungsrechtlich nach Art. 12 GG im Rahmen der Berufsausübungsfreiheit geschützt ist.

Eine Ablehnung der Einbeziehung bestimmter Kosten als unausweichlich kann für den Insolvenzverwalter unzumutbare Folgen haben. Im Hinblick auf Art. 12 GG erscheint es als bedenklich, den Insolvenzverwalter finanziell dergestalt unangemessen zu benachteiligen, dass er in einem Verfahren ohne Vergütung tätig werden müsste. Das wäre aber der Fall, wenn die Erfüllung hoheitlicher Pflichten, die bei Nichtvornahme durch den Verwalter ersatzweise vollstreckt oder mit Bußgeld belegt werden kann, als sonstige Masseverbindlichkeiten angesehen würde. Dann wäre der Verwalter gezwungen, die Ausgaben aus seiner Vergütung, und so

351 Kaufmann, Berücksichtigung sonstiger Masseverbindlichkeiten, S. 29, 44, 45.

352 HambKomm-InsR/Schröder § 26 InsO RdNr. 24; a.A. Busch, Insolvenzverwalter und Überwindung der Massearmut, S. 57.

353 Leonhardt/Smid/Zeuner-Smid § 26 RdNr. 12.

354 BVerfG ZIP 1993, 838.

diese nicht reicht, aus seinem Privatvermögen zu zahlen[355]. Alternativ käme es bei Nichtzahlung zu einer persönlichen Haftung des Verwalters nach § 61 InsO, da er bei Eingehung der Verbindlichkeit schließlich Kenntnis von der Insuffizienz der Masse hatte. Im wirtschaftlichen Ergebnis führt jede Variante zu einer (ggf. bis auf Null reichenden) Minderung der Vergütung des Verwalters.

Nach der ständigen Rechtsprechung des BGH muss jedoch die dem Verwalter zustehende Vergütung einschließlich des Auslagenersatzes insgesamt einen seiner Qualifikation und Tätigkeit angemessenen Umfang erreichen[356]. Es lässt sich nicht mit Art. 12 Abs. 1 GG vereinbaren, den Verwalter für Aufgaben von öffentlichem Interesse in erheblichem Maße beruflich in Anspruch zu nehmen, ohne ihm eine angemessene finanzielle Entschädigung zu gewähren[357].

Eine Nichtberücksichtigung solcher notwendiger Ausgaben ist dem Verwalter darüber hinaus unzumutbar. Er wäre bei Nichtberücksichtigung gezwungen, dem Gericht eine Verfahrenseröffnung zu empfehlen, in welchem er konkret Gefahr läuft, gegenüber Dritten zu haften. So ist es denkbar, dass auch unter dem Gesichtspunkt der Zäsur des § 209 InsO nicht genügend Masse zur Begleichung möglicher Neu-Masseverbindlichkeiten für die zwingende Masseerhaltung[358] vorhanden ist. Folgte man der engen Auffassung, so könnte der Verwalter das eröffnete Verfahren weder einstellen (die Kosten des § 54 InsO sind gedeckt) noch könnte er, ohne nach § 61 InsO wegen Nichterfüllung von Neu-Masseverbindlichkeiten zu haften, seinen insolvenzspezifischen Pflichten nachkommen, um eine Haftung nach § 60 InsO zu vermeiden.

(iii) Praxis der Insolvenzverwaltung

Letztlich kann eine Entscheidung über diese Frage auch nicht die Verfahrensweise in der Praxis unberücksichtigt lassen. Häufig wird so verfahren, dass dem vorläufigen Verwalter aufgrund der erforderlichen Schätzung der Verfahrenskosten faktisch ein Wahlrecht eingeräumt wird[359]. Das Eröffnungsverfahren ist insoweit dadurch flexibel, dass das Insolvenzgericht die Eröffnungsentscheidung auf Grundlage des Gutachtens des vorläufigen Verwalters/Sachverständigen treffen wird. Der zukünftige Verwalter kann sich bei knappen Situationen damit für oder gegen eine Verfahrenseröffnung entscheiden. Lehnt man mit den Vertretern des „engen" Kostenbegriffs die Möglichkeit einer Berücksichtigung jeglicher unausweichlicher (d.h. rechtlich notwendiger) Massekosten ab, so wird der jeweilige vorläufige Verwalter nach einer Einschätzung des Haftungsrisikos und der Gefahr einer vergütungslosen Tätigkeit im Einzelfall von seiner faktischen Wahlmöglichkeit Gebrauch machen und eine entsprechende Empfehlung abgeben.

---

355 BGH ZIP 2004, 1717, 1720, so auch schon BGH ZIP 1992, 120, 121; Wienberg/Voigt, Aufwendungen als Auslagen, S. 1665.

356 BGHZ 157, 282; BGH ZIP 2004, 1717, 1720.

357 BGH ZIP 2004, 1717, 1720.

358 Leonhardt/Smid/Zeuner-Smid § 54 RdNr. 9.

359 Leonhardt/Smid/Zeuner-Smid § 26 RdNr. 20.

Ein solches Vorgehen entspricht nicht der legislatorischen Intention. Zudem können hinsichtlich der konkreten Empfehlung auch sachfremde Erwägungen eine Rolle spielen, wie bspw. die Einschätzung eines Verwalters, dass die Anregung einer Verfahrenseröffnung im Hinblick auf sein *Standing* bei dem jeweiligen Insolvenzgericht geboten sein könnte.

c) Zwischenergebnis

Es wurde gezeigt, dass der Antrag auf Eröffnung des Insolvenzverfahrens auch dann abzuweisen ist, wenn die Insolvenzmasse voraussichtlich nicht zur Deckung der rechtlich notwendigen Masseverbindlichkeiten (unausweichliche Verwaltungskosten) ausreicht. Die Auffassung der „engen" Auslegung des Kostenbegriffs ist abzulehnen. Die Auffassung, welche die Ausgaben für rechtlich notwendige Masseverbindlichkeiten (unausweichliche Verwaltungskosten) in den Begriff der „Auslagen" gemäß § 4 Abs. 2 InsVV einbezieht, ist vorzugswürdig.

Erforderlich ist in jedem Fall eine strikte Handhabung der Einbeziehung. So wird man Kosten, die in Zusammenhang mit einer möglichen Sanierung eines kontaminierten Grundstücks anfallen, nicht mehr als unausweichliche Verwaltungskosten ansehen können. Insoweit dürfte es an der Unzumutbarkeit einer anderweitigen Lösung fehlen, da inzwischen die Freigabemöglichkeit durch den Insolvenzverwalter höchstrichterlich anerkannt ist.

III. Massearmut nach Verfahrenseröffnung

Reicht das Vermögen des Schuldners voraussichtlich zur Deckung der Verfahrenskosten aus, eröffnet das Insolvenzgericht das Insolvenzverfahren nach § 27 InsO. Auch nach Verfahrenseröffnung kann sich allerdings herausstellen, dass das Verfahren massearm ist.

1. Systematik der §§ 207 ff. InsO

Die Massearmut nach Verfahrenseröffnung findet ihre gesetzliche Regelung in den Vorschriften der §§ 207ff. InsO im Regelungsumfeld der Einstellungsgründe. Von der Einstellung des Verfahrens wird in der InsO gesprochen, wenn ein eröffnetes Insolvenzverfahren vorzeitig beendet wird, weil sein Hauptzweck – die gemeinschaftliche Befriedigung der Insolvenzgläubiger – nicht mehr erreicht werden kann[360].

---

360 HK-InsO/Landfermann Vorbemerkung zu §§ 207–216 RdNr. 1. Im Gegensatz dazu wird bei ordnungsgemäßer Beendigung des Insolvenzverfahrens nach Vollzug der Schlussverteilung, § 200 Abs. 1 InsO, oder Bestätigung eines Insolvenzplans von Aufhebung gesprochen, § 258 InsO.

Können die bei der Eröffnungsentscheidung noch als gedeckt angesehenen Kosten des Verfahrens i.S.d. § 54 InsO nicht aus der Masse bedient werden, ist das Insolvenzverfahren ohne weiteres einzustellen. Die Prognose des Insolvenzverwalters hat sich dann als unzutreffend erwiesen, die – wie wir es zu Beginn beschrieben haben – Wette des Verwalters hat sich nicht erfüllt; er muss die Abwicklung nicht fortführen. § 207 InsO markiert gleichsam den Zeitpunkt, zu dem das Insolvenzverfahren völlig „tot" ist[361].

Bereits zu Beginn der Arbeit wurde erläutert, dass sich hiervon die Masseunzulänglichkeit nach § 208 InsO unterscheidet, die auch als Massearmut im weiteren Sinn bezeichnet wird[362]. Also die Situation, wenn die Insolvenzmasse zwar ausreicht, die Kosten gemäß § 54 InsO zu decken, aber die sonstigen, aus § 55 InsO folgenden Masseverbindlichkeiten aus der Masse nicht oder nicht vollständig bedient werden können[363]. Diese Situation wird auch als „Insolvenz in der Insolvenz" bezeichnet, da die Gläubiger der Masseverbindlichkeiten sich einer zur Deckung ihrer Forderungen insuffizienten Masse gegenübersehen[364]; vergleichbar der Situation der Insolvenzgläubiger im Regelverfahren.

Einstellungsgründe sind neben den verschiedenen Arten der Massearmut (vgl. §§ 207, 208 InsO) auch der Wegfall des Eröffnungsgrundes, § 212 InsO, sowie die Einstellung mit Zustimmung der Gläubiger, § 213 InsO.

2. Funktionsweise der Insolvenzmasse i. R. d. §§ 207 ff. InsO

„Insolvenzmasse" ist ein Kernbegriff der §§ 207 ff. InsO und gleichzeitig der aktive Gegenbegriff zu den Verfahrenskosten auf der Passivseite. Der Begriff ist aufgrund der unterschiedlichen Funktionsweise der Insolvenzmasse, je nachdem, ob Massekostenarmut oder Masseunzulänglichkeit vorliegt, unterschiedlich aufzufassen.

Sowohl § 207 Abs. 1 InsO als auch § 208 Abs. 1 InsO stellen bei der Beurteilung der Massearmut darauf ab, ob die Insolvenzmasse ausreichend zur Befriedigung der Kosten und/oder der sonstigen Verbindlichkeiten ist. Insoweit spielt die Ermittlung des Wertes der Masse eine zentrale Rolle im massearmen Insolvenzverfahren. Da der Wert der Insolvenzmasse daneben auch Grundlage für die Verfahrenskostenberechnung ist, kommt deren Bewertung eine Doppelfunktion zu[365]. Unabhängig von der Frage des Grades der Massearmut wird deshalb im folgenden zunächst die Funktionsweise der Insolvenzmasse untersucht.

---

361 Smid, Abwicklung masseunzulänglicher Verfahren, S. 1314.

362 Smid, Praxishandbuch Insolvenzrecht, § 28, RdNr. 16; Kübler, Massearme Verfahren, RdNr. 13; Kübler/Prütting-Pape § 207 RdNr. 7; Smid, Praxishandbuch Insolvenzrecht, § 28 RdNr. 16.

363 Smid, Praxishandbuch Insolvenzrecht, § 28, RdNr. 16; MünchKomm-InsO/Hefermehl § 208 RdNr. 14.

364 Leonhardt/Smid/Zeuner-Smid § 208 RdNr. 1.

365 MünchKomm-InsO/Hefermehl § 207 RdNr. 17.

2.1. Grundsatz

Der Begriff der Insolvenzmasse ist in § 35 InsO legaldefiniert[366]. Insolvenzmasse ist danach das Vermögen des Schuldners, das vom Insolvenzverfahren erfasst wird. Die Wirkung der Verfahrenseröffnung betrifft das gesamte pfändbare (vgl. § 36 InsO) – bewegliche wie unbewegliche – Vermögen des Schuldners, das ihm zur Zeit der Verfahrenseröffnung gehört und das er während des Verfahrens erlangt.[367]

Dabei wird zwischen der Ist-, Soll- und Teilungs-Masse unterschieden[368].

Die Rechtszuständigkeit des Insolvenzverwalters (§ 80 InsO) erstreckt sich zunächst auf die Ist-Masse. Hierzu gehört die Summe aller Vermögensgegenstände, die der Insolvenzverwalter beim Schuldner vorfindet und die er gemäß § 148 InsO „in Besitz" zu nehmen verpflichtet ist[369]. Aus der Ist-Masse stellt der Verwalter insbesondere durch die Bedienung der Aussonderungsrechte einerseits und die Verfolgung von Anfechtungsrechten andererseits die zu verwertende Soll-Masse her. Die Soll-Masse ist die Haftungsmasse, die zur gemeinschaftlichen Befriedigung der Gläubiger dient[370]. Der Erlös aus der Verwertung der Gegenstände der Soll-Masse stellt schließlich die Teilungs-Masse dar, aus der die konkrete Befriedigung der Gläubiger erfolgt.

Grundsätzlich wird also das Vermögen ohne Ansehung der Liquidität der einzelnen Positionen erfasst. Die Ermittlung des Wertes der Insolvenzmasse erfolgt danach anhand einer Summierung der Einzelwerte der Vermögensgegenstände (deren jeweilige Höhe dann wiederum davon abhängt, ob Liquidations- oder Fortführungswerte angesetzt werden, vgl. auch § 151 Abs. 2 InsO).

Im Rahmen der Massearmut muss das Augenmerk aufgrund der dem massearmen Verfahren innewohnenden besonderen Dynamik jedoch verstärkt auf die Liquidität der Masse gerichtet werden. Erneut zeigt sich, dass der Liquiditätsplan die zentrale Größe für die Abwicklung des (drohend) masselosen/masseunzulänglichen Verfahrens ist. Die Funktionsweise der Insolvenzmasse und damit auch die Parameter einer Liquiditätsprognose sind deshalb differenziert zu betrachten.

2.2. Insolvenzmasse und Masseunzulänglichkeit, § 208 InsO

Eine einfache Betrachtung der Insolvenzmasse i.S.v. § 35 InsO zur Bestimmung der Zulänglichkeit ist aufgrund der bereits angesprochenen Liquiditätsorientierung nicht ausreichend. Grundsätzlich ist zwar das gesamte verwertbare schuldne-

---

366 Kröpelin, Massearme Insolvenz, RdNr. 16.

367 Haarmeyer/Wutzke/Förster Kapitel 5, RdNr. 75.

368 Leonhardt/Smid/Zeuner-Smid § 35 RdNr. 1, 19ff.

369 Leonhardt/Smid/Zeuner-Smid § 35 RdNr 21.

370 Braun/Bäuerle § 35 RdNr. 1.

rische Vermögen als Maßstab für die Beurteilung der Unzulänglichkeit[371], und nicht etwa nur die Soll-Masse als den Gläubigern haftendes Vermögen, heranzuziehen. Denn die Soll-Masse umfasst Vermögenswerte, deren Bestand und Realisierbarkeit sich erst während des Verfahrens herausstellt[372], sodass sie aus einer *Ex-ante* Perspektive lediglich ungenau zu bestimmen ist.

Die Insolvenzmasse dient sowohl der Deckung der Verfahrenskosten gemäß § 54 InsO als auch der sonstigen Masseverbindlichkeiten gemäß § 55 InsO.

Zur Bestimmung der Masseunzulänglichkeit wird auf die Erfüllbarkeit der Verbindlichkeiten im Zeitpunkt ihrer Fälligkeit abgestellt. Für die Masseunzulänglichkeit kommt es deshalb weniger auf den Wert der Insolvenzmasse als darauf an, welche liquiden Mittel zu welchem Zeitpunkt zur Verfügung stehen können[373]. Lediglich (bilanzielle) Vermögenswerte, die nicht oder nicht in absehbarer Zeit zu liquidieren sind, stehen zur liquiden Berichtigung von Ansprüchen nicht zur Verfügung[374].

Mit anderen Worten ist, da die Ansprüche der Massegläubiger in der Regel auf eine Geldleistung gerichtet sind, die Geldliquidität der Masse ausschlaggebend[375]. Folglich hat der Insolvenzverwalter (drohende) Masseunzulänglichkeit anzuzeigen, wenn die Insolvenzmasse voraussichtlich nicht über ausreichende Barmittel verfügt, um ihren Zahlungsverpflichtungen im Zeitpunkt der Fälligkeit gegenüber den Massegläubigern nachzukommen[376]. Bei der Masseunzulänglichkeit handelt es sich insoweit um eine spezielle Form der Zahlungsunfähigkeit, bezogen auf die Insolvenzmasse.

Für ein Abstellen auf die liquide Masse spricht zunächst eine teleologische Erwägung. Denn als Folge nicht ausreichender Barmittel gerät der Insolvenzverwalter bei Nichterfüllung der fälligen Masseverbindlichkeiten für den Insolvenzschuldner in Verzug, sodass die Massegläubiger ihre Ansprüche gerichtlich geltend machen und ggf. in die Masse vollstrecken können. Genau dies soll der Verwalter jedoch durch die rechtzeitige Anzeige der Masseunzulänglichkeit verhindern können (vgl. § 210 InsO), da ansonsten eine weitere geordnete Abwicklung des Verfahrens unmöglich ist, weil die Masse vor der Verteilung an die Massegläubiger außerhalb der gesetzlichen Rangfolge des § 209 InsO entleert wird[377].

Auch eine Betrachtung der Parallelvorschrift[378] des § 208 Abs. 1 S. 2 InsO, der drohenden Zahlungsunfähigkeit gemäß § 18 InsO, spricht für dieses Verständnis des

---

371 MünchKommm-InsO/Hefermehl § 208 RdNr. 23.

372 MünchKomm-InsO/Hefermehl § 208 RdNr. 23.

373 HK-InsO/Landfermann § 208 RdNr. 4a.

374 MünchKomm-InsO/Hefermehl § 208 RdNr. 25.

375 MünchKomm-InsO/Hefermehl § 208 RdNr. 24.

376 MünchKomm-InsO/Hefermehl a. a. O.; auch Braun/Kießner § 208 RdNr. 14 stellt auf die liquide Masse ab.

377 Vgl. auch Beschl.-Empfehlung des RechtsA zu § 234d, abgedruckt in: Uhlenbruck, Das neue Insolvenzrecht, S. 576.

378 Braun/Kießner § 208 RdNr. 14; Kübler/Prütting-Pape § 208 RdNr. 16.

Begriffs der Insolvenzmasse im Hinblick auf eine etwaige Masseunzulänglichkeit. Nach § 18 Abs. 2 InsO droht die Zahlungsunfähigkeit, wenn der Schuldner voraussichtlich nicht in der Lage sein wird, die bestehenden Zahlungspflichten im Zeitpunkt der Fälligkeit zu erfüllen. Hier wird ebenfalls nicht auf das vollumfängliche Vermögen abgestellt, sondern vielmehr auf die Entwicklung der liquiden Finanzlage des Schuldners[379].

Hier wie dort ist eine Prognose anzustellen, die aufgrund eines Liquiditätsplans[380] die bestehenden und zukünftigen Masseverbindlichkeiten mit ihren Fälligkeitsterminen der aktuell vorhandenen und zukünftig erwirtschafteten liquiden Masse gegenüberstellt[381]. Der in Kapitel C) III.2.2 dargestellte Maßstab zur Ermittlung der Masseunzulänglichkeit anhand des IDW Prüfungsstandards 800 kann insoweit zwanglos übernommen werden.

Schließlich sprechen Haftungsgesichtspunkte für diese Liquiditätsorientierung. Ausführlich wurde bereits dargestellt, dass für den Verwalter im masseunzulänglichen Verfahren wegen § 61 InsO eine besondere Haftungsgefahr besteht. Denn er wusste bei Begründung der Verbindlichkeit um die Begrenztheit der Masse und die Gefahr der Unzulänglichkeit. Der Verweis auf eine mögliche Erfüllung nach Verwertung der nicht liquiden Masse befreit den Verwalter von einer entsprechenden Haftung nur, wenn ein diesbezügliches Abwarten für den Massegläubiger zumutbar ist[382].

Es zeigt sich also, dass unter Insolvenzmasse i. S. v. § 208 InsO die liquide Masse zu verstehen ist; die Insolvenzmasse dient hier der Erfüllung der dynamischen sonstigen Masseverbindlichkeiten. In bilanzieller Hinsicht handelt es sich bei der Insolvenzmasse nach dem Prinzip steigender Liquidität[383] um das leicht verwertbare Umlaufvermögen.

Eine solche Auslegung entspricht dem gängigen Vorgehen in der Praxis. Denn der Verwalter zeigt im Zweifel dann die (drohende) Masseunzulänglichkeit an, wenn die Kontoguthaben nicht zu einer Begleichung der Masseverbindlichkeiten ausreichen.

2.3. Insolvenzmasse und Massekostenarmut, § 207 InsO

Anders ist es hingegen im Rahmen der Massekostenarmut nach § 207 InsO. In diesem Fall trägt die Masse die Kosten nicht; die Voraussetzungen für die Abwicklung der gemeinschaftlichen Gläubigerbefriedigung sind nicht mehr gegeben (*argumen-*

---

379 Leonhardt/Smid/Zeuner-Smid § 18 RdNr. 10.

380 So auch Leonhardt/Smid/Zeuner-Smid § 18 RdNr. 12; HK-InsO/Landfermann § 208 RdNr. 4; Uhlenbruck/Uhlenbruck § 208 RdNr. 7.

381 Braun/Kießner § 208 RdNr. 14.

382 Vgl. Kapitel C) III.2.1.

383 Falterbaum/Bolk/Reiß, Kapitel 2.2, S. 87.

tum ex § 26 InsO)[384]. Im Unterschied zur Masseunzulänglichkeit fehlt es also nicht nur an einer ausreichenden Liquidität zur Begleichung der sonstigen Verbindlichkeiten, sondern schon an einer die Verfahrenskosten deckenden Masse. Die Insolvenzmasse dient in diesem Fall lediglich der Deckung der statischen Kosten des Insolvenzverfahrens i. S. v. § 54 InsO. Dies wirkt sich auf das Verständnis des Begriffs der Insolvenzmasse i. R. v. § 207 InsO aus.

Auch i. R. v. § 207 InsO ist erforderlich, dass die fraglichen Kosten im Zeitpunkt der Fälligkeit gezahlt werden können. Aber die Frage der Kostendeckung wird größtenteils erst zum Schluss des Insolvenzverfahrens relevant. Deshalb müssen für die Kostendeckung zu Beginn des Verfahrens nur erheblich geringere Mittel in der Masse vorhanden sein als zur Deckung der gesamten Verfahrenskosten nötig. Zu Beginn des Verfahrens bedarf es typischerweise zunächst lediglich Vorschüsse auf die Gerichtskosten. Soweit Vergütung und Auslagen eines vorläufigen Insolvenzverwalters zu begleichen sind, ist zu bedenken, dass der Insolvenzverwalter in den allermeisten Fällen personengleich mit dem vorläufigen Verwalter sein wird und für ihn insoweit ein gewisser Spielraum hinsichtlich des Zeitpunkts der Entnahme von Vergütung und Auslagen aus der Masse besteht. Daraus ergibt sich auch, dass eine lediglich vorübergehend fehlende Liquidität keinen Einstellungsgrund[385] darstellt, da nicht fortlaufend eine liquide Masse vorhanden sein muss, sondern jeweils zu dem Zeitpunkt, in dem die dann zu deckenden Kosten fällig werden[386].

Soweit oben bezüglich der Liquiditätsüberlegungen gesetzessystematisch auf die Parallelität zwischen drohender Masseunzulänglichkeit (§ 208 Abs. 1 S. 2 InsO) und drohender Zahlungsunfähigkeit (§ 18 InsO) hingewiesen wurde, liegt eine solche Betrachtung im Fall der Massekostenarmut ebenfalls nahe. Denn § 207 Abs. 1 InsO ist korrespondierende Regelung zu § 26 Abs. 1 InsO im eröffneten Verfahren[387]. Bei § 26 InsO kommt es aber im Gegensatz zu § 208 InsO nicht entscheidend auf eine kurzfristige Liquidität an[388], sondern lediglich auf die Möglichkeit einer kostendeckenden Masse, die zeitnah zur Verfahrenseröffnung zur Verfügung stehen muss. Im Ergebnis führt daher die Tatsache, dass das aktuell vorhandene liquide Vermögen die Verfahrenskosten nicht (vollständig) abdeckt, nicht zu einer Abweisung des Antrages mangels Masse[389]. Dieser Gedanke ist aufgrund der Korrespondenz der §§ 26, 207 InsO übertragbar. So kann auch eine (vorübergehend) fehlende Kosten-Liquidität nicht zu einer Einstellung des Verfahrens nach § 207 InsO führen.

---

384 Leonhardt/Smid/Zeuner-Smid § 207 RdNr. 1.

385 So auch MünchKomm-InsO/Hefermehl § 207 RdNr. 19; vgl. dazu LG Darmstadt ZIP 1981, 470 ff., wonach eine *fortdauernde* Illiquidität des Schuldners auch bei möglicherweise späterer Bildung von Masse zur Abweisung des Eröffnungsantrags führt (470, 471).

386 HK-InsO/Kirchhof § 26 RdNr. 8.

387 Kübler/Prütting-Pape § 207 RdNr. 8d, wofür auch die weitgehende Übereinstimmung des Wortlauts von § 26 Abs. 1 InsO und § 207 Abs. 1 InsO spricht.

388 MünchKomm-InsO/Haarmeyer § 26 RdNr. 20.

389 MünchKomm-InsO/Hefermehl § 26 RdNr. 23.

Danach ist bei Massekostenarmut gemäß § 207 InsO nicht nur auf die Geldliquidität abzustellen. Dem Insolvenzverwalter ist vielmehr zuzumuten, das Verfahren auch dann weiterzuführen, wenn eine Deckung der Verfahrenskosten erst in (absehbarer) Zukunft realisierbar ist.

Für die Prüfung der Verfahrenskostendeckung ist deshalb nur der voraussichtlich realisierte Wert bei Verfahrensbeendigung maßgeblich, also die voraussichtliche Teilungs- oder Aktivmasse, die effektiv zum Ausgleich der Verfahrenskosten eingesetzt werden kann[390].

2.4. Zwischenergebnis

Die unterschiedlichen Funktionsweisen der Insolvenzmasse im Rahmen der §§ 207 ff. InsO erfordern es, den Begriff unterschiedlich auszulegen; je nachdem, ob Massekostenarmut oder Masseunzulänglichkeit vorliegt. Im Rahmen der Überprüfung der Insolvenzmasse durch den Verwalter gemäß § 208 InsO ist Unzulänglichkeit dann anzuzeigen, wenn die vorhandenen liquiden Mittel nicht zur Begleichung der Masseverbindlichkeiten im Zeitpunkt der jeweiligen Fälligkeit ausreichen. Bei der Masseunzulänglichkeit handelt es sich insoweit um eine spezielle Form der Zahlungsunfähigkeit. Zur Ermittlung der Masseunzulänglichkeit kann der Liquiditätsplan mit dem Maßstab des IDW Prüfungsstandards 800 herangezogen werden.

Massekostenarmut i. S. v. § 207 InsO liegt jedoch erst vor, wenn die voraussichtliche Teilungsmasse zur Deckung der wesentlichen Verfahrenskosten am Ende des Verfahrens nicht ausreicht.

3. Massekostenarmut, § 207 InsO

3.1. Grundlagen

Die Einstellung wegen Massekostenarmut nach § 207 InsO ist im Rahmen dieser Arbeit kursorisch darzustellen, weil es häufig der Fall sein wird, dass der Verwalter zunächst nach § 208 Abs. 1 InsO Unzulänglichkeit anzeigt und sich im weiteren Verlauf des Verfahrens schließlich herausstellt, dass der von ihm aufgestellte Liquiditätsplan unzutreffend ist und auch die Kosten von der Insolvenzmasse nicht gedeckt sind.

Beispielsweise können Forderungen, die bei Prüfung der Eröffnungsvoraussetzungen durch einen vorläufigen Verwalter gemäß § 21 Abs. 1 S. 1 Nr. 3 InsO als werthaltig eingeschätzt wurden, aufgrund einer bei dem Drittschuldner eingetretenen Krise/Insolvenz nicht mehr einbringbar oder schon längst beglichen sein,

---

390 MünchKomm-InsO/Hefermehl § 207 RdNr. 19.

was aufgrund einer (im Vorfeld der Insolvenz häufig auftretenden) mangelhaften Buchhaltung zunächst nicht zu erkennen war. Auch kann sich die – bereits angesprochene – Prognose betreffend die Realisierung eines Anfechtungsanspruchs als unzutreffend herausstellen, die dargestellte „Wette" mithin nicht erfolgreich sein.

Die Frage, welche Kosten auf welche Weise für die Ermittlung der verfahrenskostendeckenden Masse mit einzubeziehen sind, entspricht der bereits oben in Kapitel D) II.1.3 untersuchten[391].

3.2. Verfahren

Die Einstellung des Insolvenzverfahrens erfolgt von Amts wegen. Die Rechtsfolgen der Massekostenarmut treten mit *Ex-nunc* Wirkung ein, sobald deren Voraussetzungen vorliegen[392]. Einer öffentlich bekanntzumachenden Anzeige bedarf es dazu im Gegensatz zu § 208 InsO mangels gesetzlicher Anordnung nicht.

Im Gegensatz zu § 208 InsO besteht für den Fall der Massekostenarmut keine gesetzliche Regelung der Feststellungskompetenz. Der Verwalter ist gesetzlich nicht gehalten, dem Gericht die Massekostenarmut anzuzeigen. Es ist jedoch ohnehin primär Sache des Insolvenzverwalters, die Kostendeckung kontinuierlich zu beobachten[393]. Insoweit wird der Verwalter auch die Kostenarmut dem Insolvenzgericht anzeigen[394]. Das Insolvenzgericht hat zwar die Aufgabe, von Amts wegen das Verfahren mangels Masse einzustellen[395], nicht hingegen von Amts wegen den Stand der Massekostendeckung zu kontrollieren.

Nach § 207 Abs. 2 InsO sind vor der Einstellung die Gläubigerversammlung, der Insolvenzverwalter und die Massegläubiger zu hören. Damit soll zum einen die umfassende Information des Gerichts über die Kostendeckung gewährleistet, zum anderen allen Beteiligten Gelegenheit zur Leistung eines Kostenvorschusses gegeben werden[396].

Dieses Einstellungsverfahren ist auch durchzuführen, wenn ein Gläubigerausschuss bestellt ist, obwohl dieser ein Instrument der Gläubigermitwirkung ist und insoweit dessen Anhörung eine schlankere, aber doch zweckerfüllende Möglichkeit darstellt. Die Regelung wird diesbezüglich deshalb zu Recht für zu kostenaufwendig und unpraktikabel gehalten[397]. Der Gesetzgeber hatte bei der ursprünglich

---

391 Leonhardt/Smid/Zeuner-Smid § 207 RdNr. 3; HK-InsO/Landfermann § 207 RdNr. 5. Anders hingegen Uhlenbruck, der hinsichtlich der einzubeziehenden Kosten zwischen der Verfahrenskostendeckung in § 26 und § 207 InsO unterscheidet.

392 So der BFH zu den steuerrechtlichen Pflichten, BFH ZIP 1996, 430; MünchKomm-InsO/Hefermehl § 207 RdNr. 57.

393 Kübler/Prütting-Pape § 207 RdNr. 9.

394 Haarmeyer/Wutzke/Förster Kapitel 8, RdNr. 131.

395 Leonhardt/Smid/Zeuner-Smid § 207 RdNr. 3.

396 Begr. zu § 317 RegE, abgedruckt in: Uhlenbruck, Das neue Insolvenzrecht, S. 570.

397 Vgl. Smid, Abwicklung masseunzulänglicher Verfahren, S. 1316.

vorgesehenen Anhörung vor Feststellung der Masseunzulänglichkeit in § 318 Abs. 2 RegE noch eine vorrangige Anhörung des Gläubigerausschusses vorgesehen[398].

3.3. Rechtsfolgen

Das Insolvenzverfahren wird bei Massekostenarmut abgebrochen[399].

Der Verfahrensabbruch stellt einen elementaren Unterschied zu der Regelung bei Masseunzulänglichkeit nach § 208 InsO dar. Der Verwalter ist zur Verwertung von Massegegenständen gemäß § 207 Abs. 3 S. 2 nicht mehr verpflichtet, weil ihm eine Fortsetzung der Verwertung der Masse, wenn seine Vergütungsansprüche nicht voll erfüllt werden, nicht zugemutet werden kann[400]. Er wird mit den noch vorhandenen Barmitteln die Kosten des Verfahrens in der Reihenfolge des § 207 Abs. 3 S. 1 InsO berichtigen, aber darüber hinaus nicht weiter tätig werden. Gleichwohl endet seine Verwertungsbefugnis gemäß § 159 InsO nicht zwingend mit Eintritt des § 207 InsO[401]. *Smid* sieht deshalb ein „Ende der Masseverwertungspflicht unter Fortdauer der Masseverwertungsbefugnis“[402]. Es bleibt dem Verwalter letztlich selbst überlassen, ob er weitere Verwertungsmaßnahmen vornimmt oder nicht. Bei einer Entscheidung für eine solche Vornahme weiterer Verwertungsmaßnahmen bewegt er sich hinsichtlich der daraus resultierenden Verbindlichkeiten allerdings ständig unter dem Damokles-Schwert der persönlichen Haftung aus § 61 InsO.

Ebenso wie bei der korrespondierenden Vorschrift des § 26 Abs. 1 InsO über die Abweisung des Eröffnungsantrags mangels Masse kann die Einstellung gemäß § 207 Abs. 1 S. 2 InsO abgewendet werden, wenn ein ausreichender Geldbetrag vorgeschossen wird oder die Kosten des Verfahrens gestundet werden. Ein Vorschuss auf die Verfahrenskosten kann beispielsweise dann in Betracht zu ziehen sein, wenn zu erwarten ist, dass die Masse noch aufgestockt wird, etwa durch Insolvenzanfechtung oder den Verkauf angefangener, noch fertigzustellender Produkte[403].

Mit der Einstellung des Insolvenzverfahrens erlangt der Schuldner das Verwaltungs- und Verfügungsrecht über das bisher vollstreckungsbefangene Vermögen zurück. Die §§ 201, 202 InsO gelten über § 215 Abs. 2 InsO entsprechend[404]. Dies kann im Einzelfall im Widerspruch zu der Befriedungsfunktion[405] des Insolvenzrechts stehen, da das Interesse der Gläubiger der schuldnerischen Gesellschaft an

---

398 Abgedruckt in: Uhlenbruck, Das neue Insolvenzrecht, S. 571.

399 HK-InsO/Landferman Vor §§ 207 ff. RdNr. 1.

400 Begr. zu § 317 RegE, abgedruckt in: Uhlenbruck, Das neue Insolvenzrecht, S. 570.

401 Smid, Praxishandbuch Insolvenzrecht, § 28, RdNr. 13.

402 Smid, Abwicklung masseunzulänglicher Verfahren, S. 1315.

403 Bork, Einführung, RdNr. 100 a.

404 Leonhardt/Smid/Zeuner-Smid § 207 RdNr. 19.

405 Smid, Praxishandbuch Insolvenzrecht, § 1, RdNr. 18.

einer Beendigung der wirtschaftlichen Existenz des Schuldners und an der Bestrafung wirtschaftlichen Fehlverhaltens dann nur ungenügend befriedigt wird, wenn der Schuldner Vermögensgegenstände zurückerhält und weiterhin wirtschaftlich tätig bleibt. Um der Befriedigungsfunktion in möglichst vielen Fällen gerecht zu werden, ist an dieser Stelle in vergleichbarer Weise wie bei § 26 InsO die Verengung der zu deckenden Verfahrenskosten relevant, um eine Flucht in die Massearmut zu verhindern.

Bei fehlender Kostendeckung nach § 207 InsO findet eine gesellschaftsrechtliche Vollliquidation innerhalb des Insolvenzverfahrens nicht mehr statt. Handelsgesellschaften sind vom Verfahren und von den Wirkungen des § 207 InsO nicht ausgenommen worden. Hier tritt der Vollstreckungszweck des Verfahrens in den Vordergrund, der eine Vollstreckung nur solange vorschreibt, wie sie im Interesse der Gläubiger liegt[406]. Es bleibt deshalb bei der Zweispurigkeit der insolvenzrechtlichen und der gesellschaftsrechtlichen Liquidation. Dadurch erhält bei der Einstellung nach § 207 InsO die nicht abgewickelte Gesellschaft ihre verbliebenen Vermögensgegenstände zurück. Problematisch ist, falls nach Einstellung noch Gegenstände der Insolvenzmasse ermittelt werden. Denn im Gegensatz zu § 211 Abs. 3 InsO sieht die InsO bei Verfahrenseinstellung wegen Massekostenarmut nach § 207 Abs. 1 InsO keine Möglichkeit einer Nachtragsverteilung vor. Es ist umstritten, ob insoweit, wenn eine weitere Verwertung von Massegegenständen vorzunehmen ist, § 203 InsO über § 211 Abs. 3 InsO entsprechend anzuwenden ist[407]. Dafür spricht, dass keine Gründe dafür ersichtlich sind, warum später ermittelte, eigentlich der Masse zugehörige Vermögensgegenstände nicht zur Verteilung an die Massegläubiger zur Verfügung stehen sollen[408].

Nach Verfahrenseinstellung gemäß § 207 InsO wird der Schuldner im Gegensatz zur Verfahrensabweisung (§ 26 Abs. 2 InsO) nicht in das Schuldnerverzeichnis eingetragen.

4. Masseunzulänglichkeit, § 208 InsO

Ergibt sich aus der Prognose, dass jedenfalls die Verfahrenskosten gedeckt sind, geht das Insolvenzverfahren (als masseunzulängliches) weiter. Mit anderen Worten müssen die Verfahrenskosten gemäß § 54 InsO gedeckt sein, damit das massekostenarme als masseunzulängliches Verfahren fortgesetzt werden kann[409].

---

406 Kübler/Prütting-Pape § 207 RdNr. 53.

407 Dafür Smid, Abwicklung masseunzulänglicher Verfahren, S. 1315; Leonhardt/Smid/Zeuner-Smid § 207 RdNr. 18; auch Kübler/Prütting-Pape § 207 RdNr. 39, der Analogievoraussetzungen gegeben sieht; sowie Kübler, Massearme Verfahren, RdNr. 50. A. A. HK-Landfermann § 207 RdNr. 10; Haarmeyer/ Wutzke/Förster, Kapitel 8, RdNr. 144; sowie MünchKommm-InsO/Hefermehl § 207 RdNr. 87. Differenzierend Nehrlich/Römermann-Westphal § 207 RdNr. 35.

408 Kübler/Prütting-Pape § 207 RdNr. 39.

409 Vgl. Leonhardt/Smid/Zeuner-Smid § 208 RdNr. 3.

Die angezeigte Masseunzulänglichkeit bildet neben der Massekostenarmut/Masselosigkeit den zweiten Einstellungsgrund (vgl. § 211 Abs. 1 InsO) im Regelungskonzept der allgemeinen Massearmut.

Vor der Einstellung nach § 211 InsO steht jedoch die Verwertung nach § 208 InsO. Im Unterschied zur Massekostenarmut nach § 207 InsO bestehen sowohl die Masseverwertungspflicht als auch die Masseverwertungsbefugnis fort. Wie bereits zu Beginn der Arbeit dargestellt, ist der Umfang dieser Pflicht unklar und gibt einen Anlass zu dieser Untersuchung. Kapitel E) II und F) II stellen deshalb die Rechte und Pflichten des Insolvenzverwalters nach § 208 Abs. 3 InsO eingehend dar.

4.1. Funktion

Liegt Masseunzulänglichkeit vor, soll nach dem Willen des Gesetzgebers das Verfahren solange fortgeführt werden, bis die Masse verwertet und verteilt ist[410], vgl. § 208 Abs. 3 InsO.

Ziel dieser Regelung ist es, durch die Haftungsrealisierung in einem geordneten Verfahren eine möglichst umfängliche Befriedigung der Massegläubiger zu erreichen und bei juristischen Personen eine Vollabwicklung durch den Insolvenzverwalter zu ermöglichen[411]. So soll der unter Geltung der KO weit verbreiteten Praxis einer Flucht des Schuldners in die Massearmut ein wirksamer Riegel vorgeschoben werden[412].

Aus der Insuffizienz der Masse und dem gleichzeitigen Fortbestehen der Verwertungs- und Verwaltungspflicht resultiert für den Verwalter jedoch ein Verteilungsproblem, an dessen Seite seine persönliche Haftung nach § 61 InsO tritt, die wegen des damit verbundenen Risikos der persönlichen Inanspruchnahme zu einer weitgehenden Handlungsunfähigkeit führt[413]. Um den Insolvenzverwalter wieder handlungsfähig zu machen, erfolgt mit der Anzeige der Masseunzulänglichkeit deshalb eine Rangrückstufung der Alt-Masseverbindlichkeiten i. S. v. § 209 Abs. 1 Nr. 3 InsO[414]. Diese Zäsur eröffnet dem Verwalter auch unter strategischen Gesichtspunkten der Verfahrensabwicklung ein weites Aktionsfeld.

Erneut zeigt sich eine Funktion des Liquiditätsplans: Das Verfahren kann nur so lange fortgesetzt werden, wie nach der Anzeige begründete Neu-Masseverbindlichkeiten erfüllt werden können.

Zur Feststellung, ob Masseunzulänglichkeit i. S. d. § 208 InsO vorliegt, hat der Verwalter den Umfang der bestehenden fälligen und fällig werdenden Masseverbindlichkeiten und die – unter Abzug der Verfahrenskosten – zur Befriedigung voraus-

---

410 Kübler, Massearme Verfahren, RdNr. 13.
411 Binz/Hess, RdNr. 1526.
412 MünchKomm-InsO/Hefermehl § 208 RdNr. 1.
413 Leonhardt/Smid/Zeuner-Smid § 208 RdNr. 1.
414 MünchKomm-InsO/Hefermehl § 208 RdNr. 18.

sichtlich zur Verfügung stehende Insolvenzmasse zu ermitteln, wobei insoweit – wie oben in Kapitel D) III.2 gezeigt – auf die liquide Masse abzustellen ist. Was unter dem Begriff der Masseverbindlichkeiten zu verstehen ist, wird sodann zu klären sein.

Nach der Feststellung, dass die Voraussetzungen der Masseunzulänglichkeit vorliegen, hat der Verwalter die Masseunzulänglichkeit anzuzeigen, um die Rechtsfolgen der §§ 208ff. InsO herbeizuführen. Hinsichtlich Art und Anzeige der Masseunzulänglichkeit sind verschiedene Situationen zu unterscheiden, die in § 208 Abs. 1 InsO zumindest teilweise erfasst werden.

4.2. Masseverbindlichkeiten

a) Regelungssystematik

Masseverbindlichkeiten sind bei Abwicklung des Insolvenzverfahrens nach § 53 InsO vorweg aus der Masse zu befriedigen. Sie werden außerhalb des Insolvenzverfahrens und somit vor den Insolvenzforderungen i. S. d. § 38 InsO beglichen. Während die Insolvenzgläubiger gemäß § 87 InsO ihre Forderungen nur nach den Vorschriften über das Insolvenzverfahren verfolgen können (§§ 174ff. InsO)[415], besteht für Massegläubiger das Leistungsklageverbot nach § 87 InsO nicht. Einen Gleichbehandlungsgrundsatz gibt es für Massegläubiger – vor Anzeige der Masseunzulänglichkeit – ebenfalls nicht. Sie haben demnach im Insolvenzverfahren grundsätzlich alle Befugnisse, die sonst Gläubigern außerhalb eines solchen Verfahrens zustehen.

Wie oben in Kapitel D) II.1.3 bereits vorangeschickt, unterscheidet die Insolvenzordnung innerhalb der Masseverbindlichkeiten zwischen Verfahrenskosten (§ 54) und sonstigen Masseverbindlichkeiten (§ 55). Diese Unterscheidung hat ihren Grund neben der Abgrenzung zwischen Massekostenarmut und Masseunzulänglichkeit nicht zuletzt auch in der in § 209 InsO normierten unterschiedlichen Befriedigungsrangfolge[416]. Im regulären Insolvenzverfahren sind die Ansprüche der Massegläubiger hingegen grundsätzlich gleichrangig.

b) Kosten des Insolvenzverfahrens, § 54 InsO

Der Umfang der Verfahrenskosten ergibt sich aus § 54 InsO. Zu der umstrittenen Frage der Abgrenzung von Verfahrenskosten zu sonstigen Masseverbindlichkeiten wurde bereits oben in Kapitel D) II.1.3 Stellung genommen; auch i. R. v. § 208 InsO sind richtigerweise rechtlich notwendige Masseverbindlichkeiten (unausweichliche Verwaltungskosten) zu berücksichtigen.

---

415 Und damit die Leistungsklage ausgeschlossen ist, an deren Stelle dann die Klage auf Feststellung der Forderung zur Tabelle tritt, §§ 179, 180 InsO.

416 Braun/Bäuerle § 53 RdNr. 1.

c) Sonstige Masseverbindlichkeiten, § 55 InsO

Die sonstigen Masseverbindlichkeiten sind in § 55 InsO definiert[417]. Dabei handelt es sich grundsätzlich um solche Verbindlichkeiten, die nach Eröffnung des Insolvenzverfahrens entstanden sind. Sie knüpfen an die Eröffnung und Durchführung des Insolvenzverfahrens an[418]. Verbindlichkeiten aus der Zeit vor Verfahrenseröffnung sind nur dann Masseverbindlichkeiten, wenn sie von einem sogenannten „starken" vorläufigen Verwalter begründet wurden oder dieser bei einem Dauerschuldverhältnis die Gegenleistung für die Masse in Anspruch genommen hat[419].

Grundsätzlich ist im Rahmen des § 55 InsO zwischen gewillkürten, d.h. vom Verwalter aufgrund eigener Entscheidung begründeten und oktroyierten Masseverbindlichkeiten, vgl. § 55 Abs. 1 Nr. 1, Nr. 2 InsO, zu unterscheiden[420]. Teilweise wird darüber hinaus in Anlehnung an die überkommene Regelung der KO noch zwischen „echten" und „unechten" Masseverbindlichkeiten unterschieden[421], obwohl diese Differenzierung mit Inkrafttreten der InsO fast gänzlich hinfällig wurde.

Neben den in § 55 InsO genannten Verbindlichkeiten zählen auch Unterhaltszusagen nach §§ 100, 101 Abs. 1 S. 3 InsO sowie (zumindest eingeschränkt)[422] Sozialplanansprüche nach § 123 InsO zu den „sonstigen Masseverbindlichkeiten" i.S.d. § 208 Abs. 1 InsO, vgl. auch § 209 Abs. 1 Nr. 3 InsO. Schließlich handelt es sich auch bei den Verbindlichkeiten aus § 115 Abs. 2 S. 3, § 169 S. 1, § 172 Abs. 1, § 324 InsO um Masseverbindlichkeiten[423].

(i) Gewillkürte Masseverbindlichkeiten

Gewillkürte Masseverbindlichkeiten sind die durch die Verwaltung, Verwertung und Verteilung der Insolvenzmasse begründeten Masseverbindlichkeiten gemäß § 55 Abs. 1 Nr. 1 InsO (ursprünglich Massekosten gemäß § 58 Nr. 2 KO). Daneben zählen dazu aber gemäß § 55 Abs. 2 InsO auch die Verbindlichkeiten, die im Eröffnungsverfahren von einem vorläufigen Verwalter begründet worden sind, auf den die Verwaltungs- und Verfügungsbefugnis gemäß §§ 21 Abs. 2 Nr. 1 1. HS, 22 Abs. 1 S. 1 InsO übergegangen ist.

---

417 Braun/Kießner § 208 RdNr. 4.

418 MünchKomm-InsO/Hefermehl § 53 RdNr. 9.

419 Braun/Kind § 21 RdNr. 20, 21; Eine analoge Anwendung auf den vorläufigen Verwalter mit Zustimmungsvorbehalt wird überwiegend abgelehnt, vgl. bspw. Leonhardt/Smid/Zeuner-Smid § 55 RdNr. 51. Auch der „schwache" vorläufige Verwalter kann allerdings im Einzelfall zur Begründung von Masseverbindlichkeiten ermächtigt werden.

420 Smid, Praxishandbuch Insolvenzrecht, § 7, RdNr. 26.

421 Einzige Ausnahme bilden die sogleich dargestellten Masseverbindlichkeiten aus nach Verfahrenseröffnung abgeschlossenen Sozialplänen, vgl. MünchKomm-InsO/Hefermehl § 53 RdNr. 10.

422 Siehe sogleich Kapitel D) III.4.2.c)(i)1.

423 Braun/Bäuerle § 53 RdNr. 6.

1. *Sonderfall: Sozialplanverbindlichkeiten*

Verbindlichkeiten aus einem Sozialplan gegenüber Arbeitnehmern nach § 123 InsO nehmen im Hinblick auf eine mögliche Masseunzulänglichkeit eine Sonderstellung ein. Es handelt sich zwar gemäß § 123 Abs. 2 S. 1 InsO um Masseverbindlichkeiten; sie werden aber für die Ermittlung der Masseunzulänglichkeit nicht berücksichtigt. Denn gemäß § 123 Abs. 2 S. 2 InsO darf auf Sozialplangläubiger nur ein Drittel der für die Insolvenzgläubiger zur Verfügung stehenden Masse entfallen. Eine Befriedigung findet daher nur dann statt, wenn auch eine Verteilung an die Insolvenzgläubiger erfolgt[424]. Dies wird im Fall der Masseunzulänglichkeit aber nie der Fall sein, weshalb Arbeitnehmer, denen Ansprüche aus einem Sozialplan zustehen, auch als „unechte Massegläubiger" bezeichnet werden[425].

(ii) *Oktroyierte Masseverbindlichkeiten*

Als oktroyierte Masseverbindlichkeiten bezeichnet man die Ansprüche aus zweiseitigen Verträgen, die der Verfügungsbefugnis des Verwalters entzogen sind[426]. Das sind diejenigen Rechtsverhältnisse, bei denen dem Verwalter kein Wahlrecht i.S.d. § 103 InsO eingeräumt ist und die deshalb über die Verfahrenseröffnung hinaus mit Wirkung für die Insolvenzmasse fortbestehen.

Dabei handelt es sich hauptsächlich um Verbindlichkeiten, die aus Miet- oder Arbeits-/Dienstverträgen herrühren. Sie müssen vom Verwalter voll berücksichtigt werden, obgleich er deren Umfang im wesentlichen nur durch vorzeitige Beendigung im Wege der Kündigung gemäß §§ 109, 113 InsO reduzieren kann[427].

Der Umfang der oktroyierten Masseverbindlichkeiten beeinträchtigt vielfach die Möglichkeit der Fortführung eines insolventen Unternehmens, weil die potentielle Belastung der Insolvenzmasse mit (Leer-)Kosten aus Miet- und Arbeitsverhältnissen hoch ist[428]. Die gesetzliche Kündigungsfrist nach der InsO beträgt für Miet- und Pachtverhältnisse sowie Dienst- und Arbeitsverhältnisse nach der Änderung durch das Gesetz zur Vereinfachung des Insolvenzverfahrens vom 13. April 2007[429] gleichermaßen drei Monate.

Die oktroyierten Masseverbindlichkeiten stellen wegen dieser Gefahr der Entstehung von Leerkosten einen wichtigen Bereich dar, in dem der Verwalter durch den „Hebel" (der in der geänderten Befriedigungsrangfolge liegt) des § 209 InsO und der durch die Anzeige der Masseinsuffizienz eintretenden Zäsur den Verfahrenslauf entscheidend beeinflussen kann. Die Rechtsfolgen der Anzeige greifen näm-

424 Braun/Kießner § 208 RdNr. 12.
425 Häsemeyer, Insolvenzrecht, RdNr. 23.16.
426 Leonhardt/Smid/Zeuner-Smid § 55 RdNr. 35.
427 MünchKomm-InsO/Hefermehl § 208 RdNr. 27.
428 MünchKommm-InsO/Hefermehl § 55 RdNr. 140.
429 BGBl I, S. 509, 510.

lich vor allem in die Rechte der Massegläubiger ein, indem sie den Verteilungsschlüssel ändern[430].

Die Unterscheidung zwischen oktroyierten und gewillkürten Masseverbindlichkeiten verdeutlicht im übrigen § 90 Abs. 2 InsO[431]. Mit der Regelung des Absatzes 1, durch die eine Zwangsvollstreckung wegen Masseverbindlichkeiten, die nicht durch eine Rechtshandlung des Verwalters begründet worden sind, für die Dauer von sechs Monaten für unzulässig erklärt wird, soll verhindert werden, dass die Masse durch Vollstreckungsmaßnahmen solcher Gläubiger auseinandergerissen wird, deren Forderungen ohne Zutun des Verwalters entstanden sind[432]. Andererseits bedarf es gemäß § 90 Abs. 2 InsO dann keines Vollstreckungsschutzes, wenn der Verwalter das Entstehen der Verbindlichkeiten hätte verhindern können.

d) Anspruchsgegner

Anspruchsgegner des Massegläubigers hinsichtlich dessen Forderungen ist der Insolvenzschuldner. Zwar sind Masseverbindlichkeiten gegenüber dem Insolvenzverwalter geltend zu machen, Schuldner der Masseverbindlichkeit ist jedoch der Insolvenzschuldner, da die Masse kein eigenständiges Rechtssubjekt ist[433]. Der Schuldner behält seine Rechts- und Geschäftsfähigkeit auch nach Eröffnung des Insolvenzverfahrens, er bleibt Rechtsträger des zur Insolvenzmasse gehörenden Vermögens und damit dessen Inhaber[434].

4.3. Erscheinungsformen der Masseunzulänglichkeit

Der Gesetzgeber hat in der InsO korrespondierend zu der Regelung der Zahlungsunfähigkeit[435] zwei Tatbestände der Masseunzulänglichkeit geschaffen. Die Regelung des § 208 Abs. 1 S. 1 InsO erfasst den Tatbestand der eingetretenen Masseunzulänglichkeit, während § 208 Abs. 1 S. 2 InsO die drohende[436] Masseunzulänglichkeit betrifft.

Darüber hinaus haben sich seit Inkrafttreten der InsO in der Praxis noch weitere, bislang nicht normierte Erscheinungsformen, wie bspw. die temporäre[437] Masseunzulänglichkeit, herausgebildet. Diese Erscheinungsformen wurden inzwischen teilweise von Instanzgerichten als mit der InsO vereinbar akzeptiert[438].

---

430 Uhlenbruck/Uhlenbruck § 208 RdNr. 11.
431 Leonhardt/Smid/Zeuner-Smid § 90 RdNr. 6.
432 Leonhardt/Smid/Zeuner-Smid § 90 RdNr. 2.
433 Braun/Bäuerle § 53 RdNr. 7; MünchKomm-InsO/Hefermehl § 53 RdNr. 30.
434 MünchKomm-InsO/Hefermehl § 53 RdNr. 30; Leonhardt/Smid/Zeuner-Smid § 53 RdNr. 16.
435 Begr. zu § 318 RegE, abgedruckt in: Uhlenbruck, Das neue Insolvenzrecht, S. 571.
436 Leonhardt/Smid/Zeuner-Smid § 208 RdNr. 9.
437 Vgl. Uhlenbruck/Uhlenbruck § 208 RdNr. 11.
438 So für die temporäre Masseunzulänglichkeit OLG Frankfurt NZI 2005, 40; ArbG Kiel ZInsO 2002, 893.

a) Eingetretene Masseunzulänglichkeit

Nach § 208 Abs. 1 S. 1 InsO liegt Masseunzulänglichkeit vor, wenn die Insolvenzmasse nicht ausreicht, um die fälligen sonstigen Masseverbindlichkeiten zu erfüllen[439]. Die Unzulänglichkeit ist in diesem Fall schon eingetreten, die Situation einer insuffizienten Masse droht nicht erst für die Zukunft, sondern liegt bereits vor. In jener Lage wird auch von der „Insolvenz in der Insolvenz" gesprochen, da die Insolvenzmasse mit Blick auf die sonstigen Masseverbindlichkeiten zahlungsunfähig ist und dies insoweit der Situation des § 17 Abs. 2 InsO entspricht[440].

Insoweit kann aufgrund der Vergleichbarkeit der Situation des § 208 Abs. 1 S. 1 InsO mit der des § 17 Abs. 2 InsO auf dessen Maßstäbe zurückgegriffen werden. Die Insolvenzmasse ist mithin unzulänglich, wenn die Masse über einen Zeitraum von mindestens drei Wochen nicht in der Lage ist, einen nicht nur ganz geringfügigen Teil ihrer Schulden zu begleichen[441]. Nicht nur ganz geringfügig ist – entsprechend der BGH-Rechtsprechung zu lediglich geringfügigen Liquiditätslücken im Rahmen der Zahlungsunfähigkeit – ein Teil der Schulden, der 10% oder mehr beträgt, mithin also der Deckungsgrad unter die Marke von 90% sinkt[442].

Die Masseunzulänglichkeit kann in jedem Stadium des Verfahrens eintreten[443].

Häufig, zumal, wenn der Insolvenzverwalter bereits als sogenannter „starker" vorläufiger Verwalter berechtigt (und gezwungen) war, Masseverbindlichkeiten i. S. v. § 55 Abs. 2 InsO zu begründen[444], wird es vorkommen, dass die Insolvenzmasse schon bei Verfahrenseröffnung nicht zur Erfüllung sämtlicher fälliger Masseverbindlichkeiten ausreicht[445].

b) Anzeige der Masseunzulänglichkeit

Die Anzeige der Masseunzulänglichkeit liegt im Aufgabenbereich des Insolvenzverwalters. Sie ist vom Verwalter unabhängig von der Anzahl der Gläubiger gegenüber dem Insolvenzgericht vorzunehmen, da sie dessen Unterrichtung dient und deshalb auch bei einer geringen Zahl von Gläubigern eine Anzeige allein an diese nicht ausreichend ist[446].

§ 208 Abs. 1 InsO statuiert für den Verwalter grundsätzlich eine Anzeigepflicht, ohne jedoch den genauen Zeitpunkt der Anzeige vorzugeben[447].

---

439 MünchKomm-InsO/Hefermehl § 208 RdNr. 20.

440 BK-InsO/Breutigam § 208 RdNr. 10; MünchKomm-InsO/Hefermehl § 208 RdNr. 20.

441 BGHZ 163, 134.

442 BGHZ 163, 134.

443 Hess/Weis/Wienberg § 208 RdNr. 18.

444 Uhlenbruck/Uhlenbruck § 208 RdNr. 5.

445 Auch aus diesem Grund ist entgegen der gesetzgeberischen Intention die Bestellung eines „schwachen" vorläufigen Verwalters zum rechtstatsächlichen Regelfall geworden, vgl. Leonhardt/Smid/Zeuner-Thiemann § 22 RdNr. 73.

446 BayObLG InVo 2000, 343; Leonhardt/Smid/Zeuner-Smid § 208 RdNr. 7.

447 Braun/Kießner § 208 RdNr. 21.

Die Rechtzeitigkeit liegt allein in der Verantwortung des Insolvenzverwalters[448]. Hier zeigt sich die Steuerungswirkung der Haftungsnormen der InsO: Was rechtzeitig ist, ergibt sich nicht direkt aus § 208 InsO, sondern mittelbar aus einem Rückschluss aus § 61 S. 2 InsO. Wir haben bereits in Kapitel C) III.2 gesehen, dass für die Haftung des Insolvenzverwalters auf den Zeitpunkt der Begründung der Masseverbindlichkeit abzustellen ist. Im Umkehrschluss bedeutet dies, dass der Verwalter grundsätzlich so lange nicht zur Anzeige verpflichtet ist, wie er keine neuen Masseverbindlichkeiten begründet – und solange er nach Erkennen der Masseunzulänglichkeit nicht zur Befriedigung einzelner bereits begründeter Masseverbindlichkeiten verpflichtet ist, vgl. Kapitel C) III.3. Insbesondere, wenn Masseunzulänglichkeit lediglich droht, kann der Verwalter seinen Ermessensspielraum hinsichtlich der Anzeige als Abwicklungsinstrument nutzen.

Erkennt der vorläufige Verwalter/Sachverständige bereits bei Erstellung seines Gutachtens die (drohende) Masseunzulänglichkeit nach Verfahrenseröffnung, wird er mit Verfahrenseröffnung gleichzeitig auch die Masseunzulänglichkeit anzeigen. Die bspw. durch die Rückstufung der fortbestehenden Dauerschuldverhältnisse freiwerdenden Mittel wird er dann für die Abwicklung einsetzen[449].

c) Unzulässigkeit der vorbeugenden Anzeige der Masseunzulänglichkeit als Abwicklungsinstrument

§ 61 InsO kann ein (negatives) Anreizsystem bilden. Insbesondere bei (komplexeren) Betriebsfortführungen besteht für den Verwalter ein Anreiz, die Masseunzulänglichkeit – unzulässig – prophylaktisch anzuzeigen. Vorbeugende oder prophylaktische Anzeige der Masseunzulänglichkeit bezeichnet eine Unzulänglichkeitsanzeige, die vom Verwalter vorgenommen wird, ohne dass tatsächlich Masseunzulänglichkeit vorliegt oder (typischerweise) droht, oder zumindest ohne dass gesicherte Erkenntnisse vorliegen, die den Eintritt der Masseunzulänglichkeit wahrscheinlich machen[450]. Es wurde bereits in der Einführung in Kapitel A) betont, dass Betriebsfortführungen in gesteigertem Maße Unwägbarkeiten und Unsicherheiten bergen[451], die durch die Masseunzulänglichkeitsanzeige zumindest verringert werden können. Eine unübersichtliche Vermögenslage, fehlerhaft oder schlicht schlampig geführte Geschäftsunterlagen u. a. bergen hier das Risiko, dass die Masse – entgegen den ursprünglichen Annahmen – nicht zu einer vollständigen Befriedigung der Masseverbindlichkeiten reicht und Schadensersatzforderungen drohen.

In einer solchen Situation bietet die Anzeige der Masseunzulänglichkeit wegen der daraus folgenden Rangrückstufung von Alt-Masseverbindlichkeiten gemäß § 209 Abs. 1 InsO dem Verwalter die Möglichkeit, übersichtlichere Verhältnisse zu schaf-

448 HK-InsO/Landfermann § 208 RdNr. 5.

449 HK-InsO/Landfermann § 208 RdNr. 6; MünchKomm-InsO/Hefermehl § 208 RdNr. 21.

450 Braun/Kießner § 208 RdNr. 15; Kübler/Prütting-Pape § 208 RdNr. 12; MünchKomm-InsO/Hefermehl § 208 RdNr. 31, 32; Uhlenbruck/Uhlenbruck § 208 RdNr. 11. Zu den Haftungsrisiken hieraus vgl. hierzu Kapitel C) III.3.2.a)(i).

451 Uhlenbruck/Uhlenbruck § 208 RdNr. 11.

fen. Denn dann müssen zunächst nur die Neu-Masseverbindlichkeiten gemäß § 209 Abs. 1 Nr. 2 InsO voll beglichen werden. In der Folge kann der Verwalter den Liquiditätsplan mit weniger Unbekannten führen, die Begründung von Verbindlichkeiten liegt sämtlich in seiner Hand und ist damit auch unter seiner Kontrolle. Oktroyierte Masseverbindlichkeiten bestehen zunächst (vgl. § 209 Abs. 2 InsO) nicht mehr.

Trotz dieser nachvollziehbaren Interessen des Verwalters an einer Risikoverringerung ist die vorbeugende Anzeige der (drohenden) Masseunzulänglichkeit nicht zulässig[452].

Die Voraussetzungen der Anzeige der drohenden Masseunzulänglichkeit sind in § 208 Abs. 1 S. 2 InsO abschließend geregelt; besondere Gründe, die eine gesetzesübersteigende Rechtsfortbildung ausnahmsweise rechtfertigen könnten, sind nicht ersichtlich. Insbesondere sind allein an Zweckmäßigkeitserwägungen orientierte Überlegungen für eine solche gesetzesübersteigende Fortbildung nicht ausreichend[453].

Auch stehen der vorbeugenden Anzeige gewichtige gegenteilige Interessen der anderen Verfahrensbeteiligten entgegen. Es wurde bereits angesprochen, dass der Verwalter mit der Anzeige der Masseinsuffizienz massiv in das uneingeschränkte Vorausbefriedigungsrecht (vgl. § 53 InsO) der Massegläubiger eingreift[454]. Solange die Masse „voraussichtlich" noch zur Befriedigung der Massegläubiger ausreichend ist, darf der Insolvenzverwalter zur Vermeidung eigener Haftungsrisiken das Befriedigungsrecht der vorhandenen Massegläubiger deshalb nicht ausschalten und sie auf eine quotale Befriedigung verweisen. Dieser Eingriff ist nicht gerechtfertigt, solange nicht sämtliche Voraussetzungen für eine Anzeige nach § 208 InsO gegeben sind[455].

Schließlich ist die prophylaktische Anzeige auch deshalb unzulässig, weil damit gegen die Pflicht zur Unterhaltung eines ordnungsgemäßen Liquiditätsplans, oder, wenn ein solcher geführt wird, gegen die Pflicht zu dessen Beachtung verstoßen würde.

Während die prophylaktische Anzeige der Masseunzulänglichkeit zu Zeiten der Geltung der KO der Sicherung der Vergütungsansprüche des Konkursverwalters dienen konnte[456], bietet nunmehr aufgrund des absoluten Vorrangs der Verfahrenskosten gemäß § 209 Abs. 1 Nr. 1 InsO auch dies keinen Grund mehr für eine vorsorgliche Anzeige.

---

452 So auch Braun/Kießner § 208 RdNr. 20; Kübler/Prütting-Pape § 208 RdNr. 17; MünchKomm-InsO/Hefermehl § 208 RdNr. 31.

453 Larenz, Methodenlehre, S. 427 f.

454 Vgl. hierzu auch Kapitel B) II und E) III.

455 Kübler/Prütting-Pape § 208 RdNr. 17; MünchKomm-InsO/Hefermehl § 208 RdNr. 31.

456 Kuhn/Uhlenbruck § 60 RdNr. 3 a, der aber feststellt, dass diese Praxis schon zur KO unzulässig war.

Die Unzulässigkeit einer vorbeugenden oder provozierten Anzeige der Masseunzulänglichkeit hat jedoch keine Auswirkungen auf deren Wirksamkeit[457] – die nachfolgend in Kapitel E) beschriebenen Rechtsfolgen treten auch bei einer unzulässigen Anzeige ein.

Hefermehl unterscheidet von der vorbeugenden Anzeige noch den Fall der provozierten Anzeige. Eine solche soll vorliegen, wenn der Insolvenzverwalter Verbindlichkeiten eingeht, deren Nichterfüllung er, sobald Masseunzulänglichkeit angezeigt ist, einkalkuliert[458]. Mit anderen Worten geht er Masseverbindlichkeiten ein, um die Insuffizienz der Masse herbeizuführen. Hierbei handelt es sich nicht um eine Frage des richtigen und zulässigen Zeitpunktes der Anzeige der Masseunzulänglichkeit, sondern um eine Haftungsfrage. Im Falle einer provozierten Anzeige wird der Verwalter typischerweise aus § 61 InsO haften. Nimmt man mit *Hefermehl* an, dass der Insolvenzverwalter die Anzeige der Masseunzulänglichkeit durch die Eingehung von Masseverbindlichkeiten trotz von vornherein zweifelhafter vertragsgemäßer Begleichung provoziert[459], handelt es sich dabei geradezu um einen Paradefall der persönlichen Haftung des Verwalters nach § 61 InsO[460]. Denn er konnte bei Begründung der Verbindlichkeit die voraussichtliche Insuffizienz nicht nur erkennen, sondern hat sie sogar billigend in Kauf genommen. Gerade der Vermeidung dieser Haftung jedoch soll die Anzeige der Masseunzulänglichkeit dienen. Noch schwerer als die fehlende Haftungsvermeidung wiegt die strafrechtliche Relevanz einer provozierten Anzeige der Masseunzulänglichkeit. Dem Verwalter droht eine Strafbarkeit wegen Bankrotts nach § 283 StGB, wenn er Verbindlichkeiten eingeht, deren Nichterfüllung er billigend in Kauf nimmt. Eine Kategorie der provozierten Unzulänglichkeitsanzeige ist insoweit abwegig.

Faktisch wird die Unzulässigkeit einer prophylaktischen Anzeige allerdings durch die Möglichkeit des Verwalters, auch eine drohende Masseunzulänglichkeit anzuzeigen, eingeschränkt. Ergibt der Liquiditätsplan des Verwalters eine künftige Unzulänglichkeit, hat er gemäß § 208 Abs. 1 S. 2 InsO dem Insolvenzgericht die (drohende) Masseunzulänglichkeit anzuzeigen.

d) Drohende Masseunzulänglichkeit

(i) Funktion

Der Tatbestand der drohenden Masseunzulänglichkeit hat im wesentlichen zwei Funktionen: Er begrenzt erstens durch die Separierungsfolge des § 209 InsO bereits frühzeitig die Haftungsrisiken des Insolvenzverwalters und bietet zweitens die Möglichkeit, die im Vergleich zur eingetretenen Masseunzulänglichkeit vorge-

---

457 MünchKomm-InsO/Hefermehl § 208 RdNr. 31.

458 Vgl. MünchKomm-InsO/Hefermehl § 208 RdNr. 32.

459 So MünchKomm-InsO/Hefermehl § 208 RdNr. 32.

460 Ähnlich auch Kübler/Prütting-Pape § 208 RdNr. 17 d, der die Eingehung unerfüllbarer Masseverbindlichkeiten ebenfalls eher als eine Frage der Haftung nach § 61 InsO ansieht.

lagerte Anzeige der drohenden Unzulänglichkeit als Abwicklungsinstrument zu nutzen.

Die Übergänge zwischen den verschiedenen Situationen der gerade noch zulänglichen, der drohend unzulänglichen und der bereits eingetretenen unzulänglichen Masse sind fließend. Das kann die konkrete Abgrenzung der unzulässigen vorbeugenden Anzeige zur gesetzlich vorgesehenen Möglichkeit der Anzeige der drohenden Unzulänglichkeit im Einzelfall schwierig machen. Zwar zeigt sich auch hier die Funktion des Liquiditätsplans: Der Verwalter ist nur dann berechtigt, die drohende Masseunzulänglichkeit anzuzeigen, wenn dies von seinem Liquiditätsplan gedeckt ist. Bereits in Kapitel C) III.2.2 wurde jedoch gezeigt, dass dem Verwalter sowohl im Hinblick auf die Bewertung der Massegegenstände als auch die Prognose ein Ermessensspielraum zusteht.

Dieser Ermessensspielraum ist insbesondere für die Abwicklungsmöglichkeiten des Verwalters im (drohend) masseunzulänglichen Verfahren relevant (vgl. hierzu auch sogleich Kapitel D) III.4.3.3)(iii)). Werden bspw. streitige Forderungen oder Verbindlichkeiten in die Massezulänglichkeitsberechnung eingestellt, so kann der Verwalter eine (jedenfalls *Ex-ante*) nahezu unüberprüfbare Bewertung dieser Positionen vornehmen, da die Einschätzung von Erfolgsaussichten insoweit schwerlich zu überprüfen sein wird. Die bloße Befürchtung, gegen die Masse könnten möglicherweise einmal Forderungen geltend gemacht werden, kann zwar nicht ausreichen, um drohende Masseinsuffizienz anzuzeigen, ebensowenig die hypothetische Annahme, die Masse könne zu irgendeinem Zeitpunkt in Anspruch genommen werden[461]. Solange und soweit sich der Verwalter bei der Einschätzung jedoch im Rahmen der dargestellten anerkannten Bewertungsgrundsätze bewegt, besteht für ihn auch ein gewisser Ermessensspielraum[462].

Die Funktion des Tatbestands der drohenden Masseunzulänglichkeit ist darüber hinaus vor dem Hintergrund des besonderen Haftungstatbestands des § 61 InsO zu sehen[463]. Aus dem Umkehrschluss zu der Exkulpationsvorschrift des § 61 S. 2 InsO ergibt sich, dass der Verwalter gemäß § 61 InsO bereits dann haftet, wenn er zum Zeitpunkt der Begründung der Masseverbindlichkeit erkennen konnte, dass die Masse voraussichtlich nicht zur Erfüllung ausreichen würde. Korrespondierend muss es dem Insolvenzverwalter möglich sein, bei einem Erkennen der drohenden Insuffizienz auch Masseunzulänglichkeit anzuzeigen. Sinn des § 208 Abs. 1 S. 2 InsO ist es deshalb auch, das Haftungsrisiko des Verwalters zu verringern[464].

---

461 Kübler/Prütting-Pape § 208 RdNr. 14.

462 Zur Subjektivität der Darstellung aufgrund des Ermessensspielraums bei der Prognose zukünftiger Gewinne i. R. d. Darstellung der Vermögenslage vgl. auch Winnefeld, Bilanz-Handbuch, Einführung, RdNr. 25.

463 In der KO war zwar eine drohende Masseunzulänglichkeit nicht vorgesehen, eine entsprechende Möglichkeit zur Anzeige wurde dem Verwalter nach herrschender Meinung aber gleichwohl zugestanden. Vgl. dazu Kilger/K. Schmidt § 60 KO RdNr. 2; Mohrbutter/Mohrbutter-Pape, VI, RdNr. 133.

464 Begr. zu § 318 RegE, abgedruckt in: Uhlenbruck, Das neue Insolvenzrecht, S. 571.

(ii) Ermittlung der drohenden Masseunzulänglichkeit, insbesondere: Liquiditätsplan

Der Tatbestand von § 208 Abs. 1 S. 2 InsO setzt sich zusammen aus den Elementen der Insuffizienz der Masse im Zeitpunkt der Fälligkeit sonstiger Masseverbindlichkeiten und deren Voraussichtlichkeit. Die Frage der Voraussichtlichkeit enthält ein zu den §§ 18 Abs. 2, 61 S. 2 InsO gleichlaufendes Prognoseelement[465]. Das Prognoseelement als Bestandteil der Liquiditätsplanung und wichtiger Anknüpfungspunkt für die Abwicklung des masseunzulänglichen Verfahrens kommt hier also erneut vor.

Die Beurteilung, ob die Masse zu einem bestimmten Zeitpunkt insuffizient ist, unterscheidet sich bei der drohenden Unzulänglichkeit nicht von der bereits eingetretenen. Voraussetzung einer Anzeige ist demnach, dass über einen Zeitraum von mindestens drei Wochen nur noch bis zu 90% der Masseverbindlichkeiten und Verfahrenskosten gedeckt sind[466].

„Voraussichtlich“ liegt die Masseunzulänglichkeit ebenso wie die Zahlungsunfähigkeit vor und „droht“ mithin, wenn der Eintritt der Unzulänglichkeit wahrscheinlicher ist als deren Nichteintritt[467].

Die drohende Masseunzulänglichkeit, die Parallelvorschrift zur drohenden Zahlungsunfähigkeit ist[468], wird im Wege einer zukunftsorientierten Gegenüberstellung der zur Verfügung stehenden liquiden Masse und der künftig fällig werdenden Verbindlichkeiten[469] ermittelt. Obwohl der Verwalter in der Art und Weise der Ermittlung der drohenden Masseunzulänglichkeit nach der Regelung des § 208 InsO grundsätzlich frei ist, ist er – wie auch im Rahmen von § 208 Abs. 1 S. 1 InsO – durch die Anforderungen an den Entlastungsbeweis nach § 61 S. 2 InsO mittelbar gehalten, einen ordnungsgemäßen Liquiditätsplan zu führen.

Insbesondere für die Betriebsfortführung gilt: Ausstehende Forderungen und künftige Geschäftsentwicklung sind für die Dauer der Fortführung realistisch einzuschätzen. Kommt der Verwalter zu dem Ergebnis, dass an einer Realisierung in angemessener Zeit ernsthafte Zweifel bestehen, so müssen diese Forderungen unberücksichtigt bleiben. Nach dem Maßstab des IDW Prüfungsstandards 800 können nur solche Forderungen berücksichtigt werden, mit deren Zufluss der Insolvenzverwalter rechnen kann. Dies ist definitiv nicht der Fall, wenn er Einwendungen oder Einreden des Zahlungspflichtigen zu erwarten hat oder möglicher Zahlungsstockungen des Drittschuldners gewahr wird. Im Ergebnis entscheidet eine Risikoabwägung; denn der Insolvenzverwalter trägt das haftungsträchtige Risiko, dass der von ihm unterstellte Liquiditätszufluss nicht wie geplant zustande kommt.

---

465 Uhlenbruck/Uhlenbruck § 208 RdNr. 3.

466 Vgl. Kapitel D) III.4.3.a).

467 So Smid zu den Begriffen in den korrespondierenden Vorschriften der §§ 18 Abs. 1, 61 InsO, Leonhardt/Smid/Zeuner-Smid § 61 RdNr. 3.

468 Begr. zu § 318 RegE, abgedruckt in: Uhlenbruck, Das neue Insolvenzrecht, S. 572.

469 Hess/Weis/Wienberg § 208 RdNr. 27.

Die vormals vorgeschlagene separate Massezulänglichkeitsberechnung[470] ist daneben nicht mehr erforderlich, da sie im wesentlichen mit dem ohnehin zu führenden Liquiditätsplan übereinstimmt. Die Parameter einer kontinuierlich und perspektivisch für die Zukunft fortgeschriebenen Aufstellung von liquider Masse und Verbindlichkeiten finden sich bereits im Liquiditätsplan.

„Zukunftsorientierte Gegenüberstellung“ bedeutet, dass die Masse zwar zunächst die bestehenden Masseverbindlichkeiten erfüllen können muss und insoweit zuallererst auf den Bestand der Verbindlichkeiten abgestellt wird. In die Beurteilung der liquiden Masse sind jedoch auch Masseschulden aus künftigen Abwicklungsmaßnahmen einzubeziehen[471]. Das gilt jedenfalls dann, wenn die Entstehung dieser Verbindlichkeiten vorhersehbar ist, wie z. B. bei den Löhnen und Gehältern von Arbeitnehmern[472].

Der Liquiditätsplan hat hier darüber hinaus eine weitere Funktion: Er begründet durch die Fortschreibung des Geschäftsgangs die Pflicht zur plangemäßen Betriebsfortführung, von der der Insolvenzverwalter nicht abweichen darf. Diese Beschränkung der Abwicklungsmöglichkeiten des Insolvenzverwalters ist vor dem Hintergrund der Begrenzung seiner Haftungsrisiken durch die Separierung nach § 209 InsO gerechtfertigt.

(iii) Zeitpunkt der Anzeige als Abwicklungsinstrument

Die gesetzliche Formulierung in § 208 Abs. 1 S. 2 InsO („Gleiches gilt ...“) legt es nahe, bei der drohenden ebenso wie bei der bereits eingetretenen Masseunzulänglichkeit eine Anzeigepflicht des Insolvenzverwalters anzunehmen. Demnach wäre die drohende Masseunzulänglichkeit anzuzeigen, sobald die Masse mit überwiegender Wahrscheinlichkeit die bestehenden Verbindlichkeiten im Zeitpunkt ihrer Fälligkeit nicht mehr erfüllen kann.

Trotz dieses Gesetzeswortlauts wird – wie bereits zuvor angesprochen – dem Insolvenzverwalter überwiegend ein gewisser Ermessensspielraum hinsichtlich des Zeitpunkts der Anzeige zugestanden[473]. Dies folgt vordergründig bereits aus dem Prognoseelement, welches dem Begriff der Voraussichtlichkeit innewohnt, sowie dem Beurteilungsspielraum, was die Bewertung der einzelnen (beispielsweise streitigen) Masseverbindlichkeiten und -forderungen betrifft[474]. Wesentlich ist je-

---

470 OLG Karlsruhe ZIP 2003, 267 zur Haftung des Verwalters bei fehlender eigener Liquiditätsrechnung; vgl. auch Hess/Weis/Wienberg § 208 RdNr. 25. Ein weithin akzeptierter Vorschlag für eine Masseunzulänglichkeitsberechnung stammt von Möhlmann, Die Berichterstattung im neuen Insolvenzverfahren, S. 121 ff., insb. S. 124; dargestellt auch bei Kübler/Prütting-Pape § 208 RdNr. 16 a. Eine solche Planung dürfte nun jedoch überflüssig sein.

471 MünchKomm-InsO/Hefermehl § 208 RdNr. 21.

472 Uhlenbruck/Uhlenbruck § 208 RdNr. 7.

473 Vgl. nur Braun/Kießner § 208 RdNr. 23; Kübler/Prütting-Pape § 208 RdNr. 15 a; MünchKomm-InsO/Hefermehl § 208 RdNr. 21; Uhlenbruck/Uhlenbruck § 208 RdNr. 10. Auch Pape/Hauser, RdNr. 334 ff.

474 MünchKomm-InsO/Hefermehl § 208 RdNr. 28.

doch das überschaubare Haftungsrisiko des Verwalters, solange weder neue Masseverbindlichkeiten begründet noch bereits begründete aus einer unzulänglichen Masse befriedigt werden müssen. Zutreffend ist jedenfalls anzunehmen, dass der Verwalter, solange die Masseunzulänglichkeit lediglich droht, zwar das Recht, aber nicht die Pflicht hat, Masseunzulänglichkeit anzuzeigen[475].

Er kann somit im Zeitraum der drohenden Masseunzulänglichkeit in dem Spannungsfeld zwischen betrieblichen (Sanierungs-)Bedürfnissen und Haftungsrisiken faktisch darüber entscheiden, welche Verbindlichkeiten gemäß § 209 Abs. 1 Nr. 2 InsO voll erfüllt werden sollen und welche nur quotal. Der Verwalter hat zu bedenken, dass eine verfrühte Anzeige der drohenden Masseunzulänglichkeit dazu führen kann, dass Verbindlichkeiten aus Dauerschuldverhältnissen in stärkerem Umfang zu neuen – und damit voll zu befriedigenden – Masseverbindlichkeiten werden, als dies bei einer späteren Anzeige der Fall gewesen wäre[476]. Er kann andererseits in der Phase vor der Anzeige fällige Verbindlichkeiten noch voll begleichen, die nach einer Anzeige aufgrund der „Insolvenz in der Insolvenz" nur anteilig befriedigt werden könnten – freilich unter Beachtung seiner Haftungsrisiken (ausführlich dazu Kapitel C) III.). Der Ermessensspielraum hinsichtlich des Zeitpunkts der Anzeige kann deshalb für die Abwicklung des masseunzulänglichen Verfahrens von erheblicher Bedeutung sein, etwa wenn bei Lieferanten, die für eine Fortsetzung der Betriebsfortführung im masseunzulänglichen Verfahren oder der Ausproduktion benötigt werden, Masseverbindlichkeiten bestehen, die noch vor der Anzeige berichtigt werden sollen.

Die Wahl des richtigen Zeitpunkts der Anzeige der Masseunzulänglichkeit kann gleichwohl nicht ausschließlich nach taktischen Gesichtspunkten erfolgen[477].

Denn bei einem solchen Vorgehen, das zwar unter Abwicklungsgesichtspunkten gewünscht sein kann, setzt sich der Verwalter erheblichen Haftungsrisiken aus und kann sich gleichzeitig leicht außerhalb der gesetzlichen Verfahrensabwicklung befinden[478]. Die in Kapitel C) III untersuchte Judikatur des BGH[479] bestimmt die Grenzen des Einsatzes der Anzeige der drohenden Masseunzulänglichkeit als Abwicklungsinstrument für den Verwalter.

Der Verwalter haftet bei einer verfrühten oder unberechtigten Anzeige der Masseunzulänglichkeit grundsätzlich den unberechtigt zurückgesetzten Massegläubigern nach § 60 InsO[480]. Er ist außerdem nicht befugt, hinsichtlich einzelner Massegläubiger eine unterschiedliche Risikoverteilung vorzunehmen[481]. Der BGH hat klargestellt, dass der Verwalter verpflichtet ist, vor jeder Verteilung der Masse zu

475 Braun/Kießner § 208 RdNr. 24.
476 Braun/Kießner § 208 RdNr. 39.
477 Braun/Kießner § 208 RdNr. 42.
478 Pape, Überprüfbarkeit der Anzeige der Masseunzulänglichkeit, S. 1226.
479 Insbesondere BGHZ 159, 104 ff.
480 Vgl. Kapitel C) III.3.2.a)(i).
481 BGHZ 159, 104, 114, 115. Vgl. hierzu auch Kapitel C) III.3.2.b)(i).

kontrollieren, ob die anderen Masseverbindlichkeiten rechtzeitig und vollständig aus der verbleibenden Insolvenzmasse gezahlt werden können. Ist dies nicht der Fall, sind die gleichrangigen Masseverbindlichkeiten nur anteilig zu befriedigen. Der Insolvenzverwalter hat sich demnach an seinen Liquiditätsplan zu halten – ergibt sich hieraus die (drohende) Masseunzulänglichkeit, ist er zur vollständigen Befriedigung einzelner Masseverbindlichkeiten nicht berechtigt. Ein Abweichen von seinem Liquiditätsplan ist nicht zulässig.

Für den Zeitpunkt der Anzeige der drohenden Masseunzulänglichkeit ergibt sich damit unter Haftungsgesichtspunkten folgendes: Anzuknüpfen ist an den Zeitpunkt, für den der Entlastungsbeweis nach § 61 S. 2 InsO zu führen ist; mithin also die *Begründung* der Verbindlichkeit. Wie bereits dargestellt, ist für die Bestimmung des Zeitpunktes der Begründung grundsätzlich maßgebend, wann der anspruchsbegründende Tatbestand materiell-rechtlich abgeschlossen ist[482].

Dies bedeutet für den Zeitpunkt der Unzulänglichkeitsanzeige *vice versa*, dass der Verwalter die drohende Unzulänglichkeit – wenn sie denn erkennbar ist – grundsätzlich spätestens anzuzeigen hat, bevor er einen Vertrag abschließt. In besonders gelagerten Fällen kann eine Anzeige aber auch noch nach dem Vertragsschluss erforderlich sein, weil insoweit auch der gemäß § 61 InsO relevante Haftungszeitpunkt nach hinten verlagert wird. Der Insolvenzverwalter ist dann nämlich nicht dadurch von der Haftung befreit, dass bei Vertragsschluss eine drohende Masseunzulänglichkeit noch nicht erkennbar war. Vielmehr wird hier auf den späteren Zeitpunkt der Finalisierung der vertragsmäßigen Leistung abgestellt. Eine Vereinbarung eines bloßen Liefertermins genügt freilich nicht, um den Zeitpunkt für eine „Begründung der Verbindlichkeit" hinauszuschieben[483].

Es ist dem Verwalter deshalb in dem Spannungsfeld zwischen Haftung und Unternehmensfortführung unter dem Gesichtspunkt der Risikominimierung zu raten, die Insuffizienz möglichst frühzeitig anzuzeigen, weil andernfalls die Gefahr der persönlichen Haftung gemäß § 61 InsO verschärft auftritt[484]. Tatsächlich besteht deshalb für den Verwalter aufgrund des Haftungsrisikos aus § 61 InsO ein erheblicher Zwang, bereits die drohende Masseunzulänglichkeit anzuzeigen[485].

Eine zusätzliche Grenze zieht die gerichtliche Aufsicht über den Verwalter. Das aufsichtsführende Insolvenzgericht vermag anhand der zu Berichtszwecken vom Plan zum Status zu verdichtenden Liquiditätsrechnung zu erkennen, dass Masseunzulänglichkeit vorliegt. Ein Verweis des Verwalters gegenüber dem Gericht auf seinen Ermessensspielraum hinsichtlich des konkreten Zeitpunkts der Anzeige wird typischerweise nicht möglich sein. Angesichts der Diskussion über eine stärkere Aufsicht des Insolvenzgerichts über den Verwalter und die entsprechenden gesetzgeberischen Bemühungen in Form des Entwurfs des GAVI wird dieser Punkt

482 Vgl. Kapitel C) III.2.2.b).
483 BGHZ 159, 104, 117.
484 So schon Kübler, Massearme Insolvenzverfahren, RdNr. 28.
485 MünchKomm-InsO/Hefermehl § 208 RdNr. 30.

relevanter werden[486]. Während derzeit anzunehmen ist, dass das Insolvenzgericht die Liquiditätssituation im jeweiligen Verfahren ggf. stichprobenartig durch Anforderung von Zwischenberichten zu überprüfen hat, sieht der Entwurf des GAVI zukünftig eine halbjährliche Berichtspflicht des Verwalters vor. Der verdichtete Liquiditätsstatus anhand des IDW Prüfungsstandards 800 ermöglicht dem Insolvenzgericht eine transparente Überprüfung der Rechnung.

Unter dem Gesichtspunkt einer optimalen und masseeffizienten Verfahrensabwicklung erscheinen dagegen bei der Bestimmung des Zeitpunkts der Anzeige der drohenden Masseunzulänglichkeit im rechtlich zulässigen Rahmen auch Gesichtspunkte der wirtschaftlichen Optimierung beachtenswert. Maßgeblich für die rechtliche Zulässigkeit ist der Liquiditätsplan des Insolvenzverwalters. Der Liquiditätsplan reduziert das Ermessen des Verwalters hinsichtlich des Zeitpunktes der Anzeige.

(iv) Verhältnis der Anzeige der drohenden zur Anzeige der eingetretenen Masseunzulänglichkeit

Zwischen den Anzeigen wegen eingetretener und drohender Masseunzulänglichkeit besteht kein Rangverhältnis, sie sind aufgrund des Haftungsgleichlaufs bei drohender und eingetretener Unzulänglichkeit gemäß § 61 InsO gleichwertig[487].

Die unterschiedlichen gesetzlichen Arten der Masseinsuffizienz haben demnach keine unterschiedlichen Auswirkungen. Auch die drohende Masseunzulänglichkeit setzt die Rangordnung des § 209 InsO in Kraft; beide lösen dieselben Rechtsfolgen aus[488].

e) Temporäre Masseunzulänglichkeit

Über die gesetzliche Regelung des § 208 Abs. 1 InsO hinaus zeigen Insolvenzverwalter in der Praxis häufig eine temporäre (drohende) Masseunzulänglichkeit an. Es ist umstritten, ob die Anzeige einer temporären Masseunzulänglichkeit überhaupt zulässig ist – und bejahendenfalls, welche tatbestandlichen Voraussetzungen welche Rechtsfolgen hervorrufen. Eng mit der Frage der temporären Masseunzulänglichkeit ist auch die Frage der Rückkehr in das Regelinsolvenzverfahren verbunden. Denn wenn sich die Masseunzulänglichkeit nur als temporär (drohend) herausstellt und insoweit die Zulänglichkeit der Masse wieder hergestellt ist, entfallen die Voraussetzungen der besonderen Befriedigungsrangfolge des § 209 InsO.

---

486 Ausführlich zum derzeitigen Stand der Diskussion und einer möglichen Haftung des Insolvenzgerichts bei ungenügender Aufsicht Rechel, Aufsicht des Insolvenzgerichts über den Insolvenzverwalter.

487 Uhlenbruck/Uhlenbruck § 208 RdNr. 3.

488 Vgl. Kübler/Prütting-Pape § 208 RdNr. 14 und Begr. zu § 318 RegE, abgedruckt in: Uhlenbruck, Das neue Insolvenzrecht, S. 571.

(i) Funktion

Unter temporärer oder vorübergehender Masseunzulänglichkeit wird der Fall verstanden, dass die Masse zwar nicht ausreichend ist, die Masseverbindlichkeiten, seien sie bereits oder erst in Zukunft fällig, im Zeitpunkt ihrer Fälligkeit zu decken, jedoch begründete Aussichten bestehen, dass sie aufgrund vorhandener realisierbarer Vermögenswerte zu einem späteren Zeitpunkt wieder zulänglich wird[489]. Mit anderen Worten, der von dem Verwalter prognostizierte Gesamterlös reicht grundsätzlich zur Deckung aller Masseverbindlichkeiten aus[490].

So beispielsweise, wenn sich in der Masse noch Vermögensgegenstände befinden, die erst längerfristig liquidierbar sind. Oder aussichtsreiche Anfechtungsprozesse rechtshängig sind, deren Beendigung jedoch noch nicht absehbar ist. Diese Vermögensgegenstände stehen im Zeitpunkt der jeweiligen Fälligkeiten der Masseverbindlichkeiten nicht zur Verfügung[491]. Da der Begriff der Insolvenzmasse anhand deren Funktionsweise – wie gesehen – liquiditätsorientiert zu verstehen ist und die Masse bereits dann unzulänglich ist, wenn über einen Zeitraum von mindestens drei Wochen der Deckungsgrad von 90% der jeweils fälligen Verbindlichkeiten unterschritten ist[492], ist der Verwalter auch in dieser Situation berechtigt und verpflichtet, (drohende) Masseunzulänglichkeit anzuzeigen.

Die Anzeige der temporär (drohenden) Masseunzulänglichkeit dient als Signal sowohl an das Insolvenzgericht als auch die an Masse- und Insolvenzgläubiger, dass es sich voraussichtlich nur um eine vorübergehende Unterdeckung von Masseverbindlichkeiten handelt. Der Insolvenzverwalter wird versuchen, sich dadurch Abwicklungsoptionen offen zu halten. Dies kann besonders im Rahmen einer Betriebsfortführung relevant sein. Einerseits aus eher psychologischer Sicht: Rechnet der Insolvenzverwalter selbst mit einer Besserung/Vergrößerung der Masse, mögen potentielle Geschäftspartner eher zu einer (weiteren) Zusammenarbeit bereit sein. Andererseits auch in rechtlicher Hinsicht: Es ist strittig, ob nach Anzeige der Masseunzulänglichkeit eine Betriebsfortführung noch zulässig ist. Dies wird – entgegen der hier vertretenen Auffassung – häufig mit der Begründung abgelehnt, dass mit der Anzeige eine Pflicht des Verwalters zur möglichst raschen Liquidation eintritt[493]. Ist allerdings aufgrund des Liquiditätsplans des Insolvenzverwalters von vorneherein absehbar, dass die Masseunzulänglichkeit voraussichtlich nur vorübergehend ist, sich das Verfahren demnach nicht dauerhaft ändert, besteht auch kein Bedürfnis für die Annahme eines veränderten Verfahrenszwecks.

---

489 Kübler/Prütting-Pape § 208 RdNr. 12a; MünchKomm-InsO/Hefermehl § 208 RdNr. 25f. Vgl. auch Kröpelin, Massearme Insolvenz, RdNr. 189, die richtigerweise darauf hinweist, dass die temporäre Masseunzulänglichkeit sowohl drohend als auch eingetreten sein kann.

490 Kröpelin, Massearme Insolvenz, RdNr. 189.

491 MünchKomm-InsO/Hefermehl § 208 RdNr. 25, vgl. auch BGH ZInsO 2004, 609, 612.

492 Vgl. Kapitel D) III.4.3.a).

493 So Kübler/Prütting-Pape § 208 RdNr. 20; Uhlenbruck/Uhlenbruck § 208 RdNr. 20. Vgl. hierzu ausführlich Kapitel F) II.2.2.a).

Das temporär unzulängliche Verfahren ist damit gleichsam der Prototyp des masseunzulänglichen Verfahrens, das durch eine optimale Abwicklung auf seine eigene Auflösung gerichtet ist. Das masseunzulängliche Verfahren erfüllt dann seinen Sinn, wenn durch geschickte Abwicklungsmaßnahmen die Masseunzulänglichkeit beseitigt wird. Vergleichbar dem drohend masseunzulänglichen Verfahren ist der Insolvenzverwalter auch im temporär (drohenden) Verfahren an die Maßnahmen seines Liquiditätsplans gebunden, die nach dem Plan aus der Masseunzulänglichkeit herausführen.

Zur Haftungsminimierung ist die Anzeige der temporär (drohenden) Masseunzulänglichkeit allerdings nicht geeignet. Wie bereits in Kapitel C) III.2.1 erörtert, ist es für die Einstandspflicht aus § 61 InsO unerheblich, ob der Verwalter drohende, eingetretene oder temporär (drohende) Masseunzulänglichkeit anzeigt. Zutreffend hat der BGH in seiner Entscheidung vom 17. Dezember 2004 darauf hingewiesen, dass Massegläubiger unabhängig von der Art der Anzeige danach nicht in der Lage sind, ihre Ansprüche selbst durchzusetzen, sondern darauf angewiesen sind, den weiteren Verlauf des Insolvenzverfahrens abzuwarten[494]. Dies ist konsequent, geht man – wie hier – davon aus, dass die Anzeige der temporär (drohenden) Masseunzulänglichkeit keine anderen Rechtsfolgen hat als die gesetzlichen vorgesehenen nach § 208 Abs. 1 InsO.

(ii) Zulässigkeit der Anzeige einer temporären Masseunzulänglichkeit als Abwicklungsinstrument

Im Ausgangsfall 1 hat der BGH ausdrücklich offengelassen, ob der Insolvenzverwalter in einer Situation, in der er vorübergehend nicht zur vollständigen Befriedigung aller fälligen und einredefreien Masseverbindlichkeiten in der Lage ist, eine zeitweilige Masseunzulänglichkeit anzeigen muss[495].

Vereinzelt wird die Zulässigkeit einer solchen Anzeige abgelehnt. Insbesondere *Uhlenbruck* ist der Auffassung, dass die Bejahung einer temporären Masseunzulänglichkeit zu grob unbilligen Ergebnissen für Verwalter und Schuldner führe[496]. Er sieht die Gefahr, dass eine Verfahrenseröffnung trotz mangelnder Verfahrenskostendeckung in einem nicht unerheblichen Zeitraum beispielsweise den Verwalter zur jahrelangen „Abwehrschlacht“ gegenüber Finanzämtern und Verwaltungsbehörden zwingen könne[497]. Es sei zudem für den Schuldner unzumutbar, dass sein Restvermögen über Jahre hinweg dem Insolvenzbeschlag unterliegt, nur weil nach langer Zeit mit einem Vermögenszufluss in die Masse zu rechnen ist.

---

494 BGH ZIP 2005, 311, 312.

495 BGHZ 159, 104, 115.

496 Uhlenbruck, Masseunzulänglichkeit, S. 410.

497 Uhlenbruck, Masseunzulänglichkeit, S. 410; in dem von ihm kritisierten Beschluss des AG Hamburg NZI 2000, 140, 141, handelte es sich um mind. 2 Jahre, bis die Verfahrenskosten gedeckt sein sollten.

Dabei handelt es sich jedoch nicht um eine Frage der temporären Masse*unzulänglichkeit,* sondern vielmehr der zeitweiligen Verfahrenskostenunterdeckung, mithin also der temporären Masse*losigkeit*.

Bei vorübergehender Unterdeckung der sonstigen Masseverbindlichkeiten hingegen kann das Insolvenzverfahren weiterhin seine Ordnungsfunktion erfüllen; die Weiterführung eines solchen Verfahrens ist weder für Verwalter noch für den Schuldner unzumutbar. Im Gegenteil: Ergibt sich aus dem Liquiditätsplan des Insolvenzverwalters, dass und unter welchen Voraussetzungen die Unterdeckung nur vorübergehend ist, ist er umfassend zur Abwicklung nach § 208 Abs. 3 InsO befugt. Die Funktion der temporären Anzeige kann dann unter psychologischen Gesichtspunkten noch Vorteile für die Beteiligten bieten.

Die Anzeige der temporär (drohenden) Masseunzulänglichkeit hat keine anderen Rechtsfolgen als die gesetzlichen vorgesehenen nach § 208 Abs. 1 InsO; d.h. es kommt zu der Befriedigungsrangfolge nach § 209 InsO, dem Vollstreckungsverbot für Alt-Masseverbindlichkeiten nach § 210 InsO etc.[498] Gründe für die Unzulässigkeit der temporären Unzulänglichkeitsanzeige sind deshalb nicht erkennbar. Mit der Anzeige einer temporären Masseunzulänglichkeit sind keine gesetzlich nicht vorgesehenen Eingriffe in Rechte von Verfahrensbeteiligten im materiellen Sinn verbunden. Maßstab für die Zulässigkeit ist insoweit § 1 InsO. Danach sind die Entscheidungen im Insolvenzverfahren am Ziel der gemeinschaftlichen Gläubigerbefriedigung – nach Anzeige der Masseunzulänglichkeit sind Gläubiger i.d.S. die Massegläubiger – auszurichten[499]. Maßnahmen, die diese Voraussetzung – wie die Anzeige einer temporären Masseunzulänglichkeit – erfüllen, sind grundsätzlich zulässig.

f) Rückkehr in das Regelinsolvenzverfahren

Fraglich ist, wie zu verfahren ist, wenn die Einschätzung der Masseunzulänglichkeit als lediglich temporär zutreffend ist und die Suffizienz der Masse tatsächlich wieder hergestellt wird. Was – im Vorgriff auf Kapitel F) – die Folge ist, wenn das masseunzulängliche Verfahren optimal abgewickelt wird und die Masse zur Befriedigung der sonstigen Masseverbindlichkeiten ausreicht.

Zu untersuchen ist demnach, ob eine Rückkehr in das Regelinsolvenzverfahren zulässig ist, wenn nach vorübergehender Unzulänglichkeit eine Masse vorhanden ist, die über die zur Befriedigung der Neu-Masseverbindlichkeiten notwendige hinaus hinreichend ist. Soweit diese Frage bejaht wird, sind in der Folge die konkreten Handlungsalternativen des Insolvenzverwalters zu untersuchen.

---

498 Vgl. hierzu sogleich Kapitel E).
499 HK-InsO/Kirchhof § 1 RdNr. 2, 5. Vgl. hierzu ausführlich Kapitel F) I.

D) Massekostenarmut und Masseunzulänglichkeit

(i) Problemstellung

Auf die Berichterstattung des Insolvenzverwalters, der den Liquiditätsplan zum Status verdichtet hat, mag das Insolvenzgericht im Rahmen seiner auch im masseunzulänglichen Verfahren bestehenden Aufsichtspflicht nach § 58 InsO feststellen, dass die Masse nicht mehr unzulänglich ist.

Eine mögliche Rückkehr in das Regelinsolvenzverfahren wurde vom Gesetzgeber allerdings nicht geregelt.

Deshalb wird teilweise vertreten, dass eine solche Rückkehr unzulässig sei. Die Anzeige der Masseunzulänglichkeit sei nicht umkehrbar, weil dadurch die Befriedigungsreihenfolge der Massegläubiger gemäß § 209 InsO unwiderruflich geändert würde[500].

1. Ablehnender Beschluss des AG Hamburg vom 2. Februar 2000 – Az. 67c IN 157/99

Mit Beschluss vom 2. Februar 2000 hat das AG Hamburg ein Insolvenzverfahren eröffnet, obwohl nach dem Gutachten des vorläufigen Insolvenzverwalters mit einem Zeitraum von ca. zwei Jahren bis zum Eintritt einer Verfahrenskosten deckenden Masse gerechnet werden musste[501]. Dem lag vereinfacht folgender Sachverhalt zugrunde:

Insolvenzschuldnerin war eine GmbH, deren einzige Aktivmasseposition ein Pflichteinlageanspruch gegen einen Gesellschafter der ihr angewachsenen Kommanditgesellschaft war. Über das Vermögen dieses Gesellschafters war bereits das Insolvenzverfahren eröffnet worden; der Insolvenzverwalter (gleichzeitig Verwalter in dem Verfahren über das Vermögen des einlagepflichtigen Gesellschafters) prognostizierte eine Quote von ca. 0,9%. Mit einer Abschlagszahlung rechnete er frühestens in zwei Jahren nach Eröffnung. Er empfahl, mangels zeitnah liquider Masse und Unzumutbarkeit des Vorschusses der Verfahrensauslagen durch den Verwalter selbst, das Verfahren nicht zu eröffnen. Das AG Hamburg hat das Verfahren dennoch eröffnet.

Im Rahmen der Erörterung der Unzumutbarkeit der Erfüllung der Steuerklärungspflicht des Verwalters gegenüber dem Finanzamt betont das AG Hamburg, dass der Insolvenzverwalter im Zeitraum der temporären Verfahrenskostenunterdeckung alles zu tun habe, um die Begründung von Masseverbindlichkeiten zu verhindern. Gelänge das nicht und würde daraufhin Masseunzulänglichkeit angezeigt, so sei eine Rückkehr in das normale Insolvenzverfahren unmöglich[502].

Das Gericht begründet dies damit, dass sich durch die Anzeige der Masseunzulänglichkeit die Reihenfolge der Befriedigung der Gläubiger bis zur Einstellung des Verfahrens gemäß §§ 209, 211 InsO unwiderruflich ändere. Es sieht die Gefahr,

---

500 AG Hamburg NZI 2000, 140, 141.
501 AG Hamburg NZI 2000, 140, 141.
502 AG Hamburg NZI 2000, 140, 141.

dass durch eine Rückkehrmöglichkeit eine Situation eintritt, in der (gemäß § 209 Abs. 1 Nr. 2 InsO vorweg zu berücksichtigende) Neu-Massegläubiger nicht voll befriedigt werden, während Insolvenzgläubiger eine Quote erlangen.

Das AG sieht demnach nur die Möglichkeit, im Wege einer Nachtragsverteilung nach §§ 211 Abs. 3, 203, 205 InsO etwaig noch vorhanden Teilungsmasse auszuschütten.

2. *Stellungnahme*

Die Auffassung des AG Hamburg, die gesetzlich nicht vorgesehene Rückkehr ins Regelinsolvenzverfahren sei unmöglich, überzeugt nicht.

Die von dem Gericht befürchtete Schlechterstellung der Neu-Massegläubiger droht nicht. Die Rückkehr in das Regelinsolvenzverfahren stellt für die Neu-Massegläubiger keine Verschlechterung gegenüber der Situation im unzulänglichen Verfahren dar. Im Regelverfahren sind die Verbindlichkeiten gegenüber den Massegläubigern nach § 53 InsO vorweg zu berichtigen. Gläubiger von Masseverbindlichkeiten können ihre Forderungen im Rahmen von § 90 InsO vollstrecken. Die Stellung der Massegläubiger in der Regelinsolvenz ist mithin derjenigen der Neu-Massegläubiger im masseunzulänglichen Verfahren nach §§ 208ff. InsO vergleichbar. Sollten Insolvenzgläubiger eine Quote erhalten, ohne dass die Massegläubiger vollständig und vorweg befriedigt würden, so würde dies zu einer Haftung des Insolvenzverwalters aus § 60 InsO wegen schuldhafter Verteilungsfehler führen. Obgleich mit der Rückkehr in das Regelverfahren die Vollstreckungssperre für Alt-Massegläubiger nach § 210 InsO und damit die Privilegierung der Neu-Massegläubiger aufgehoben wird, fehlt es wegen der Haftung des Insolvenzverwalters für Verteilungsfehler an einer erhöhten Schutzbedürftigkeit. Hinzu kommt, dass § 210 InsO nicht unmittelbar dem Schutz der Neu-Massegläubiger dient. Normzweck ist die Sicherung eines ordnungsgemäßen Insolvenzverfahrens und der Vermeidung einer vorzeitigen Aushöhlung der Insolvenzmasse[503].

Zu demselben Ergebnis würde es führen, wenn im unzulänglichen Verfahren Alt-Massegläubiger eine Quote erhielten, ohne dass die vorrangig nach § 209 Abs. 1 Nr. 2 InsO zu befriedigenden Neu-Massegläubiger vollständig bedient würden. Denn auch hier kann es zu einer Situation der Insuffizienz kommen, in der selbst die Neu-Masseverbindlichkeiten vom Insolvenzverwalter nicht vollständig befriedigt werden können[504]. Die Folge einer nicht vollständigen Befriedigung, nämlich die Haftung nach §§ 60, 61 InsO, ist im unzulänglichen dieselbe wie im Regelverfahren. Um eine persönliche Haftung zu verhindern, wird der Verwalter deshalb sehr darauf bedacht sein, die vorrangigen Verbindlichkeiten zu erfüllen. Jedenfalls ist die vom AG Hamburg gesehene Benachteiligungsgefahr nicht größer als beim Verbleib im masseunzulänglichen Verfahren. Hingegen bedeutet die Rückkehr-

503 HambKomm-InsR/Weitzmann § 210 InsO RdNr. 1; MünchKomm-InsO/Hefermehl § 210 RdNr. 1.

504 Vgl. hierzu nachfolgend Kapitel E).

möglichkeit einen Vorteil für die Alt-Massegläubiger, weil diese einen Abschluss der Masseverwertung dann nicht abwarten müssen, sondern der Insolvenzverwalter bereits während der noch laufenden Masseverwertung neben den Neu-Masseverbindlichkeiten auch die Alt-Masseverbindlichkeiten befriedigen kann[505].

Historische Gründe vermögen die Annahme des AG Hamburg nicht zu stützen. Aus den Gesetzesmaterialien zur InsO lassen sich keine Anhaltspunkte für eine Unwiderruflichkeit der Masseunzulänglichkeitsanzeige entnehmen. Im Hinblick auf die Regelung des § 211 Abs. 3 InsO, dessen entsprechende Anwendung das AG annimmt, ist festzustellen, dass der Gesetzgeber lediglich die Mängel der KO für den Fall nach Einstellung ermittelter Masse beheben wollte[506]. Wegen der fehlenden gesetzlichen Regelung während der Geltung der KO war damals unklar, ob eine Nachtragsverteilung auch im masseunzulänglichen Verfahren zulässig ist[507]. Zur Klarstellung erfolgte die ausdrückliche Regelung des § 211 Abs. 3 InsO. Ein Eingriff in die Abwicklung nach §§ 208f. InsO war mit § 211 Abs. 3 InsO nicht bezweckt.

Das Ziel des Insolvenzverfahrens ist in erster Linie die gemeinschaftliche Befriedigung der Insolvenzgläubiger. Die Verfahrensabwicklung dient nur im Ausnahmefall der Insuffizienz den Massegläubigern[508]. Nur dann ist die besondere Rangfolge des § 209 InsO mit dem Vollsteckungsverbot des § 210 InsO anzuwenden; ist die Masse wieder zulänglich, darf § 209 InsO nicht angewendet werden[509]. § 211 Abs. 3 InsO dient der vollständigen Haftungsrealisierung des schuldnerischen Vermögens, wenn nach der Verfahrenseinstellung im masseunzulänglichen Verfahren noch Vermögensgegenstände ermittelt werden[510]. Die Norm dient damit der Fortsetzung des Zwecks des masseunzulänglichen Verfahrens nach dessen Aufhebung. Denn das masseunzulängliche Verfahren soll der Ordnungs- und Regelungsfunktion des Insolvenzrechtes gerecht werden und die vollständige Abwicklung des schuldnerischen Vermögens vor Einstellung herbeiführen[511]. Es war vom Gesetzgeber gerade nicht gewollt, dass ein Verfahren nach § 211 InsO eingestellt und eine Nachtragsverteilung nach § 211 Abs. 3 InsO erforderlich wird, obwohl schon vor Einstellung eine danach verbleibende Teilungsmasse ersichtlich ist.

Hinzu kommt, dass es eine fehlende Rückkehrmöglichkeit dem dolos handelnden Insolvenzverwalter ermöglichen könnte, sich hinter der Anzeige der Masseunzulänglichkeit mit den Folgen der Rangsrückstufung etc. zu verstecken. Weder das Insolvenzgericht, wiewohl möglicherweise im Rahmen seiner Beobachtung durch einen Zwischenbericht über die ausreichende Liquidität informiert, könnte hier-

---

505 Kröpelin, Massearme Insolvenz, RdNr. 561, 562.

506 Begr. zu § 324 RegE, abgedruckt in: Uhlenbruck, Das neue Insolvenzrecht, S. 580.

507 MünchKomm-InsO/Hefermehl § 211 RdNr. 4.

508 MünchKomm-InsO/Hefermehl § 208 RdNr. 55; Leonhardt/Smid/Zeuner-Smid § 1 RdNr. 32.

509 Kübler/Prütting-Pape § 208 RdNr. 23.

510 MünchKomm-InsO/Hefermehl § 211 RdNr. 1, 21.

511 Allgemeine Begründung zur Insolvenzordnung, Ziffer 4a), abgedruckt in: Uhlenbruck, Das neue Insolvenzrecht, S. 242.

gegen etwas unternehmen noch ein möglicher anderer/neuer Insolvenzverwalter, da die Rückkehr versperrt wäre. Schließlich spricht gegen den Ausschluss der Rückkehrmöglichkeit, dass das Verfahren nach §§ 208ff. InsO keinen Status normiert, sondern Verhaltensweisen unter bestimmten Bedingungen – nämlich der Illiquidität – festschreibt.

Verfahrenstechnisch würde die Versagung einer Rückkehr in das Regelverfahren die umständliche Folge haben, dass nach § 211 Abs. 3 i. V. m. § 205 InsO das Gericht eine Nachtragsverteilung anordnet, in deren Rahmen aufgrund eines Schlussverzeichnisses der Nachtrag unter den Massegläubigern zu verteilen ist. Bei einer Rückkehr in das Regelverfahren könnten die Ansprüche der Massegläubiger hingegen nach § 53 InsO außerhalb des Insolvenzverfahrens direkt befriedigt werden. Weder eine Anordnung des Insolvenzgerichts noch die Erstellung eines Schlussverzeichnisses wären hierfür erforderlich.

Letztlich spricht auch die gesetzlich vorgesehene Möglichkeit des Insolvenzverwalters, die drohende Masseunzulänglichkeit anzuzeigen, für eine Rückkehrmöglichkeit[512]. Es wäre wider den Normzweck der §§ 208, 209 InsO, wenn das Verfahren als masseunzulängliches nach § 211 InsO eingestellt werden muss mit der Folge einer Nachtragsverteilung, wenn sich die Prognose des Insolvenzverwalters hinsichtlich der Insuffizienz als unzutreffend erweist.

Im Ergebnis sprechen demnach weder eine besondere Schutzbedürftigkeit der Neu-Massegläubiger, noch historische oder teleologische Gründe für die Ansicht des AG Hamburg. Die Rückkehr in das Regelinsolvenzverfahren nach Wiederherstellung einer suffizienten Masse ist zulässig[513].

(ii) Verfahren und Form einer möglichen Rückkehr

Unklar ist, wie eine solche Rückkehr in das Regelinsolvenzverfahren formal erfolgen kann. Teilweise wird ein Beschluss des Insolvenzgerichts über die Rückkehr gefordert[514]. Nach anderer Auffassung soll analog § 208 InsO ausreichend sein, dass der Verwalter dem Gericht die eingetretene Massezulänglichkeit anzeigt und eine öffentliche Bekanntmachung erfolgt[515]. Eine dritte Meinung hält hingegen weder eine öffentliche Bekanntmachung noch gar einen Beschluss des Insolvenzgerichts für erforderlich[516].

---

512 Braun/Kießner § 208 RdNr. 20.

513 Zustimmend bspw. auch BK-InsO/Breutigam § 208 RdNr. 28; Häsemeyer, Verfahren bei Masseunzulänglichkeit, S. 359; HambKomm-InsR/Weitzmann § 208 InsO RdNr. 14; HK-InsO/Landfermann § 208 RdNr. 22; Kröpelin, Massearme Insolvenz, RdNr. 586; Mäusezahl, Abwicklung masseunzulänglicher Insolvenzverfahren, S. 621; Leonhardt/Smid/Zeuner-Smid § 208 RdNr. 22, 23; Uhlenbruck/Uhlenbruck § 208 RdNr. 31.

514 So A. Schmidt, Rückkehr zum „normalen" Insolvenzverfahren, S. 444; dagegen aber Leonhardt/Smid/Zeuner-Smid § 208 RdNr. 22, 23.

515 ArbG Kiel ZInsO 2002, 893, 894; Kübler/Prütting-Pape § 208 RdNr. 24; MünchKomm-InsO/Hefermehl § 208 RdNr. 55.

516 Braun/Kießner § 208 RdNr. 21.

(iii) Stellungnahme

Richtigerweise ist davon auszugehen, dass bei der Rückkehr in formaler Hinsicht entsprechend § 208 Abs. 1 und Abs. 2 InsO vorzugehen ist. Ein besonderer Beschluss des Insolvenzgerichts ist für die Rückkehr in das Regelverfahren nicht erforderlich. Die Rückkehr stellt sich als *actus contrarius* zur Anzeige der Masseunzulänglichkeit dar[517].

Dies folgt aus einem *e-contrario*-Schluss zu der Regelung in § 208 InsO. Ob die Masseunzulänglichkeit tatsächlich vorliegt, wird bei deren Anzeige durch den Insolvenzverwalter gerichtlich nicht überprüft. Es ist nicht ersichtlich, woraus eine solche Prüfungskompetenz des Gerichts für den gesetzlich nicht geregelten Fall der Rückkehr in das Regelverfahren erwachsen sollte. Während die fehlende Prüfungskompetenz/Justiziabilität bei der Anzeige durchaus zweifelhaft ist, ist bei Wiedereintritt der Massezulänglichkeit kein Grund für eine Überprüfung erkennbar. Denn durch die Rückkehr in das Regelverfahren wird nicht in Rechte der Verfahrensbeteiligten eingegriffen. Die Neu-Massegläubiger behalten ihre vorzugsweisen Befriedigungsrechte und die Alt-Massegläubiger erlangen ihre wieder zurück.

Die Rückkehr in das Regelinsolvenzverfahren kann aber ebenso wenig ohne Bekanntmachung nach außen erfolgen. Denn die Publizität der Anzeige der Unzulänglichkeit muss beseitigt werden[518]. Für alle Verfahrensbeteiligten muss zu jedem Zeitpunkt eindeutig feststehen, nach welchen Vorschriften die Insolvenz abgewickelt wird[519]. Ein Wechsel zwischen den Verfahrensarten ohne ausreichende Publizität ist zudem nicht im Interesse des Verwalters. Denn ein nicht dokumentiertes Hin und Her würde ihn erst Recht dem möglicherweise haftungsträchtigen, jedenfalls aber abwicklungserschwerenden Vorwurf der gesetzwidrigen Befriedigung aussetzen[520]. Die Alt-Massegläubiger müssen darüber informiert sein, welche Rechte ihnen zustehen, und sich nicht darauf verlassen müssen, dass der Verwalter – zu einem von ihm gewählten Zeitpunkt – die sonstigen Masseverbindlichkeiten befriedigt[521].

Die Wiederherstellung der Massezulänglichkeit ist entsprechend § 208 Abs. 2 InsO öffentlich bekanntzumachen und den Massegläubigern besonders zuzustellen. Typischerweise wird die Aufgabe der Zustellung nach §§ 208 Abs. 2, 8 Abs. 3 InsO von dem Insolvenzgericht auf den Verwalter übertragen. In der Praxis wird der Verwalter das Gericht zusätzlich im Rahmen eines Zwischenberichts über die Wiederherstellung der Suffizienz informieren.

Gesonderte Erkundigungspflichten über den Adressatenkreis wird man für den Insolvenzverwalter nicht annehmen können. Hat er seit Anzeige der Masseunzulänglichkeit keine Kenntnis weiterer Alt-Masseverbindlichkeiten erlangt, ist als *ac-*

---

517 HamburgerKomm-InsO/Weitzmann § 208 RdNr. 9.
518 So ebenfalls Uhlenbruck/Uhlenbruck § 208 RdNr. 31.
519 MünchKomm-InsO/Hefermehl § 208 RdNr. 55.
520 Dazu auch Kübler/Prütting-Pape § 208 RdNr. 24.
521 So aber Braun/Kießner § 208 RdNr. 35.

tus contrarius zur Anzeige der Unzulänglichkeit die Zustellung der Wiederherstellungsanzeige an dieselben Alt-Massegläubiger ausreichend.

(iv) Rechtsfolgen der Rückkehr

Mit der Rückkehr in das Regelinsolvenzverfahren werden die besonderen Rechtsfolgen der Anzeige der Masseinsuffizienz aufgehoben. Mit der Anzeige der Massezulänglichkeit greift der allgemeine Verteilungsschlüssel der InsO wieder ein[522]. Die rechtlichen Wirkungen der angezeigten Masseunzulänglichkeit entfallen mit *Ex-nunc* Wirkung durch den Eingang der Anzeige der wiederhergestellten Suffizienz bei Gericht. Die Abwicklung erfolgt dann erneut nach den allgemeinen Vorschriften.

Wird die Insolvenzmasse nach Rückkehr in das Regelverfahren nochmals unzulänglich, ist eine erneute Anzeige der Masseunzulänglichkeit nach § 208 Abs. 1 InsO zulässig[523]. Die erneute Anzeige nach Rückkehr in das Regelverfahren stellt die systematisch zutreffende Vorgehensweise dar. Es handelt sich um das vom Gesetzgeber für das Regelinsolvenzverfahren vorgesehene Verfahren.

(v) Verzinsungspflicht nach Rückkehr für die Zeit der Unzulänglichkeit?

Vereinzelt werden in der Insolvenzpraxis von Alt-Massegläubigern Zinsansprüche oder (sozialversicherungsrechtliche) Säumniszuschläge wegen der Verzögerung der Leistung geltend gemacht. Sie verlangen nach Beseitigung der Insuffizienz und Rückkehr in das Regelinsolvenzverfahren neben der Befriedigung der Hauptforderung Verzugszinsen oder Säumniszuschläge für den Zeitraum der Nichtbefriedigung.

Anspruchsgrundlage für die Geltendmachung von Verzugszinsen sind grundsätzlich §§ 280 Abs. 1, Abs. 2, 286 i.V.m. § 288 BGB. Dies setzt nach § 286 BGB einen durchsetzbaren Anspruch des Gläubigers voraus. An der Durchsetzbarkeit fehlt es allerdings grundsätzlich schon bei Bestehen einer Einrede[524]. Bereits daran dürfte ein Anspruch auf Zahlung von Verzugszinsen für die Zeit der Masseunzulänglichkeit scheitern. Denn die Anzeige der Masseunzulänglichkeit berührt die verfahrens- und vollstreckungsmäßige Durchsetzbarkeit der betroffenen Forderung. Es entsteht eine Einrede, die zu einem Leistungsverweigerungsrecht des Insolvenzverwalters bezüglich der Alt-Masseverbindlichkeiten führt[525]. Dies folgt aus der mit der Anzeige einhergehenden Rückstufung der Altverbindlichkeiten nach § 209 Abs. 1 Nr. 2 InsO und dem Vollstreckungsverbot für Alt-Masseverbindlichkeiten gemäß § 210 InsO. Alt-Masseverbindlichkeiten können nach der Anzeige nicht mehr im Wege der Leistungsklage verfolgt werden, da einer solchen Klage das

522 Uhlenbruck/Uhlenbruck § 208 RdNr. 31.

523 Bejahend auch Uhlenbruck/Uhlenbruck § 208 RdNr. 31; Braun/Kießner § 208 RdNr. 36.

524 Palandt/Heinrichs § 286 RdNr. 12.

525 MünchKomm-Inso/Hefermehl § 208 RdNr. 62.

Rechtsschutzbedürfnis fehlt[526]. Aufgrund der Vorschrift des § 210 InsO sind diese Alt-Masseverbindlichkeiten auch bei bereits erfolgter Titulierung nicht durchsetzbar.

Überdies dürfte es regelmäßig auch an dem erforderlichen Verschulden für die Verzögerung der Erfüllung fehlen, weil der Insolvenzschuldner den Eintritt der Masseunzulänglichkeit und damit den Grund der Verzögerung regelmäßig weder fahrlässig noch vorsätzlich herbeigeführt hat. In diesem Fall gelänge dem Insolvenzverwalter für die Masse der nach § 286 Abs. 4 BGB mögliche Entlastungsbeweis. Die Annahme des fehlenden Verschuldens des Insolvenzschuldners liegt deshalb nahe, weil der Verwalter, hätte er den Eintritt der Masseunzulänglichkeit für die Masse verschuldet, wegen der Nichterfüllung der Alt-Masseverbindlichkeiten der persönlichen Haftung nach §§ 60, 61 InsO ausgesetzt wäre. Das jedoch wird jeder Verwalter regelmäßig zu vermeiden suchen. Deshalb werden den Alt-Massegläubigern wegen der Verzögerung grundsätzlich auch keine Ansprüche gegen den Insolvenzverwalter persönlich nach §§ 60, 61 InsO zustehen.

Auch ein Recht zur Erhebung von Säumniszuschlägen nach § 24 SGB IV dürfte bei Masseunzulänglichkeit in der Regel nicht bestehen[527]. Danach ist die Erhebung von Säumniszuschlägen bei rückständigen Beiträgen oder Beitragsvorschüssen zwar zwingend vorgesehen. Ein Ermessen ist den Sozialversicherungsträgern nicht mehr eingeräumt.

Dies gilt grundsätzlich auch im Insolvenzverfahren[528]. Bleibt der Verwalter fällige Beiträge als Masseverbindlichkeiten säumig, so hat er die entsprechenden Zuschläge ebenfalls als Masseverbindlichkeiten zu berichtigen. Allerdings dürfte insoweit anzunehmen sein, dass im Falle der Masseunzulänglichkeit keine Säumniszuschläge anfallen. Die Anzeige der Masseunzulänglichkeit führt zum zwingenden Eintritt der Befriedigungsrangfolge des § 209 InsO. Das Vollstreckungsverbot des § 210 InsO gilt auch für öffentlich-rechtliche Alt-Masseverbindlichkeiten.

Dies folgt aus dem Zweck der Säumniszuschläge: Sie sollen als Druckmittel dienen und zugleich mit der Verzögerung einhergehende Zinsverluste ausgleichen[529]. Dieser Zweck kann im masseunzulänglichen Verfahren nicht erreicht werden.

---

526 Vgl. nur Leonhardt/Smid/Zeuner-Smid § 208 RdNr. 25.

527 Für die Beurteilung dürfte es nach der Gesetzesanpassung des 2. SGB-Änderungsgesetzes von 1995 unerheblich sein, ob als Rechtsgrundlage § 24 SGB Abs. 4 oder § 240 AO in Betracht kommt. Wegen der identischen Ausgestaltung mit § 24 SGB Abs. 4 wird aus Gründen der Übersichtlichkeit § 240 AO nicht gesondert aufgeführt; die Ausführungen gelten aber gleichermaßen.

528 BSG ZIP 1984, 1513.

529 KassKomm-Seewald § 24 SGB Abs. 4 RdNr. 15.

IV. Zwischenergebnis

Zur Abwicklung eines masseunzulänglichen Verfahrens kommt es, wenn weder vor noch nach Eröffnung des Insolvenzverfahrens Massekostenarmut auftritt. Die Abgrenzung zwischen Massekostenarmut und Masseunzulänglichkeit ist typischerweise im Wege der Prognose vorzunehmen und ähnelt einer Wette. Das masseunzulängliche Verfahren ist von dem Verwalter nur für den Zeitraum durchzuführen, für den sich aus seinem Liquiditätsplan ergibt, dass Neu-Masseverbindlichkeiten beglichen werden können. Der Verwalter ist verpflichtet, seinen Liquiditätsplan zu beachten; ergibt sich hieraus die (drohende) Masseunzulänglichkeit, ist er zur vollständigen Befriedigung nicht berechtigt. Ein Abweichen vom Liquiditätsplan ist deshalb nicht zulässig.

Das masseunzulängliche Insolvenzverfahren ist grundsätzlich auf seine eigene Überwindung und damit die Rückkehr in das Regelverfahren gerichtet. Prototyp des masseunzulänglichen Verfahrens ist deshalb das (temporär) drohende masseunzulängliche Verfahren. Die Anzeige einer (drohend) temporären Masseunzulänglichkeit durch den Insolvenzverwalter ist zulässig. Sie hat allerdings keine anderen Rechtsfolgen als die Anzeige der gesetzlich vorgesehenen Varianten nach § 208 Abs. 1 InsO. Gleichwohl kann sie auch wegen der damit verbundenen Außenwirkung für die weitere Abwicklung des (vorübergehend masseunzulänglichen) Insolvenzverfahrens sinnvoll sein. Maßgeblich für die rechtliche Zulässigkeit taktischer Abwicklungsmaßnahmen ist der Liquiditätsplan des Insolvenzverwalters.

Nach Wiederherstellung einer zulänglichen Masse ist die Rückkehr in das Regelinsolvenzverfahren zulässig. Die Alt-Massegläubiger müssen sich nicht auf eine Nachtragsverteilung gemäß § 211 InsO Abs. 3 nach Einstellung des Verfahrens verweisen lassen. Weder gegen den Insolvenzschuldner noch gegen den Insolvenzverwalter persönlich bestehen nach Rückkehr Ansprüche auf Zahlung von Verzugszinsen oder Säumniszuschlägen.

Nach Rückkehr in das Regelinsolvenzverfahren ist eine erneute Anzeige der Masseunzulänglichkeit zulässig; die §§ 208ff. InsO sind direkt anwendbar.

E) Auswirkungen und Rechtsfolgen der Anzeige der Masseunzulänglichkeit

I. Allgemein

Nachdem aufgezeigt wurde, wie Massekostenarmut und Masseunzulänglichkeit voneinander abzugrenzen sind und welche Erscheinungsformen der Masseunzulänglichkeit existieren, kommen wir zur Untersuchung der Rechtsfolgen der Anzeige der Masseunzulänglichkeit.

Wie bereits zu Beginn der Arbeit vorangestellt, hat die Anzeige der Masseunzulänglichkeit für die Beteiligten des Insolvenzverfahrens erhebliche Auswirkungen. Für die weitere Verfahrensabwicklung nach Anzeige der Masseunzulänglichkeit sind insbesondere der Fortbestand der Abwicklungspflicht, die Veränderung der Befriedigungsrangfolge der Massegläubiger sowie das Vollstreckungsverbot betreffend Alt-Masseforderungen nach § 210 InsO relevant.

Für den Eintritt der Rechtsfolgen ist es unerheblich, ob die Anzeige nach § 208 Abs. 1 S. 2 InsO wegen drohender oder nach § 208 Abs. 1 S. 1 InsO wegen bereits eingetretener Masseunzulänglichkeit erfolgt oder ob der Verwalter temporär (drohende) Masseunzulänglichkeit anzeigt. Die Wirkungen der jeweiligen Anzeige sind dieselben[530]. Entscheidend für den Zeitpunkt des Übergangs in das masseunzulängliche Verfahren ist der Eingang der Anzeige des Verwalters nach § 208 Abs. 1 InsO bei Gericht. Die Veröffentlichung der Anzeige der Masseunzulänglichkeit nach § 208 Abs. 2 InsO hat nur deklatorische Wirkung[531].

II. Fortbestand der Abwicklungspflicht, § 208 Abs. 3 InsO

Die meisten Schwierigkeiten bereitet in der Praxis der Fortbestand der Abwicklungspflicht des Insolvenzverwalters. Er bleibt nach § 208 Abs. 3 InsO auch nach Anzeige der Masseunzulänglichkeit zur Verwaltung und Verwertung der Masse verpflichtet.

Nach Auffassung des Gesetzgebers soll sein Amt mit seinen Rechten und Pflichten grundsätzlich unangetastet bleiben[532]. Der Insolvenzverwalter hat weiterhin die

---

530 OLG Frankfurt NZI 2005, 40; HK-InsO/Landfermann § 208 RdNr. 13; Kübler/Prütting-Pape § 208 RdNr. 14.

531 Pape, in: Mohrbutter/Ringstmeier, § 12 RdNr. 81.

532 Begr. zu § 320 RegE, abgedruckt in: Uhlenbruck, Das neue Insolvenzrecht, S. 574; auch Leonhardt/Smid/Zeuner-Smid § 208 RdNr. 17.

ihn aus §§ 80, 148ff. InsO treffenden Pflichten zu erfüllen[533]; er hat, wie im Regelinsolvenzverfahren, die „Ist-Masse" zur „Soll-Masse" zu führen. Die konkrete Ausgestaltung seiner Rechte und Pflichten nach der Unzulänglichkeitsanzeige ist allerdings offen. Die Pflicht zur weiteren Tätigkeit korrespondiert eng mit dem aus der Anzeige folgenden Eintritt der Befriedigungsrangfolge nach § 209 InsO. Durch die mit dem Vorrang der Neu-Masseverbindlichkeiten gewonnene Handlungsfreiheit wird der Insolvenzverwalter in die Lage versetzt, diese Pflicht zu erfüllen[534].

Unterschiedliche Auffassungen bestehen zu der Frage, ob der Insolvenzverwalter sich bei Masseunzulänglichkeit stärker als sonst um eine unverzügliche Liquidation der Insolvenzmasse bemühen muss[535].

1. Normative Wertung der §§ 208ff. InsO

Im Gesetzgebungsverfahren der InsO legte der Gesetzgeber besonderen Wert auf die Regelung des masseunzulänglichen Verfahrens in den §§ 208ff. InsO[536]. Der Gesetzgeber hatte erkannt, dass die nur fragmentarische Regelung der KO zu Verwerfungen in der Verfahrensabwicklung führte. Dies zum einen deshalb, weil dem Konkursverwalter in der KO kein Verfahren bereitgestellt wurde, das es ihm ohne übermäßiges Haftungsrisiko ermöglichte, seine Tätigkeit bis zur vollständigen Verwertung der Masse fortzusetzen[537]. Bei Begründung von Neu-Masseverbindlichkeiten, die er nur anteilig befriedigen konnte, drohte die Gefahr der persönlichen Inanspruchnahme. Zum anderen lief der Konkursverwalter aufgrund der Nachrangigkeit seiner eigenen Vergütungs- und Auslagenansprüche Gefahr, die Verfahrensabwicklung unentgeltlich durchzuführen[538]. Ein Vorwegbefriedigungsrecht für Neu-Massegläubiger war in der KO nicht vorgesehen. Als der BGH mit Entscheidung vom 15. Februar 1984[539] die von Wissenschaft und Praxis entwickelten Grundsätze zur Vorwegbefriedigung der Neugläubiger ablehnte, führte dies zu verfahrensrechtlich kaum zu beherrschenden Konsequenzen. Nicht nur wurden die Konkursverfahren bei Masseunzulänglichkeit in der Folge wegen der Haftungs- und Ausfallrisiken ohne eine vollständige Verwertung der Masse vorzeitig

---

533 Leonhardt/Smid/Zeuner-Smid § 208 RdNr. 17.

534 HK-InsO/Landfermann § 208 RdNr. 13; MünchKomm-InsO/Hefermehl § 209 RdNr. 1; Smid, Abwicklung masseunzulänglicher Verfahren, S. 1318, 1322.

535 Für eine nur begrenzte Fortsetzung und zügige Liquidation: BGH ZInsO 2002, 879, 881; FK-InsO/Kießner § 208 RdNr. 15; MünchKomm-InsO/Hefermehl § 208 RdNr. 46; Kübler/Prütting-Pape § 208 RdNr. 20; Uhlenbruck/Uhlenbruck § 208 RdNr. 20. Ablehnend bspw.: HK-InsO/Landfermann § 208 RdNr. 14.

536 Kübler, Massearme Insolvenzverfahren, RdNr. 1, spricht von einem bedeutenden Regelungskomplex des neuen Rechts.

537 Begr. zu § 318 RegE, abgedruckt in: Uhlenbruck, Das neue Insolvenzrecht, S. 571; Kübler, Massearme Insolvenzverfahren, RdNr. 13.

538 Uhlenbruck, Konkurs im Konkurs, S. 813.

539 BGH ZIP 1984, 612.

beendet[540]. Selbst bei einer Fortführung des Verfahrens fehlte im Gesetz aber ein Schutz vor Vollstreckungsmaßnahmen der Massegläubiger, durch die eine Befriedigung entgegen der Rangfolge des § 60 KO vereitelt wird[541]. Auch bei einer Fortführung des Verfahrens war die Masse also nicht vor gesetzwidrigen Aushöhlungen geschützt.

Der Gesetzgeber hat, um hier Abhilfe zu schaffen, mit den neuen §§ 208ff. InsO die Trennung zwischen Alt- und Neu-Masseverbindlichkeiten sowie vor allem deren unterschiedliche Befriedigungsrangfolge kodifiziert. An Stelle der Rangfolge in § 60 KO, die kompliziert und nicht in allen Einzelheiten überzeugend war, ist die einfache und praktikable Regelung des § 209 Abs. 1 InsO getreten. Außerdem wurde in § 210 InsO ein gesetzliches Vollstreckungsverbot[542] normiert. Die InsO richtet damit ein formalisiertes Verfahren zur Handhabung der Lage bei Masseunzulänglichkeit ein, das der KO fehlte[543].

Die normative Wertung der §§ 208ff. InsO liegt nach der Gesetzesbegründung in der Bereitstellung eines Verfahrens, das eine ordnungsgemäße Tätigkeit des Insolvenzverwalters ohne übermäßiges Haftungsrisiko ermöglicht. Der Insolvenzverwalter soll zum Nutzen der Beteiligten die Verwaltung und Verwertung der Masse fortführen können, ohne gleichsam automatisch der persönlichen Haftung ausgesetzt zu sein. Hierzu wurde in § 209 InsO die unterschiedliche Befriedigungsrangfolge zwischen Neu- und Alt-Massegläubigern festgesetzt. Gleichzeitig soll auch die Masse vor Eingriffen der Alt-Massegläubiger im Wege der Zwangsvollstreckung geschützt werden, weshalb die Individualvollstreckung nach erfolgter Anzeige gemäß § 210 InsO *ex lege* unzulässig ist[544]. Die Regelungen dienen einer geordneten Abwicklung der weiteren Masseverwertung; die Anzeige der Masseunzulänglichkeit und der daran anknüpfende Vorrang der nach dieser Anzeige begründeten Neu-Masseverbindlichkeiten geben dem Verwalter in dieser Lage die zur Fortsetzung seiner Tätigkeit unerlässliche Handlungsfreiheit zurück[545].

Rechtspolitisch haben die Eröffnung masseunzulänglicher Verfahren und der Fortbestand der Verwertungs- und Verteilungspflicht des Insolvenzverwalters auch die Funktion, der unter Geltung der KO verbreiteten Flucht in die Massearmut einen Riegel vorzuschieben[546]. Ferner sollen durch die Eröffnung masseunzulänglicher Verfahren die rechtlichen und tatsächlichen Möglichkeiten für den Insolvenzverwalter geschaffen werden, um ein Verfahren aus der Masseunzulänglichkeit he-

540 MünchKomm-InsO/Hefermehl § 208 RdNr. 6; Kübler/Prütting-Pape § 208 RdNr. 18; Uhlenbruck, Konkurs im Konkurs, S. 811.

541 Begr. zu § 318 RegE, abgedruckt in: Uhlenbruck, Das neue Insolvenzrecht, S. 571.

542 Vgl. Begr. zu § 321 RegE und Beschl.-Empfehlung des RechtsA zu § 234 d, abgedruckt in: Uhlenbruck, Das neue Insolvenzrecht, S. 575 und 577.

543 BAG ZInsO 2002, 889, 890.

544 Smid, Abwicklung masseunzulänglicher Verfahren, S. 1318.

545 Braun/Kießner § 208 RdNr. 1.

546 MünchKomm-InsO/Hefermehl § 208 RdNr. 1; Leonhardt/Smid/Zeuner-Smid § 208 RdNr. 1; Smid, Abwicklung masseunzulänglicher Verfahren, S. 1320.

rauszuführen[547]. Dies dient wiederum dem vom Gesetzgeber verfolgten allgemeinen Zweck der vollständigen Abwicklung des schuldnerischen Vermögens, so dass im Anschluss hieran für eine außergerichtliche Liquidation kein Bedürfnis mehr besteht[548]. Dies entspricht schließlich der beabsichtigten Vermögensorientierung des Insolvenzverfahrens[549].

2. Pflichten des Insolvenzverwalters nach § 208 Abs. 3 InsO

Für die Frage nach der Bestimmung der Pflichten des Insolvenzverwalters hinsichtlich der Verfahrensabwicklung nach Anzeige der Masseunzulänglichkeit ergibt sich aus der normativen Wertung zunächst folgendes Bild: Weder der Gesetzeswortlaut noch die Gesetzbegründung schränken die Abwicklungspflicht nach § 208 Abs. 3 InsO ausdrücklich ein.

2.1. Art und Weise der Verwertung

Grundsätzlich sind demnach verbliebene Massegegenstände nach den allgemeinen Regeln der §§ 148ff. InsO von dem Verwalter zu verwerten. Dies umfasst auch mit Absonderungsrechten belegte Gegenstände, §§ 165ff. InsO[550], und die Befriedigung von Aussonderungsrechten.

Ebenfalls ist die Prozessführung Bestandteil des Abwicklungsgebotes. Der Verwalter hat Prozesse, bei denen hinreichende Erfolgsaussichten bestehen, selbst dann zu führen, wenn keine ausreichende Kostendeckung besteht. Nach der Rechtsprechung des BGH erfüllt der Insolvenzverwalter mit der Prozessführung, wenn hinreichende Erfolgsaussichten bestehen, seine auch im masseunzulänglichen Verfahren bestehende Pflicht zur Massemehrung[551]. Dies gilt – entgegen einigen Stimmen in der Literatur – auch für Anfechtungsprozesse. Hierzu hat der BGH in den Jahren 2001 und 2003 entschieden, dass die Anzeige der Masseunzulänglichkeit für die Anfechtung grundsätzlich ohne Bedeutung ist[552]. Im Gegenteil: Die Pflicht des Insolvenzverwalters, Rückgewähransprüche aus § 143 InsO gerichtlich geltend zu machen, wenn die Prozessführung erfolgversprechend ist, entfällt auch nicht, wenn wegen Masseunzulänglichkeit das nach § 1 InsO im Vordergrund des Verfahrens stehende Ziel der Befriedigung der Insolvenzgläubiger nicht mehr er-

547 Smid, Abwicklung masseunzulänglicher Verfahren, S. 1313.

548 Allgemeine Begründung zum Regierungsentwurf, Ziffer 4 b), abgedruckt in: Uhlenbruck, Das neue Insolvenzrecht, S. 242; sowie Begr. zu Art. 22 EG InsO RegE, abgedruckt in: Uhlenbruck, Das neue Insolvenzrecht, S. 903.

549 Allgemeine Begründung zum Regierungsentwurf, Ziffer 3 a), abgedruckt in: Uhlenbruck, Das neue Insolvenzrecht, S. 232.

550 Leonhardt/Smid/Zeuner-Smid § 166 RdNr. 32.

551 BGH ZIP 2003, 2036.

552 BGH ZIP 2003, 2036; BGH ZIP 2001, 1641, 1643.

reicht werden kann[553]. Der Verwalter kann sich also u.U. auch im masseunzulänglichen Verfahren nach § 60 InsO schadensersatzpflichtig machen, wenn er mögliche Anfechtungsansprüche nicht innerhalb der zweijährigen Verjährungsfrist gemäß § 146 InsO geltend macht.

Der Verwalter steht allerdings vor dem Problem, dass er durch sämtliche Abwicklungshandlungen Kosten in Form von Neu-Masseverbindlichkeiten begründet (vgl. hierzu auch sogleich Kapitel E) III). Denn nach der Konzeption der Insolvenzordnung sind sämtliche Kosten, die der Bereinigung der „Ist-Masse“ zur „Soll-Masse“ dienen, Massekosten[554].

Die mit Einführung der §§ 208ff. InsO beabsichtigte Verringerung des Haftungsrisikos gelingt insoweit umfassend nur gegenüber den Alt-Massegläubigern i.S.v. § 209 Abs. 1 Nr. 3 InsO, deren Ansprüche zurückgestuft und nur noch quotal beglichen werden. Die Abwicklung des masseunzulänglichen Verfahrens setzt den Verwalter gegenüber den Neu-Massegläubigern nach § 209 Abs. 1 Nr. 2 InsO dem Haftungsrisiko nach § 61 InsO aus.

Sein Haftungsrisiko kann der Verwalter nur durch das Führen eines ordnungsgemäßen Liquiditätsplans minimieren. Die Anforderungen an den Liquiditätsplan unterscheiden sich dabei – wie zum Regelverfahren bereits in Kapitel C) III.2.2.a) dargestellt – je nach Art der Abwicklungstätigkeit. Die Abwicklung im masseunzulänglichen Verfahren, die gegenüber der Abwicklung des Regelinsolvenzverfahrens eine weitere Erschwerung bedeutet, wird der Verwalter in der Liquiditätsplanung im Rahmen des Prognoseelementes zu berücksichtigen haben.

Bei der Abwicklung führt typischerweise die Bedienung von Aus- und Absonderungsrechten zu besonderen Schwierigkeiten, so beispielhaft im Rahmen folgender Fälle:

Zur Aussonderung:

Nach Beginn der Mauterhebung für schwere Nutzfahrzeuge am 1. Januar 2005 gem. § 12 Autobahnmautgesetz werden zur automatischen Abbuchung der Mautbeträge von den Spediteuren häufig Fahrzeuggeräte, sogenannte *On-Board Units* (OBU), des Unternehmens Toll-Collect verwendet, da die OBU im Vergleich zur manuellen Maut-Abrechnung deutlich weniger Aufwand verursachen. Die OBU werden den Transportunternehmen leihweise von Toll-Collect zur Verfügung gestellt und verbleiben in deren Eigentum. Die nutzenden Transportunternehmen tragen nach den zugrundeliegenden vertraglichen Regelungen die Kosten für den Einbau sowie den Ausbau der OBU bei Beendigung der Geschäftsbeziehung.

Über das Vermögen eines Speditionsunternehmens, in deren geleasten LKW die OBU eingebaut wurden, wird das Insolvenzverfahren eröffnet.

---

553 BGH ZIP 2003, 2036.
554 Leonhardt/Smid/Zeuner-Smid § 47 RdNr. 51.

Zur Absonderung:

Das Speditionsunternehmen ist darüber hinaus Eigentümer des Betriebsgrundstücks, das allerdings wertausschöpfend belastet ist.

In beiden Fällen ist der Verwalter gezwungen, Masseverbindlichkeiten i. S. v. § 55 Abs. 1 InsO zu begründen, die als Neu-Masseverbindlichkeiten nach § 209 Abs. 1 Nr. 2 InsO vorrangig zu befriedigen sind. Sorgfältige Aufbewahrung und Ausbau der OBU sind Bestandteil der gesetzlichen Pflichten des Verwalters gemäß §§ 148 Abs. 1, 153, 159 InsO.

Im Rahmen des Beispiels des belasteten Betriebsgrundstücks sieht sich der Verwalter zwei wenig attraktiven Alternativen gegenübergestellt: Er kann einerseits eine Verwertung des Grundstücks anstreben, erreicht damit allerdings – abhängig von der Qualität des Grundstücks und den Interessen der Gläubiger – typischerweise selbst bei Abschluss einer Verwertungsvereinbarung lediglich einen geringen Massebeitrag. Er kann andererseits das Grundstück freigeben, verliert als Folge aber jegliche Aussicht auf eine Steigerung der Masse. Von dem in Alternative 1 zu erzielenden Massebeitrag sind die verursachten Gemeinkosten abzuziehen. Die im Zusammenhang mit dem Unterhalt und der Erfüllung der Verkehrssicherungspflichten entstehenden Gemeinkosten sind Masseverbindlichkeiten, nach Anzeige der Masseunzulänglichkeit Neu-Masseverbindlichkeiten.

Auch die im Zusammenhang mit der oben beschriebenen fortbestehenden Pflicht zur Prozessführung entstehenden Kosten sind Masseverbindlichkeiten nach § 55 Abs. 1 Nr. 1 InsO. Zwar ist im Regelverfahren umstritten, ob der Grundsatz der Einheitlichkeit der Kostenentscheidung im Insolvenzverfahren wegen der Eigenheiten des Insolvenzverfahrens Modifikationen erfährt[555]. Um Neu-Masseverbindlichkeiten handelt es sich jedoch, wenn der Gebührentatbestand nach Anzeige der Masseunzulänglichkeit vollendet wurde. Dies ist immer dann der Fall, wenn ein Kostenerstattungsanspruch aus einer erst nach Anzeige der Masseunzulänglichkeit rechtshängig gewordenen Klage resultiert[556].

Es ergibt sich demnach folgendes Bild: Die Abwicklungspflicht nach § 208 Abs. 3 InsO beinhaltet grundsätzlich dieselben Pflichten, wie im Regelverfahren. Die Abwicklungspflicht hat ihre normative Grenze deshalb dort, wo für den Verwalter eine weitere Tätigkeit unzumutbar würde, weil durch die Tätigkeit Verbindlichkeiten begründet werden, für deren Erfüllung er, da die Insolvenzmasse nicht ausreichend ist, persönlich haften würde[557]. Dies entspricht der gesetzgeberischen Intention bei Einführung der §§ 208ff. InsO zur Reduzierung der Haftungsrisiken des Verwalters. Das Vorliegen einer solchen Unzumutbarkeit ist eine Frage des Einzelfalls und von dem Verwalter ggf., bspw. gegenüber dem Insolvenzgericht,

---

555 Für eine Anwendung des Grundsatzes der Einheitlichkeit der Kostenentscheidung hinsichtlich § 93 ZPO z.B. BGH ZIP 2006, 2132, 2133. Dagegen u.a. Braun/Bäuerle § 55 RdNr. 11.

556 BGH NZI 2008, 735, 736.

557 So betreffend die Prozessführungspflicht des Verwalters schon BAG NJW 1999, 517, 518.

durch Vorlage des Liquiditätsplans, darzulegen. Aus dem Liquiditätsplan hat sich dann für die fragliche Abwicklungsmaßnahme (bzw. das fragliche Bündel von Abwicklungsmaßnahmen) zu ergeben, dass die Insolvenzmasse zur Erfüllung der durch die Maßnahme(n) verursachten Kosten nicht ausreicht. Die normative Grenze der persönlichen Haftung folgt, schreibt man die Rechtsprechung des BVerfG zur Vergütung des Verwalters[558] fort, auch aus dem Schutz der Berufsausübungsfreiheit nach Art. 12 GG. Die Pflicht zur Fortsetzung von Verwaltung und Verwertung nach § 208 Abs. 3 InsO stellt geradezu einen klassischen Eingriff in die Berufsausübungsfreiheit dar. Der Eingriff ist dann verfassungsrechtlich nicht mehr zulässig, wenn er zur persönlichen Haftung führt.

Welche Rechte das Abwicklungsgebot des § 208 Abs. 3 InsO für den Verwalter begründet, ob es insbesondere die übertragende Sanierung und die Sanierung im Wege eines Insolvenzplans zulässt oder gar vorschreibt, wird in Kapitel F) II.2.1 ausführlich untersucht.

2.2. Umstellung des Liquiditätsplans

Die Anzeige der Masseunzulänglichkeit führt auch dazu, dass der Insolvenzverwalter seinen Liquiditätsplan umzustellen hat.

Wie bereits in Kapitel C) III.1 erörtert, dient § 61 InsO der Milderung des gegenüber den allgemeinen Gefahren erhöhten Risikos des Vertragsabschlusses mit einem insolventen Vertragspartner. Die gesetzliche Wertung der Norm bezieht sich dabei nur auf die Interessenlage des potentiellen Massegläubigers[559].

Der BGH hat zum Ausgangsfall 1 ausgeführt, dass das erhöhte Risiko im Regelverfahren in der deutlich höheren Wahrscheinlichkeit einer Zahlungsunfähigkeit des insolventen Partners liegt. Deshalb muss sich der Verwalter vergewissern, ob er bei normalem Geschäftsverlauf zu einer rechtzeitigen und vollständigen Erfüllung der von ihm begründeten Forderungen mit Mitteln der Masse in der Lage sein wird[560].

Das für den (Neu-)Massegläubiger mit einem Vertragsabschluss verbundene Risiko ist nach Eintritt der Masseunzulänglichkeit allerdings nochmals deutlich erhöht. Einen „normalen“ Geschäftsverlauf gibt es im masseunzulänglichen Verfahren kaum noch. Können auch die Massegläubiger nicht mehr vollständig befriedigt werden, ist eine Abwicklung, die über einzelne Verwertungsmaßnahmen hinausgeht, nur schwerlich vorstellbar. Stärker noch als im Regelverfahren dürfte die Bereitschaft zum Vertragsschluss sinken, wenn selbst die Vertragspartner, deren Forderungen durch Rechtshandlungen des Verwalters begründet wurden, nicht mehr

---

558 BVerfG ZIP 1993, 838.
559 BGHZ 159, 104, 109.
560 BGHZ 159, 104, 110.

vollständig beglichen werden. Eine Fortsetzung des Vertragsverhältnisses dürfte dann typischerweise nicht mehr in Betracht kommen.

Ausnahmen können in Betracht kommen, wenn die (drohende) Masseunzulänglichkeit als Abwicklungsinstrument bereits mit Verfahrenseröffnung angezeigt wird, um liquiditätswirksam das Entstehen von Leerkosten, bspw. nach § 108 InsO, zu vermeiden.

Die veränderte Risikolage ist im Liquiditätsplan des Verwalters widerzuspiegeln; an dessen Validität sind deshalb erhöhte Anforderungen zu stellen. Neben den bereits dargestellten Schwierigkeit wirkt sich der Eintritt der Masseunzulänglichkeit häufig auf der Forderungsseite aus: Drittschuldner werden versuchen, auch berechtigten Zahlungsverlangen des Insolvenzverwalters durch Geltendmachung von Gegenrechten, bspw. aufgrund behaupteter Mängel, zu entgehen. Für eine Entkräftung solcher Behauptungen fehlt es bei Masseunzulänglichkeit dann in der Regel an dem erforderlichen Know-How: der Großteil der Arbeitnehmer wird von dem Verwalter zur Vermeidung von Neu-Masseverbindlichkeiten gekündigt und freigestellt sein. Der Verwalter ist deshalb nach Eintritt der Masseunzulänglichkeit gezwungen, besonders vorsichtig zu handeln. Umso mehr gilt: Tätigkeiten, die Neu-Masseverbindlichkeiten entstehen lassen, deren Deckung sich nicht zweifellos aus dem angepassten Liquiditätsplan ergibt, sind unzulässig. Denn solche Tätigkeit führen zur Haftung gegenüber den Neu-Massegläubigern nach § 61 InsO und gegenüber der Gesamtheit der Alt-Massegläubiger nach § 60 InsO.

III. Rangfolge des § 209 InsO

§ 209 InsO enthält die zentrale Regelung für die Abwicklung masseunzureichender Verfahren. Die Vorschrift bestimmt die Rangfolge der Gläubiger bei der „Insolvenz in der Insolvenz“[561]. In ihr wird die Verteilungs- und Befriedigungsfolge der Masseverbindlichkeiten normiert. Sie bedeutet die Aufteilung der Masseverbindlichkeiten in verschiedene Rangklassen, nämlich die absolut vorrangigen Verfahrenskosten nach § 209 Abs. 1 Nr. 1 InsO, die Neu-Masseverbindlichkeiten i. S. v. § 209 Abs. 1 Nr. 2, Abs. 2 InsO und schließlich die nachrangigen Alt-Masseverbindlichkeiten nach § 209 Abs. 1 Nr. 3 InsO. Dabei sind zunächst alle Ansprüche einer Klasse vollständig zu befriedigen, bevor Auszahlungen auf die Verbindlichkeiten der nächsten Klasse zulässig sind[562]. Die Vorschrift soll sicherstellen, dass auch bei geringem Schuldnervermögen die Verwertung im Rahmen eines ordentlichen Verfahrens erfolgt[563].

---

561 Andres/Leithaus-Andres § 209 RdNr. 2; Leonhardt/Smid/Zeuner-Smid § 208 RdNr. 24.
562 FK-InsO/Kießner § 209 RdNr. 4.
563 FK-InsO/Kießner § 209 RdNr. 1.

1. Der absolute Vorrang der (vollständigen) Verfahrenskosten

Durch den in § 209 Abs. 1 Nr. 1 InsO normierten absoluten Vorrang der Verfahrenskosten wird sichergestellt, dass der Insolvenzverwalter im Hinblick auf die fortbestehende Verwertungs- und Verwaltungspflicht nicht unentgeltlich tätig wird. Die Priorität seiner Vergütungsansprüche vermeidet die zu Zeiten der KO bestehende Schutzlücke des verfassungsrechtlich verbürgten Vergütungsanspruchs. Der Gesetzgeber hat damit auf die zu § 60 KO ergangene Rechtsprechung des Bundesverfassungsgerichts reagiert, wonach diese Regelung mit Art. 12 GG nicht zu vereinbaren war[564]. Zuletzt hat der BGH in zwei Entscheidungen nochmals klargestellt, dass die Kosten des Insolvenzverfahrens auch gegenüber Neu-Masseverbindlichkeiten nach § 209 Abs. 1 Nr. 2 InsO absoluten Vorrang genießen[565].

Der Begriff der Verfahrenskosten entspricht dem des § 54 InsO[566]. Insoweit ist es – ebenso wie bei §§ 26, 54 InsO – im Rahmen des § 209 Abs. 1 Nr. 1 InsO umstritten, wie der Begriff der Kosten zu verstehen ist. Richtigerweise ist jedoch auch im Rahmen von § 209 Abs. 1 InsO im Wege der Auslegung des Begriffs der Auslagen nach § 54 Nr. 2 InsO von einem normativen Kostenbegriff auszugehen, der jedenfalls die unausweichlichen Masseverbindlichkeiten umfasst[567].

2. Die weitere Separierung von Alt- und Neu-Masseverbindlichkeiten

§ 209 Abs. 1 InsO teilt die Masseverbindlichkeiten weiter in die vorrangigen Neu-Masseverbindlichkeiten nach § 209 Abs. 1 Nr. 2 InsO und die nachrangigen Alt-Masseverbindlichkeiten nach Abs. 1 Nr. 3 ein. Unterscheidungsmerkmal ist der Zeitpunkt der jeweiligen Begründung der Verbindlichkeit. Wurde die Verbindlichkeit erst nach der Anzeige der Unzulänglichkeit begründet, handelt es sich um vollständig zu befriedigende Neu-Masseverbindlichkeiten. Der Grund für die weitere Separierung der Masseverbindlichkeiten liegt wie bei der Vorrangstellung der Verfahrenskosten nach § 209 Abs. 1 Nr. 1 InsO in der fortdauernden Pflicht des Insolvenzverwalters zur Verwaltung und Verwertung der Insolvenzmasse[568].

Die weitere Separierung erfolgt einerseits, um dem Verwalter die notwendige Freiheit auch für die Begründung neuer Verbindlichkeiten zu geben, ohne wegen der Insuffizienz der Masse der Gefahr der persönlichen Haftung nach § 61 InsO ausgesetzt zu sein. Andererseits sollen die Vertragspartner des Insolvenzverwalters

---

564 BVerfG ZIP 1993, 1246; BVerfG ZIP 1993, 838. Vgl. nunmehr BGH WM 2006, 970, 973.

565 BGH NZI 2008, 735, 736; BGH NJW 2006, 2997.

566 FK-InsO/Kießner § 209 RdNr. 6; Kübler/Prütting-Pape § 209 RdNr. 7.

567 FK-InsO/Kießner § 209 RdNr. 7; Leonhardt/Smid/Zeuner-Smid § 209 RdNr. 8. Siehe zur weiteren Begründung bereits oben, Kapitel D) II.1.3.

568 Leonhardt/Smid/Zeuner-Smid § 209 RdNr. 11.

sicher sein, die volle Gegenleistung aus der Insolvenzmasse zu erhalten. Andernfalls ließe sich niemand auf Geschäfte mit dem Insolvenzverwalter ein[569].

Masseverbindlichkeiten i.S.v. § 209 Abs. 1 Nr. 2 und 3 InsO sind diejenigen Masseverbindlichkeiten, die nicht zu den Kosten des Verfahrens zählen. Sie entsprechen damit den in § 55 InsO aufgeführten sonstigen Masseverbindlichkeiten[570]. Um eine Neu-Masseverbindlichkeit handelt es sich, wenn die Verbindlichkeit erst nach der Unzulänglichkeitsanzeige begründet wurde. Als nach der Unzulänglichkeitsanzeige begründet gilt eine Masseverbindlichkeit wiederum dann, wenn die zu ihrer Entstehung führende Handlung des Insolvenzverwalters erst nach der Anzeige erfolgte. Zur Bestimmung des Zeitpunktes ist auf den Zugang der Anzeige bei Gericht abzustellen[571]. Dies gilt unabhängig von dem Rechts- und Entstehungsgrund der Verbindlichkeit[572].

Für gegenseitige Verträge schafft § 209 Abs. 2 InsO eine weitere Präzisierung: Die Unterscheidung zwischen Neu- und Alt-Masseverbindlichkeiten wird im wesentlichen danach vorgenommen, ob der Insolvenzverwalter die Entstehung der Verbindlichkeit verhindern konnte[573]. „Aufgezwungene" oder oktroyierte Ansprüche aus Dauerschuldverhältnissen gelten demzufolge als Alt-Masseverbindlichkeiten[574], da der Insolvenzverwalter auf deren Entstehen keinen Einfluss hat. Anders hingegen gemäß § 209 Abs. 2 Nr. 2 InsO für die Zeit nach dem ersten Termin, zu dem der Insolvenzverwalter kündigen konnte. Offen ist, wie der Begriff „können" in diesem Zusammenhang zu verstehen ist.

3. Sonderfrage: Verbindlichkeiten gegenüber Arbeitnehmern nach erfolgreicher Kündigungsschutzklage

In der Praxis kann die Einordnung der Masseverbindlichkeiten gegenüber Arbeitnehmern nach erfolgreicher Kündigungsschutzklage problematisch sein. Beispielsweise im folgenden Fall: Der Insolvenzverwalter führt einen laufenden Geschäftsbetrieb mit mehreren Arbeitnehmern im eröffneten Verfahren fort. Nach Anzeige der Masseunzulänglichkeit kündigt er einem Teil der Arbeitnehmer, die wegen geringerer Geschäftsauslastung nicht mehr beschäftigt werden können, rechtzeitig vor dem ersten Kündigungstermin i.S.v. § 209 Abs. 2 Nr. 2 InsO und stellt sie bis zum Ablauf der Kündigungsfrist frei. Die Lohnverbindlichkeiten sind in diesem Fall grundsätzlich als Alt-Masseverbindlichkeiten i.S.v. § 209 Abs. 1 Nr. 3 InsO zu berichtigen[575]. Nun ergibt sich aber der weitere Fortgang: Ein Arbeitnehmer führt

---

569 Häsemeyer, Insolvenzrecht, RdNr. 14.23; MünchKomm-InsO/Hefermehl § 209 RdNr. 3.
570 Kübler/Prütting-Pape § 209 RdNr. 9.
571 Uhlenbruck/Uhlenbruck § 209 RdNr. 10.
572 BGH WM 2006, 970.
573 HK-InsO/Landfermann § 209 RdNr. 9.
574 HK-InsO/Landfermann § 209 RdNr. 4.
575 HambKomm-InsR/Weitzmann § 209 InsO RdNr. 12; Kübler/Prütting-Pape § 209 RdNr. 17.

gegen die Kündigung einen erfolgreichen Kündigungsschutzprozess, auf seine Klage wird die Rechtsunwirksamkeit der Kündigung nach § 1 KSchG festgestellt. Zur Sicherung der Ansprüche auf Zahlung von Lohn und Gehalt hatte er zuvor seine Arbeitskraft nach Freistellung und Kündigung dem Arbeitgeber in gehöriger Form angeboten. Nach dem obsiegenden Urteil hat der Arbeitnehmer einen Weiterbeschäftigungsanspruch. Unstrittig ist, dass die aus der Weiterbeschäftigung erwachsenden Ansprüche Neu-Masseverbindlichkeiten nach § 209 Abs. 1 Nr. 2, Abs. 2 InsO darstellen.

Ungeklärt ist hingegen, wie die in der Zwischenzeit des Kündigungsschutzverfahrens entstandenen Verbindlichkeiten zu qualifizieren sind: Alt- oder Neu-Masseverbindlichkeiten?

Neu-Masseverbindlichkeiten entstehen, wenn die Entstehung dieser Verbindlichkeiten dem Insolvenzverwalter zugerechnet werden kann, sei es, dass er von einem ihm zustehenden Kündigungsrecht keinen Gebrauch macht, sei es, dass er die Leistung des Vertragspartners nutzt[576]. Hier hat der Verwalter allerdings sowohl von seinem Kündigungsrecht Gebrauch gemacht als auch die Gegenleistung zurückgewiesen. Dies könnte dafür sprechen, die Verbindlichkeiten auch nach dem Urteil als Alt-Masseverbindlichkeit nach § 209 Abs. 1 Nr. 3 InsO zu qualifizieren.

Fraglich ist, wie der Begriff des „Könnens" in § 209 Abs. 2 Nr. 2 InsO auszulegen ist. Das BAG ist der Auffassung, dass mit *Können* nicht das tatsächliche Können, sondern das rechtliche Können zur wirksamen Beendigung des Dauerschuldverhältnisses gemeint ist[577]. Es ist deshalb auf die Möglichkeit zur wirksamen Beendigung des Dauerschuldverhältnisses abzustellen[578]. Mithin kann der Insolvenzverwalter erst kündigen i. S. v. § 209 Abs. 2 Nr. 2 InsO, wenn bspw. etwaige nach § 102 BetrVG erforderliche Betriebsratsanhörungen oder nach §§ 111 ff. BetrVG vorzunehmenden Interessenausgleichsverhandlungen durchgeführt wurden. Dies soll hingegen nicht für die Frage der sozialen Rechtfertigung der Kündigung nach § 1 KSchG gelten; § 1 KSchG stelle kein im Rahmen des § 209 Abs. 2 Nr. 2 InsO beachtliches Kündigungshindernis dar[579]; denn die Entscheidung, ob die vom Insolvenzverwalter ausgesprochene Kündigung sozial gerechtfertig war oder nicht, obliegt den Arbeitsgerichten in einem etwaigen Kündigungsschutzprozess[580]. Der Verwalter kann sich mithin nicht darauf berufen, dass er den erstmöglichen Kündigungstermin verstreichen lassen konnte, weil die Kündigung sozial ungerechtfertigt gewesen wäre.

Für den Fall, dass die rechtzeitig ausgesprochene Kündigung erfolgreich von Arbeitnehmern angegriffen wird, hat das BAG – ohne Begründung – in einem *obiter*

---

576 MünchKomm-InsO/Hefermehl § 209 RdNr. 30.
577 BAG ZIP 2004, 1323.
578 MünchKomm-InsO/Hefermehl § 209 RdNr. 32 a.
579 BAG ZIP 2004, 1323, 1326.
580 Plössner, in: Mohrbutter/Ringstmeier § 29 RdNr. 85.

dictum ausgeführt, dass es sich bei den daraus entstehenden Annahmeverzugsansprüchen ebenfalls um Neu-Masseverbindlichkeiten handelt[581].

Dies widerspricht allerdings Systematik und gesetzgeberischer Wertung der §§ 208, 209 InsO. Masseverbindlichkeiten aus Arbeitsverhältnissen sollen nach dem Willen des Gesetzgebers grundsätzlich nur dann als Neu-Masseverbindlichkeiten behandelt werden, wenn der Konkursverwalter die Gegenleistung des Vertragspartners in Anspruch nimmt[582]. Neu-Masseverbindlichkeiten sind deshalb typischerweise dadurch gekennzeichnet, dass der Verwalter diese durch ein „Weiterwirtschaften" nach Anzeige der Masseunzulänglichkeit verursacht hat[583]. Der Insolvenzverwalter wirtschaftet mit den gekündigten und freigestellten Arbeitnehmern allerdings nicht weiter. Darüber hinaus stellt der Gesetzgeber darauf ab, ob der Verwalter die Möglichkeit gehabt hätte, die Entstehung der Neu-Masseverbindlichkeit zu verhindern[584]. Dies trifft bei einer durch das zuständige Arbeitsgericht für rechtsunwirksam gehaltenen Kündigung nicht zu. Hält das Gericht die Kündigung für rechtsunwirksam, „konnte" der Verwalter das Dauerschuldverhältnis nicht zu einem früheren Termin kündigen i. S. v. § 209 Abs. 2 InsO[585]. Die verbindliche Bewertung der Zulässigkeit der Kündigung liegt nicht in der Hand des Verwalters. Hielte man trotz Freistellung und Kündigung den Anspruch für eine Neu-Masseverbindlichkeit, wäre eine weitere Abwicklung des masseunzulänglichen Verfahrens während der Dauer des Kündigungsschutzverfahrens nur eingeschränkt möglich. Die typischerweise einen Großteil der Masseverbindlichkeiten ausmachenden Lohnverbindlichkeiten stellen für den Verwalter einen Risikoposten dar, für den er unter Umständen persönlich nach §§ 60, 61 InsO haften muss. Liquiditätswirksame Abwicklungshandlungen wird er deshalb für den Zeitraum des Kündigungsschutzverfahrens entgegen § 208 Abs. 3 InsO vermeiden.

IV. Vollstreckungsverbot, § 210 InsO

Nach § 210 InsO ist die Vollstreckung wegen einer Alt-Masseverbindlichkeit nach Anzeige der Masseunzulänglichkeit *ipso iure*[586] unzulässig. Die Regelung soll vermeiden, dass die Masse vor der Verteilung an die Massegläubiger außerhalb der gesetzlichen Rangfolge entleert wird[587]. Zugleich dient sie der Sicherstellung der Gleichbehandlung der Alt-Massegläubiger.

---

581 BAG ZIP 2004, 1323, 1326.

582 Allgemeine Begründung zur Insolvenzordnung, Ziffer 4.b), abgedruckt in: Uhlenbruck, Das neue Insolvenzrecht, S. 244.

583 BGH WM 2006, 970, 971, 972.

584 Begr. RegE zu § 321, abgedruckt in: Uhlenbruck, Das neue Insolvenzrecht, S. 575.

585 So auch Plössner, in: Mohrbutter/Ringstmeier § 29 RdNr. 86; Uhlenbruck/Uhlenbruck § 209 RdNr. 16.

586 HK-InsO/Landfermann § 210 RdNr. 1.

587 So die Beschl.-Empfehlung des RechtsA zu § 234d, abgedruckt in: Uhlenbruck, Das neue Insolvenzrecht, S. 577.

Der Eintritt des Vollstreckungsverbots hängt weder von der angezeigten Art der Unzulänglichkeit noch von der Berechtigung der Anzeige[588] ab. Das Verbot tritt in Kraft – wie die übrigen Rechtsfolgen der Anzeige der Masseunzulänglichkeit –, sobald die Anzeige der Unzulänglichkeit abgegeben worden ist[589].

1. Reichweite des Vollstreckungsverbots

Von dem Vollstreckungsverbot nach § 210 InsO werden nicht nur zivilprozessuale Titel erfasst. Das Vollstreckungsverbot umfasst sämtliche Verfahren und sämtliche Forderungen von Massegläubigern. Dies gilt auch für die Vollstreckung aus öffentlich-rechtlichen Titeln[590].

2. Analoge Anwendung der §§ 95, 96 InsO

Nach Anzeige der Unzulänglichkeit sind die Aufrechnungsschranken der §§ 95 Abs. 1, 96 Abs. 1 Nr. 1, 2 InsO analog anzuwenden, d.h. gegen nach Anzeige der Masseunzulänglichkeit begründete Ansprüche der Insolvenzmasse kann der jeweilige Alt-Massegläubiger nicht mit seiner Alt-Masseforderung aufrechnen[591]. Die Alt-Massegläubiger sind nach Anzeige der Masseunzulänglichkeit gleichmäßig zu befriedigen[592]. Dem widerspräche es, wenn sich einzelne Alt-Massegläubiger durch eine vor der Unzulänglichkeitsanzeige begründete Forderung eine vollständige Befriedigung verschaffen könnten[593].

3. Analoge Anwendung der Rückschlagsperre nach § 88 InsO?

Teilweise wird auch eine analoge Anwendung der Rückschlagsperre nach § 88 InsO angenommen[594]. Damit wären nicht nur Zwangsvollstreckungen von Alt-Massegläubigern nach Anzeige der Masseunzulänglichkeit unzulässig, sondern auch die im letzten Monat vor der Anzeige erlangten Sicherungen unwirksam.

---

588 HambKomm-InsR/Weitzmann § 210 InsO RdNr. 1; HK-InsO/Landfermann § 210 RdNr. 2; MünchKomm-InsO/Hefermehl § 209 RdNr. 8; Uhlenbruck/Uhlenbruck § 210 RdNr. 2.

589 Nach BK-InsO/Breutigam § 210 RdNr. 15 können die ordentlichen Gerichte die inhaltliche Richtigkeit der Anzeige der Masseunzulänglichkeit in keinem Fall überprüfen.

590 Zum Verbot der Vollstreckung von Alt-Masseverbindlichkeiten aus Steuerbescheiden: BFH ZIP 1997, 1838. Ferner Kübler/Prütting-Pape § 210 RdNr. 5; MünchKomm-InsO/Hefermehl § 210 RdNr. 10.

591 So HambKomm-InsR/Weitzmann § 210 InsO RdNr. 3 m.w.N.; Kübler/Prütting-Pape § 210 RdNr. 10; Leonhardt/Smid/Zeuner-Smid § 210 RdNr. 6.

592 BGHZ 154, 358, 368f.

593 Leonhardt/Smid/Zeuner-Smid § 210 RdNr. 6.

594 So bspw. BK-InsO/Breutigam § 210 RdNr. 4; HK-InsO/Landfermann § 210 RdNr. 5.

Dem muss jedoch entgegengehalten werden, dass es für eine analoge Anwendbarkeit von § 88 InsO an der erforderlichen Vergleichbarkeit der Lage bei Masseunzulänglichkeit und Insolvenzantragstellung fehlt. Die Erlangung einer Sicherung oder Befriedigung im Wege der Zwangsvollstreckung durch einen Massegläubiger ist in normativer Hinsicht anders zu beurteilen als die gleiche Handlung eines Insolvenzgläubigers. Im Gegensatz zu der Frage der Zulässigkeit einer Aufrechnung durch Massegläubiger liegen die Voraussetzungen für eine Analogie nicht vor.

Sinn und Zweck der Rückschlagsperre nach § 88 InsO ist der Schutz der Insolvenzmasse bereits in der Zeit der Krise[595]. Sie bildet vor allem mit den Anfechtungsvorschriften nach §§ 129ff. InsO ein Schutzsystem zur Erhaltung und Wiederherstellung der ausgehöhlten Masse[596] und ist zugeschnitten auf die Interessenlage der Insolvenzgläubiger im Zeitpunkt der materiellen Insolvenz[597]. Insoweit sprechen mehrere Gesichtspunkte gegen die analoge Anwendung des § 88 InsO auf die Vollstreckung vor Anzeige der Masseunzulänglichkeit.

Der betroffene Beteiligtenkreis ist unterschiedlich. Rückschlagsperre und Insolvenzanfechtung dienen der Vermögenssicherung zugunsten der Insolvenzgläubiger. Die Rückschlagsperre hat ihren Grund in der besonderen Verdächtigkeit der Erlangung einer Sicherung oder Befriedigung in der kritischen Phase vor Verfahrenseröffnung[598]. Sie ergänzt das Recht der Insolvenzanfechtung, das es ebenfalls ermöglicht, die Wirkungen von Zwangsvollstreckungsmaßnahmen vor Verfahrenseröffnung rückgängig zu machen. Jedoch bedeutet § 88 InsO eine verfahrensmäßige Erleichterung durch die darin normierte Unwirksamkeit *ipso iure*.

Die Anzeige der Masseunzulänglichkeit betrifft hingegen die Massegläubiger, denen das Vorwegbefriedigungsrecht nach § 53 InsO so lange zusteht, wie der Verwalter nicht Masseunzulänglichkeit angezeigt hat[599]. Eine Benachteiligung der Gläubigergemeinschaft ist bis zu diesem Zeitpunkt nicht denkbar. Die Alt-Massegläubiger bilden erst in dem Moment eine Befriedigungsgemeinschaft, in dem die Anzeige der Masseinsuffizienz erfolgt[600]. Eine Sicherstellung des Grundsatzes der *par conditio creditorum* im Insolvenzverfahren bedarf es für die Zeit vorher nicht.

Denn die Stellung des insolvenzantragspflichtigen Schuldners ist der des Insolvenzverwalters nicht vergleichbar. Für den Verwalter besteht bei Eintritt der Insuffizienz keine gesetzliche Pflicht zu deren Anzeige. Der Zeitpunkt der Anzeige liegt allein in seiner Verantwortung[601]. Der Gesetzgeber hat die Haftungsgefahren nach

---

595 Braun/Kroth § 88 RdNr. 1.

596 Begründung zu § 99 RegE, abgedruckt in: Uhlenbruck, Das neue Insolvenzrecht, S. 399; Braun/Kroth § 88 RdNr. 1.

597 MünchKomm-InsO/Hefermehl § 210 RdNr. 13.

598 Begründung zu § 99 RegE, abgedruckt in: Uhlenbruck, Das neue Insolvenzrecht, S. 399.

599 Kübler/Prütting-Pape § 210 RdNr. 13.

600 Kübler/Prütting-Pape § 210 RdNr. 13.

601 Kübler/Prütting-Pape § 210 RdNr. 13.

§ 61 InsO für ausreichend erachtet, um eine rechtzeitige Anzeige sicherzustellen[602]. Nicht überzeugen kann deshalb das Argument, die Ausdehnung des § 210 InsO sei im Interesse eines effektiven Schutzes der Masse geboten[603]. Für den Schutz der Masse ist der Insolvenzverwalter zuständig. Es ist seine Kernaufgabe, für eine bestmögliche Befriedigung zu sorgen. Soweit ein Schaden für die Alt-Massegläubigergemeinschaft dadurch entsteht, dass ein Alt-Massegläubiger bei schuldhafter Unterlassung der Unzulänglichkeitsanzeige durch den Insolvenzverwalter noch eine Sicherung erlangt hat, ist dieser Quotenschaden haftungsrechtlich gegenüber dem Insolvenzverwalter durchzusetzen[604].

Einer automatischen Rückschlagsperre für die Zeit vor Anzeige der Unzulänglichkeit bedarf es deshalb nicht.

Gegen eine analoge Anwendung des § 88 InsO spricht zudem, dass dies eine systemwidrige Abkehr von dem Ineinandergreifen von Rückschlagsperre und Anfechtungsrecht zur Folge hätte. Beide Institute dienen dem Schutz der ausgehöhlten Insolvenzmasse. Bei Insolvenzantragstellung wäre die im Wege der Zwangsvollstreckung erlangte Sicherung im Monatszeitraum als inkongruent nach § 131 Abs. 1 Nr. 1 InsO anfechtbar[605]. Die Anfechtung ist aber wegen der Rückschlagsperre nicht erforderlich. Für die Anzeige der Masseunzulänglichkeit ist hingegen anerkannt, dass auf den davorliegenden Zeitraum die Anfechtungsregeln nicht anwendbar sind[606]. Hält man nun die Rückschlagsperre für anwendbar, die Anfechtungsregeln hingegen nicht, so wäre das Zusammenwirken der Vorschriften trotz ihres vergleichbaren Schutzzweckes ohne erkennbaren Grund aufgehoben. Es ist kaum nachvollziehbar, warum dieses System des Masseschutzes für den Fall der Masseunzulänglichkeit nur in Teilen anzuwenden sein soll.

Dieser ablehnenden Haltung könnte man zwar entgegenhalten, dass der Gesetzentwurf in § 320 Abs. 2 RegE noch eine entsprechende Anwendung der Rückschlagwirkung vorsah. Diese Regelung wurde später im Gesetzgebungsverfahren jedoch wieder gestrichen[607]. Ohne gesetzliche Normierung ist eine entsprechende Anwendung wegen der dargestellten fehlenden wertungsmäßigen Vergleichbarkeit jedoch nicht angezeigt.

Es spricht folglich im Ergebnis viel dafür, eine analoge Anwendung des § 88 InsO auf die Situation der Unzulänglichkeitsanzeige abzulehnen[608].

---

602 Begr. zu § 318 RegE, abgedruckt in: Uhlenbruck, Das neue Insolvenzrecht, S. 572.

603 BK-InsO/Breutigam § 210 RdNr. 4.

604 MünchKomm-InsO/Hefermehl § 210 RdNr. 13.

605 Braun/de Bra § 131 RdNr. 25.

606 Kübler/Prütting-Pape § 210 RdNr. 13.

607 Vgl. dazu Beschl.-Empfehlung des Rechtsausschusses zu § 234b in Uhlenbruck, Das neue Insolvenzrecht, S. 573.

608 So auch Kübler/Prütting-Pape § 210 RdNr. 3; Kröpelin, Massearme Insolvenz, RdNr. 257; MünchKomm-InsO/Hefermehl § 210 RdNr. 13.

V. Pflicht zur gesonderten Rechnungslegung

Der Insolvenzverwalter hat für die Zeit des masseunzulänglichen Verfahrens gemäß § 211 Abs. 2 InsO gesondert Rechnung zu legen. Diese Pflicht zur gesonderten Rechnungslegung dient der Sicherstellung der vorrangigen Erfüllung der Neu-Masseverbindlichkeiten[609]. Sie hat üblicherweise in einer von der Rechnung für den Zeitraum vor Anzeige unterschiedlichen Schlussrechnung zu erfolgen[610] und ermöglicht eine umfassende Kontrolle durch Gläubigerausschuss oder Insolvenzgericht[611]. Diese Pflicht, die insbesondere im Zusammenhang mit Betriebsfortführungen relevant wird, ergänzt die Pflicht des Verwalters zur Unterhaltung des ordnungsgemäßen Liquiditätsplans. Der zum Status verdichtete Plan kann zum Zwecke der Rechenschaftslegung herangezogen werden, soweit auch vergangenheitsbezogene Vorgänge dargestellt werden.

VI. Prozessuale Folgen

Hinsichtlich der prozessualen Folgen der Anzeige der Masseunzulänglichkeit ist zwischen dem Erkenntnis- und dem Vollstreckungsverfahren zu unterscheiden.

1. Erkenntnisverfahren

Einer Leistungsklage eines Alt-Massegläubigers i.S.v. § 209 Abs. 1 Nr. 3 InsO fehlt nach Anzeige der Masseunzulänglichkeit das Rechtsschutzbedürfnis[612]. Bereits anhängige Leistungsklagen können nach der Anzeige im Wege der stets zulässigen Klageänderung gemäß § 264 Nr. 2 ZPO auf Feststellungsklagen umgestellt werden[613]. Erhebt der Alt-Massegläubiger gleichwohl Klage oder unterlässt er die erforderliche Umstellung, so wird die Klage als unzulässig abgewiesen.

Nichts anderes gilt im Kostenfestsetzungsverfahren. Auch hier ist der Antrag nach Anzeige der Masseunzulänglichkeit wegen des aufgrund von § 210 InsO fehlenden Rechtsschutzinteresses unzulässig[614].

---

609 Begr. zu § 324 RegE, abgedruckt in: Uhlenbruck, Das neue Insolvenzrecht, S. 580.

610 Kübler/Prütting-Pape § 208 RdNr. 9; Uhlenbruck/Uhlenbruck § 211 RdNr. 2.

611 HambKomm-InsR/Weitzmann § 211 InsO RdNr. 3.

612 So BGHZ 154, 358, 360; Braun/Kießner § 210 RdNr. 7; HambKomm-InsR/Weitzmann § 210 InsO RdNr. 3; Leonhardt/Smid/Zeuner-Smid § 208 RdNr. 25. Ablehnend: Kröpelin, Aktuelle Probleme der Masseunzulänglichkeit, S. 2341, 2344.

613 MünchKomm-InsO/Hefermehl § 210 RdNr. 23.

614 BGH ZIP 2005, 817, 818.

2. Zwangsvollstreckung

Die Zwangsvollstreckung wegen Alt-Masseverbindlichkeiten nach § 209 Abs. 1 Nr. 3 InsO ist nach § 210 InsO unzulässig. Offen ist, mit welchem Rechtsbehelf der Insolvenzverwalter nach der Unzulänglichkeitsanzeige auf Vollstreckungsmaßnahmen von Alt-Massegläubigern zu reagieren hat.

Teilweise wird vertreten, dass hierfür die Vollstreckungserinnerung nach § 766 ZPO der statthafte Rechtsbehelf sei[615]. Andere erachten die Vollstreckungsabwehrklage nach § 767 ZPO für statthaft[616]. Richtigerweise ist davon auszugehen, dass beide Rechtsbehelfe anwendbar sein können und dem Insolvenzverwalter dann ein Wahlrecht zusteht.

Die Vollstreckungserinnerung nach § 766 ZPO ist immer dann statthaft, wenn sich der Erinnerungsführer gegen einen Verfahrensverstoß durch das Vollstreckungsorgan wendet. Rechtsfolge der erfolgreichen Erinnerung ist, dass die einzelne, streitgegenständliche Zwangsvollstreckungsmaßnahme für unzulässig erklärt wird. Die Vollstreckbarkeit des Titels wird im Übrigen aber nicht berührt. Betreibt ein Alt-Massegläubiger entgegen § 210 InsO die Zwangsvollstreckung, liegt ein Verfahrensfehler vor, weil die Zwangsvollstreckung wegen Alt-Masseverbindlichkeiten nach § 209 Abs. 1 Nr. 3 InsO *ex lege* unzulässig ist. Für die Anwendung von § 766 ZPO spricht auch, dass es sich dabei im Vergleich zur Vollstreckungsabwehrklage um einen kostengünstigeren (da das GKG für das Erinnerungsverfahren keine Gebühren vorsieht) und wegen des fehlenden Devolutiveffekts verfahrensmäßig einfacheren Weg handelt, der grundsätzlich zum gleichen Ziel führen kann.

Aber auch für die Anwendung der Vollstreckungsabwehrklage nach § 767 ZPO finden sich erhebliche Argumente. Die Vollstreckungsabwehrklage kommt immer dann in Betracht, wenn der Kläger materiell-rechtliche Einwendungen gegen den titulierten Anspruch geltend macht. Nach überwiegender Auffassung hat die Anzeige der Masseunzulänglichkeit materiell-rechtliche Auswirkungen[617], sodass der Anwendungsbereich der Vollstreckungsabwehrklage grundsätzlich eröffnet ist. Allerdings fehlt einer Vollstreckungsabwehrklage das Rechtsschutzbedürfnis, wenn mit der günstigeren und einfacheren Vollstreckungserinnerung das gleiche Ziel erreicht werden kann. Dies kann aber nur dann der Fall sein, wenn lediglich formale Fehler gerügt werden. Rekurriert der Verwalter auf die materiell-rechtlichen Folgen der Masseunzulänglichkeit, so ist die Vollstreckungsabwehrklage weiter

---

615 HK-InsO/Landfermann § 210 RdNr. 5; Kübler/Prütting-Pape § 210 RdNr. 4; MünchKomm-InsO/Hefermehl § 210 RdNr. 15; Roth, Prozessuale Folgen, S. 576; Runkel/Schnurbusch, Rechtsfolgen der Masseunzulänglichkeit, S. 53.

616 HambKomm-InsR/Weitzmann § 210 InsO RdNr. 3; Nerlich/Römermann-Westphal § 210 RdNr. 5; Leonhardt/Smid/Zeuner-Smid § 210 RdNr. 1 m.w.N.

617 OLG Köln ZIP 2001, 1422, 1424; Dinstühler, Abwicklung masseunzulänglicher Verfahren, S. 1701; Kübler/Prütting-Pape § 208 RdNr. 2; MünchKomm-InsO/Hefermehl § 208 RdNr. 62. Andere Ansicht beispielsweise Runkel/Schnurbusch, Rechtsfolgen der Masseunzulänglichkeit, S. 54, und Uhlenbruck/Uhlenbruck § 208 RdNr. 17.

statthaft. Überdies ist die Wirkung eines stattgebenden Urteils im Falle der Vollstreckungsabwehrklage weiter als bei der Erinnerung, da die Zwangsvollstreckung aus einem bestimmten Titel insgesamt für unzulässig erklärt wird[618] und nicht nur einzelne Vollstreckungsmaßnahmen streitgegenständlich sind.

Entgegen der Meinung von *Pape*[619] dürfte der Vollstreckungsabwehrklage wegen deren im Vergleich zur Erinnerung umfassenderen Wirkung auch nicht das Rechtsschutzbedürfnis fehlen.

Zuständig für die Entscheidung über die Zulässigkeit der Zwangsvollstreckung sind nach den allgemeinen Vorschriften – abhängig von dem gewählten Rechtsbehelf – entweder das Vollstreckungsgericht (§ 766 Abs. 1 S. 1 ZPO) oder das Prozessgericht des ersten Rechtszuges, § 767 Abs. 1 ZPO. Eine analoge Anwendung von § 89 Abs. 3 InsO und damit eine Zuständigkeit des Insolvenzgerichts kommt wegen des Ausnahmecharakters von § 89 InsO nicht in Betracht[620]. Dies liegt bereits deshalb nahe, weil die in dem achten Buch der ZPO angeordneten Gerichtsstände nach § 802 ZPO ausschließlich sind und eine abweichende Zuständigkeit demnach einer besonderen Regelung bedarf. Eine analoge Anwendung kann deshalb ohne Anhaltspunkte in den Gesetzesmaterialien nicht mit reinen Zweckmäßigkeitserwägungen begründet werden[621]. Es fehlt an einer planwidrigen Regelungslücke, die ausfüllungsbedürftig wäre.

VII. Neu-Masseunzulänglichkeit

1. Einleitung

Gesetzlich nicht geregelt ist die Situation, dass die Insolvenzmasse selbst zur vollständigen Befriedigung der Neu-Massegläubiger nach § 209 Absatz 1 Nr. 2 InsO nicht mehr ausreicht, es mithin zu einer „Insolvenz in der Insolvenz der Insolvenz“ kommt und die Neu-Massegläubiger untereinander um die Erfüllung ihrer Ansprüche konkurrieren. Diese Situation wird auch als Neu-Masseunzulänglichkeit bezeichnet[622].

Eine solche Situation kann beispielsweise dann eintreten, wenn Forderungen wegen Zahlungsschwierigkeiten von Drittschuldnern nicht oder nur zum Teil realisierbar sind. Oder im Rahmen einer Betriebsfortführung unvorhergesehene Schwierigkei-

618 Thomas/Putzo § 767 RdNr. 3.

619 Kübler/Prütting-Pape § 210 RdNr. 4, so auch Kröpelin, Massearme Verfahren, RdNr. 260.

620 So auch Runkel/Schnurbusch, Rechtsfolgen der Masseunzulänglichkeit, S. 51 und Smid, Abwicklung masseunzulänglicher Insolvenzverfahren, S. 1319. Für § 89 InsO analog hingegen: Braun/Kießner § 210 RdNr. 6; HK-InsO/Landfermann § 210 RdNr. 5; Nerlich/Römermann-Westphal § 210 RdNr. 6.

621 So aber MünchKomm-InsO/Hefermehl § 210 RdNr. 15.

622 Zum Begriff auch Kröpelin, Massearme Insolvenz, RdNr. 273.

ten auftreten, die sich liquiditätswirksam auswirken[623]. Vorstellbar ist auch, dass die Insuffizienz nur vorübergehend ist, also liquide Erträge und Aufwendungen nur für einen abgrenzbaren Zeitraum auseinanderfallen, sich aber grundsätzlich decken. Man könnte dann von *temporärer* Neu-Masseunzulänglichkeit sprechen.

Es ist streitig, wie der Fall der Neu-Masseunzulänglichkeit zu behandeln ist. Umstritten ist dabei sowohl, ob eine erneute Anzeige der Masseunzulänglichkeit zulässig ist, als auch welche Rechtsfolgen eine solche Anzeige hat, insbesondere, ob ihr Bindungswirkung zukommt. Eine Ansicht hält die analoge Anwendung der §§ 208ff. InsO für die richtige Vorgehensweise[624]. Eine andere Ansicht geht davon aus, dass die zu § 60 KO entwickelten Grundsätze Anwendung finden.

2. Anwendung der zu § 60 KO entwickelten Grundsätze

Teilweise wird vertreten, dass der Insolvenzverwalter zur Anzeige der Masseunzulänglichkeit im Hinblick auf die Neu-Masseverbindlichkeiten nicht berechtigt sei. Vielmehr sei auf die zu § 60 KO entwickelten Grundsätze zurückzugreifen[625]. Im Erkenntnisverfahren wäre danach der Einwand der erneuten Masseunzulänglichkeit als Einrede zu erheben[626]. Darlegung und Nachweis der Masseunzulänglichkeit oblägen dem Insolvenzverwalter. Dies hätte zur Folge, dass das jeweilige Prozessgericht im Rahmen seiner freien Beweiswürdigung nach §§ 286, 287 Abs. 2 ZPO[627] die Voraussetzungen der Masseunzulänglichkeit jeweils unterschiedlich beurteilen könnte.

Sollte bereits ein Titel gegen den Insolvenzschuldner vorliegen, wäre der Insolvenzverwalter danach gehalten, den Einwand der Neu-Masseunzulänglichkeit im Wege der Vollstreckungsabwehrklage nach § 767 ZPO geltend zu machen[628]. Ein absoluter Vollstreckungsschutz wie nach § 210 InsO bestünde nicht.

Zur Begründung dieser Auffassung wird auf die vermeintliche Gefahr der Intransparenz der Verfahrensabwicklung bei wiederholter Unzulänglichkeitsanzeige verwiesen.

---

623 Weitere Beispiele, wie das unvorhergesehene Auftreten umfangreicher Gewährleistungsverbindlichkeiten aus einer Betriebsfortführung, bei Runkel/Schnurbusch, Rechtsfolgen der Masseunzulänglichkeit, S. 55.

624 Dafür Braun/Kießner § 208 RdNr. 37; HK-InsO/Landfermann § 208 RdNr. 15; Kübler/Prütting-Pape § 208 RdNr. 35.

625 Hierzu vgl. Kilger/K. Schmidt § 60 Anm. 1. Danach bestand für Massegläubiger aufgrund des Fehlens einer dem § 210 InsO vergleichbaren Regelung bis zur Kenntnis der Insuffizienz das Recht zur vollen Befriedigung. Dem konnte sich der Verwalter durch die einredeweise Geltendmachung der Unzulänglichkeit im Passiv-Prozess widersetzen. Ebenso Kuhn/Uhlenbruck § 60 RdNr. 2b, 3c.

626 MünchKomm-InsO/Hefermehl § 208 RdNr. 60; Kübler/Prütting-Pape § 208 RdNr. 37.

627 Siehe BGHZ 154, 358, 368f.

628 Unter Berücksichtigung der Präklusionsvorschrift des § 767 Abs. 2 ZPO, vgl. Kuhn/Uhlenbruck § 60 RdNr. 3c; HambKomm-InsR/Weitzmann § 210 InsO RdNr. 4.

3. Analoge Anwendung der §§ 208ff. InsO

Hingegen vertritt eine andere Ansicht, dass eine erneute Anzeige der Masseunzulänglichkeit zulässig und sogar geboten sein kann[629]. Die §§ 208ff. InsO wären danach analog anzuwenden. Dies hätte zur Folge, dass erneut die Rangänderung des § 209 InsO herbeigeführt würde und damit zwischen Neu-Massegläubigern im Range des § 209 Abs. 1 Nr. 3 InsO und „Neu-Neu-Massegläubigern" nach § 209 Abs. 1 Nr. 2 zu unterscheiden wäre. Analog § 210 InsO bestünde ein absoluter Vollstreckungsschutz und der Insolvenzverwalter wäre analog § 208 Abs. 3 InsO zur weiteren Verwertung und Verwaltung der Masse verpflichtet.

4. Rechtsprechung des BGH

Der BGH hat die Frage nach der Zulässigkeit der Anzeige einer Neu-Masseunzulänglichkeit in seiner Entscheidung vom 13. April 2006 offengelassen[630]. Der Entscheidung lag vereinfacht der folgende Sachverhalt zugrunde:

Der beklagte Insolvenzverwalter erhielt nach Anzeige der Masseunzulänglichkeit eine Zahlung des Klägers, die dieser zum Ausgleich einer Verbindlichkeit gegenüber einer von der Insolvenz nicht betroffenen Gesellschaft auf das bereits aufgelöste Konto der Schuldnerin überwies. Der Beklagte zahlte den Betrag auf ein Sonderkonto ein, erkannte den Rückforderungsanspruch des Klägers als Masseverbindlichkeit an und lehnte die Rückzahlung unter Hinweis auf die Masseunzulänglichkeit ab. Eine Rückzahlung sei nicht möglich, da widrigenfalls die Verfahrenskosten nicht gedeckt seien. Im Laufe des Verfahrens zeigte er gegenüber dem Insolvenzgericht die Fortdauer der Masseunzulänglichkeit an. Mit der Klage verfolgt der Kläger die Rückzahlung des überwiesenen Betrages aus der Masse.

Die Revision des Beklagten gegen die stattgebenden Urteile der Vorinstanzen hatte Erfolg.

Der BGH urteilt differenziert: Er hält einerseits die Ansicht des Berufungsgerichts, die erneute Anzeige der Masseunzulänglichkeit durch den Beklagten stehe der Leistungsklage nicht entgegen, für nicht tragfähig. Denn sie vernachlässige das in § 209 InsO geregelte Rangverhältnis. Das Vollstreckungsverbot gemäß § 210 InsO sei bei Neu-Masseunzulänglichkeit im Verhältnis Kosten des Insolvenzverfahrens/Neu-Masseverbindlichkeiten analog anwendbar[631]. Andererseits sieht er das Modell von der „Insolvenz in der Insolvenz der Insolvenz" skeptisch und lässt die

---

629 Braun/Kießner § 208 RdNr. 37; Dinstühler, Abwicklung massearmer Verfahren, S. 1707; HK-InsO/Landfermann § 208 RdNr. 23; Kröpelin, Massearme Insolvenzverfahren, RdNr. 281.

630 BGH NJW 2006, 2997, 2999; vgl. auch das vorhergehende Urteil in BGHZ 154, 358, 368f. Missverständlich insoweit Kübler/Prütting-Pape § 208 RdNr. 5c, der davon ausgeht, der BGH habe in dieser Entscheidung den Weg einer förmlichen weiteren Anzeige der Masseinsuffizienz abgelehnt. Dies ist aber ausdrücklich nicht der Fall.

631 BGH NJW 2006, 2997, 2999, 3000.

Frage nach der Rechtsverbindlichkeit einer erneuten Anzeige der Masseunzulänglichkeit ausdrücklich offen[632]. Eine grundsätzliche Entscheidung konnte der BGH deshalb vermeiden, weil es in dem konkreten Fall um das Konkurrenzverhältnis der im ersten Rang zu berichtigenden Kosten des Insolvenzverfahrens nach § 209 Abs. 1 Nr. 1 InsO und der im zweiten Rang zu berichtigenden Neu-Masseverbindlichkeiten eines Gläubigers nach § 209 Abs. 1 Nr. 2 InsO ging. Wie die Rechtslage hinsichtlich eines Konkurrenzverhältnisses zwischen mehreren Neu-Massegläubigern nach § 209 Abs. 1 Nr. 2 InsO zu beurteilen ist, bedurfte deshalb keiner Entscheidung. Gleichwohl erkannte der Senat, dass eine Analogie im Einzelfall möglich sei.

In einer neuesten Entscheidung vom 9. Oktober 2008 hat der BGH hingegen – ohne allerdings seine vorherige Rechtsprechung ausdrücklich aufzugeben – entschieden, dass die erneute Anzeige kein Vollstreckungsverbot aus § 210 InsO begründe, weil Neu-Masseverbindlichkeiten nicht allein durch eine spätere Anzeige zu Alt-Masseverbindlichkeiten zurückgestuft werden dürfen[633]. Zugrunde lag – vereinfacht – der folgende Fall:

Der Insolvenzverwalter hatte ein durch das Insolvenzverfahren unterbrochenes Berufungsverfahren der Schuldnerin als Klägerin nach Anzeige der Masseunzulänglichkeit aufgenommen. In der Folge wurde die Klage insgesamt abgewiesen und dem Verwalter als Kläger die Kosten des Rechtstreits beider Instanzen auferlegt. Gegen die Kostenfestsetzung legte der Kläger sofortige Beschwerde ein und zeigte sodann erneut Masseunzulänglichkeit bei dem Insolvenzgericht an.

Der BGH entschied weiter, dass auch dann, wenn der Grund für den Kostenerstattungsanspruch erst nach der (ersten) Anzeige der Masseunzulänglichkeit gelegt wurde (und es sich damit um Neu-Masseverbindlichkeiten i.S.v. § 209 Abs. 1 Nr. 2 InsO handelt), gleichwohl ein Rechtsschutzinteresse für den Erlass eines Kostenfestsetzungsbeschlusses fehlt, wenn die (Neu-)Masseunzulänglichkeit glaubhaft gemacht wird[634].

5. Stellungnahme

Voraussetzung einer analogen Anwendung der §§ 208ff. InsO ist, dass eine planwidrige Regelungslücke des Gesetzes vorliegt und die fraglichen Tatbestände sich ähnlich sind. Analogie ist die Übertragung der für einen Tatbestand gegebenen Regel auf einen vom Gesetz nicht geregelten, ähnlichen Fall[635].

---

632 BGH NJW 2006, 2997, 3000.
633 BGH NZI 2008, 735, 736.
634 BGH NZI 2008, 735, 736.
635 Larenz/Canaris, Methodenlehre, S. 202.

5.1. Planwidrige Regelungslücke bei Neu-Masseunzulänglichkeit

Der Fall der Neu-Masseunzulänglichkeit ist gesetzlich nicht geregelt. Umstritten ist allerdings, ob damit auch eine Regelungslücke vorliegt. Teilweise wird vertreten, dass die fehlende Regelung der Neu-Masseunzulänglichkeit nicht planwidrig sei und deshalb keine analogiefähige Regelungslücke bestünde. Vielmehr handele es sich um ein einfaches Schweigen des Gesetzes. Der Gesetzgeber habe ausdrücklich gewollt, dass die Neu-Massegläubiger bspw. ihre Vollstreckungsmöglichkeiten nicht verlieren[636].

Ob eine planwidrige Regelungslücke vorliegt, ist anhand des dem Gesetz zugrundeliegenden Regelungsplans zu ermitteln[637]. Die Untersuchung der Planwidrigkeit überschneidet sich insoweit jedenfalls teilweise mit der Untersuchung der normativen Wertung des Gesetzes hinsichtlich der dogmatischen Ähnlichkeit zweier Tatbestände.

5.2. Normative Wertung der §§ 208 ff. InsO im Hinblick auf die Neu-Masseunzulänglichkeit

Zwei Tatbestände sind sich immer dann ähnlich, wenn sie in den für die gesetzliche Bewertung maßgebenden Hinsichten gleich zu bewerten sind, in diesen Hinsichten also übereinstimmen. Die normative Wertung ist anhand der Regelungsabsicht des Gesetzgebers und objektiv-teleologischer Kriterien zu ermitteln[638].

a) Vergleichbarkeit der §§ 208 ff. InsO und der Situation der Neu-Masseunzulänglichkeit

Die normative Wertung der §§ 208 ff. InsO wurde bereits in Kapitel E) II.1 ausführlich erörtert. Die Ausgangslage bei Neu-Masseunzulänglichkeit kann für den Insolvenzverwalter ähnliche Ziele und Probleme begründen. Das Verfahren kann grundsätzlich fortgeführt werden, solange die Verfahrenskosten gedeckt sind und damit die Vergütung des Verwalters gesichert ist[639].

---

636 Kübler, Massearme Insolvenzverfahren, RdNr. 44; MünchKomm-InsO/Hefermehl § 208 RdNr. 60; Runkel/Schnurbusch, Rechtsfolgen der Masseunzulänglichkeit, S. 55. Zurückhaltend auch BGH NJW 2006, 2997, 2999.

637 Larenz/Canaris, Methodenlehre, S. 194: „Eine Gesetzeslücke ist eine ‚planwidrige Unvollständigkeit' des Gesetzes. Der dem Gesetz zugrundeliegende Regelungsplan ist aus ihm selbst im Wege der historischen und teleologischen Auslegung zu erschließen."

638 Larenz/Canaris, Methodenlehre, S. 149, 153, 202.

639 HK-InsO/Landfermann § 208 RdNr. 15, 23; hingegen hält Kübler, Massearme Insolvenzverfahren, RdNr. 33, trotz noch unverwerteter Masse die Verfahrenseinstellung für eine unvermeidbare „Notbremse".

In Ergänzung der bereits vorgestellten Entscheidung des BGH vom 13. April 2006 ist dessen vorhergehende Entscheidung vom 3. April 2003[640] zu betrachten. Zugrunde lag dort folgender – vereinfacht dargestellter – Fall:

Im Rahmen einer gewerblichen Zwischenvermietung vermieteten die Kläger an die Schuldnerin eine Eigentumswohnung für eine Garantiemiete. Nach Eröffnung des Insolvenzverfahrens kündigte der beklagte Insolvenzverwalter das Mietverhältnis fristgerecht. Während des Laufs der Kündigungsfrist zeigte der Beklagte die Masseunzulänglichkeit an, bezog für die Masse aber weiterhin die Miete von den Endmietern, die bis zum Ablauf der Kündigungsfrist die vermietete Wohnung bewohnten. Während des Prozesses trug der Insolvenzverwalter vor, die Masse reiche auch zur vollständigen Befriedigung aller Neu-Massegläubiger nicht aus. Die Kläger verlangten aus der Insolvenzmasse Zahlung für die Zeit nach Anzeige der Masseunzulänglichkeit.

Der BGH entschied, dass es auch in den Fällen der erneuten Masseunzulänglichkeit gegenüber den Neu-Massegläubigern geboten sei, auf eine entsprechende Einwendung des Insolvenzverwalters nur noch die Feststellungsklage zuzulassen. Denn wie in den Fällen des § 208 InsO und des § 60 KO könne der Insolvenzverwalter die Erfüllung von Neu-Masseverbindlichkeiten verweigern, sobald sich herausstellt, dass die verfügbare Insolvenzmasse nicht zur vollen Befriedigung aller Neu-Massegläubiger ausreicht. Für diese greife – innerhalb der durch § 209 InsO vorgegebenen Rangordnung – ebenfalls wieder der Grundsatz der Gleichbehandlung aller Gläubiger im Insolvenzverfahren ein. Schließlich ordne § 209 Abs. 1 InsO für alle Alt-Massegläubiger an, dass sie (innerhalb ihrer jeweiligen Rangordnung), „nach dem Verhältnis ihrer Beträge“ zu befriedigen sind. Das gelte sinngemäß auch, wenn nicht mehr alle Forderungen der Neu-Massegläubiger voll zu berichtigen sind. Ein Vorrang schnellerer Neu-Massegläubiger, welche Vollstreckungsmaßnahmen durchführen und hierdurch die auf andere Neu-Massegläubiger entfallende Quote weiter verringern, sei zu vermeiden[641].

Bereits in dieser Entscheidung ließ der BGH ausdrücklich offen, ob die erneute Anzeige der Masseunzulänglichkeit mit der rechtsverbindlichen Wirkung des § 208 InsO zulässig sei[642]. In zwei wesentlichen Punkten sind die normative Wertung der §§ 208 ff. InsO und die Situation der Neu-Masseunzulänglichkeit vergleichbar, was für die Analogiefähgkeit spricht.

Die Fortsetzung des Verfahrens bei Neu-Masseunzulänglichkeit erfordert zum einen die Freiheit der Insolvenzmasse von vollstreckungsmäßigen Eingriffen durch Neu-Massegläubiger, wenn die Masse nicht mehr zu deren vollständigen Befriedigung ausreicht. Erstens würde eine damit verbundene weitere Auszehrung der Masse eine ordnungsgemäße Verfahrensfortführung stark beeinträchtigen – die Pflicht nach § 208 Abs. 3 InsO erlischt jedoch solange nicht, wie die Verfahrenskos-

---

640 BGHZ 154, 358 ff.
641 BGHZ 154, 358, 368 f.
642 BGHZ 154, 358, 369.

ten gedeckt sind. Zum anderen weist der BGH zurecht auf die Geltung des insolvenzrechtlichen Gleichbehandlungsgrundsatzes innerhalb der Rangordnungen von § 209 InsO hin. Die Neu-Massegläubiger bilden ab dem Zeitpunkt der Neu-Masseunzulänglichkeit eine Verlustgemeinschaft[643]. Die vollständige Befriedigung einzelner Neu-Massegläubiger bei insuffizienter Neumasse verstieße hiergegen.

Diese Überlegungen legen nahe, die Situation der Neu-Masseunzulänglichkeit als analogiefähig zu der in § 208 InsO geregelten anzusehen. Die jeweiligen Tatbestände erscheinen aneinander wertungsmäßig ähnlich. Mithin könnte analog § 208 InsO eine Masseunzulänglichkeit auch hinsichtlich der Neu-Masseverbindlichkeiten angezeigt werden.

Teilweise wird jedoch angeführt, dass § 208 InsO auf den Fall der erneuten Anzeige nicht zugeschnitten sei[644].

Dies ist zwar deshalb richtig, weil der Gesetzgeber diese Konstellation – soweit aus den Materialien zur InsO erkennbar – nicht bedacht hat. Dem ist jedoch entgegenzuhalten, dass gerade die bekannten Nachteile[645] der mangelhaften Regelung des § 60 KO den Gesetzgeber zu der Neufassung in den §§ 208 ff. InsO bewogen haben. Ein der Anwendung auf den Fall der Neu-Masseunzulänglichkeit entgegenstehender Wille des Gesetzgebers ergibt sich aus den Materialien nicht. Es erscheint vielmehr naheliegend, den gesetzgeberischen Willen zur Vereinfachung und Vereinheitlichung des masseunzulänglichen Verfahrens auch im Falle der Neu-Masseunzulänglichkeit zur Geltung zu verhelfen, indem §§ 208 ff. InsO analog angewandt wird. Dafür spricht zudem, dass auch innerhalb der Gruppe der Neu-Massegläubiger der Gläubigergleichbehandlungsgrundsatz gemäß § 1 InsO[646] gilt. Bei diesbezüglicher Unzulänglichkeit soll ein Vorrang zu Lasten der anderen Neu-Massegläubiger schneller vollstreckender Neu-Massegläubiger vermieden werden[647]. Dies ist am ehesten durch eine umfassende und *inter omnes*[648] wirkende Anzeige analog § 208 InsO zu erreichen. Ansonsten hätte der Verwalter die Neu-Masseunzulänglichkeit vor dem jeweiligen Prozessgericht jeweils neu darzulegen und zu beweisen mit der Möglichkeit divergierender Entscheidungen.

Eine analoge Anwendung dient auch der vom Gesetzgeber gewünschten, wirtschaftlich orientierten Insolvenzabwicklung. Durch eine erneute Anzeige und den Eintritt der Rechtsfolgen der §§ 208 ff. InsO lässt sich wegen der daraus resultierenden Sicherheit für den Insolvenzverwalter eine vorschnelle Liquidation vermeiden[649].

---

643 Zur Verlustgemeinschaft der Alt-Massegläubiger und der Geltung des Grundsatzes der Gleichbehandlung nach einer ersten Anzeige der Unzulänglichkeit siehe bereits Kilger/K. Schmidt § 60 Anm. 3.

644 Runkel/Schnurbusch, Rechtsfolgen der Masseunzulänglichkeit, S. 55.

645 So auch Kübler/Prütting-Pape § 208 RdNr. 18.

646 BGHZ 154, 358, 368 f.

647 BGHZ 154, 358, 368 f.

648 Kübler, Massearme Insolvenzverfahren, RdNr. 24.

649 Braun/Kießner § 208 RdNr. 37.

b) Gefahr der Intransparenz?

Der analogen Anwendung der §§ 208ff. InsO wird weiter entgegengehalten, dass durch eine erneute Unzulänglichkeitsanzeige die Verfahrensabwicklung intransparent würde und eine weitere Veröffentlichung irritierend wäre[650].

Das Gegenteil ist der Fall. Eine Irritation durch eine weitere Veröffentlichung kann schon dadurch ausgeschlossen werden, dass der Insolvenzverwalter dem Gericht eine entsprechend deutlich formulierte *Neu*-Masseunzulänglichkeit anzeigt, die in der Folge öffentlich bekannt gemacht wird[651].

Die Anzeige und öffentliche Bekanntmachung der Masseunzulänglichkeit dienen der umfassenden Unterrichtung der Massegläubiger, damit sie sich auf die Rechtsfolgen einstellen können[652]. Die Anzeige der Neu-Masseunzulänglichkeit hätte keine andere Wirkung. Im Gegenteil ist davon auszugehen, dass eine lediglich an den zu § 60 KO entwickelten Grundsätzen orientierte Vorgehensweise mehr Intransparenz zur Folge hätte. Schließlich erfolgte die gesetzliche Festlegung der Anzeige in § 208 Abs. 2 InsO und damit die erstmalige Einführung einer gesetzlichen Grundlage dafür[653] nicht zuletzt, um einen einheitlichen und gegenüber allen Beteiligten verbindlichen Zeitpunkt des Eintritts der Rechtsfolgen festzulegen[654]. Die Anzeige dient also gerade der Transparenz des Verfahrens.

Gegen die befürchtete Intransparenz spricht zudem, dass das Insolvenzgericht bei der hier angenommenen transparenten Liquiditätsrechnung nach IDW Prüfungsstandard 800 jederzeit die Möglichkeit hat, die Liquidität anhand des zum Status verdichteten Plans einfach nachzuvollziehen.

Zwar weist auch der BGH in seinem Urteil vom 3. April 2003 darauf hin, dass der mit § 208 InsO verfolgte Zweck der Rechtsklarheit bei monatlich jeweils neu anzuzeigender Masseunzulänglichkeit verfehlt würde[655]. Dieser Fall dürfte praktisch jedoch kaum auftreten.

Es gibt keine oktroyierten Neu-Masseverbindlichkeiten aus Dauerschuldverhältnissen i.S.v. § 209 Abs. 1 Nr. 2 i.V.m. Abs. 2 InsO, die ohne Mitwirkungshandlung des Insolvenzverwalters entstehen[656]. „Aufgezwungene" Ansprüche aus Dauerschuldverhältnissen gelten als Alt-Masseverbindlichkeiten, die nur anteilig zu erfüllen sind[657], weil sie grundsätzlich nicht nach der Anzeige der Masseunzulänglichkeit begründet wurden. Als nach der Anzeige der Masseunzulänglichkeit be-

650 MünchKomm-InsO/Hefermehl § 208 RdNr. 60; Runkel/Schnurbusch, Rechtsfolgen der Masseunzulänglichkeit, S. 55.
651 Gegen das Argument der Intransparenz wenden sich auch Adam, Gleichmäßige Befriedigung von Massegläubigern, 181, 185, sowie Kröpelin, Massearme Insolvenz, RdNr. 277.
652 Begr. zu § 319 RegE, abgedruckt in: Uhlenbruck, Das neue Insolvenzrecht, S. 573.
653 MünchKomm-InsO/Hefermehl § 208 RdNr. 9.
654 MünchKomm-InsO/Hefermehl § 208 RdNr. 34.
655 BGHZ 154, 358, 369.
656 Vgl. auch Kröpelin, Aktuelle Probleme der Masseunzulänglichkeit, S. 2344.
657 HK-InsO/Landfermann § 209 RdNr. 3; Binz/Hess, RdNr. 1565, 1566.

gründet gelten Verbindlichkeiten aus Dauerschuldverhältnissen nur dann, wenn ein Fall des Absatzes § 209 Abs. 2 Nr. 2–3 InsO erfüllt ist. Dies setzt eine Handlung des Insolvenzverwalters, nämlich das Unterlassen der frühestmöglichen Kündigung (§ 209 Abs. 2 Nr. 2 InsO) oder die Inanspruchnahme der Gegenleistung (§ 209 Abs. 2 Nr. 3 InsO), voraus. Dem liegt der Gedanke zugrunde, dass eine Qualifikation der Ansprüche aus Dauerschuldverhältnissen als Neu-Masseverbindlichkeit nur dann gerechtfertigt ist, wenn der Verwalter die Entstehung der Verbindlichkeiten nach Anzeige der Masseunzulänglichkeit verhindern konnte[658]. Das Unterlassen der frühestmöglichen Kündigung oder die Inanspruchnahme der Gegenleistung stellen aber jeweils auch eine Rechtshandlung des Insolvenzverwalters i.S.v. § 61 InsO dar, die haftungsrelevant ist[659]. Das bedeutet, dass der Verwalter für die Nichterfüllung dieser Verbindlichkeiten persönlich haften müsste. Eine Exkulpation nach § 61 S. 2 InsO käme nicht in Betracht, da der Verwalter aufgrund der fortlaufend defizitären Tätigkeit des Insolvenzschuldners die Insuffizienz der Masse bei Führung eines ordnungsgemäßen Liquiditätsplans zumindest hätte erkennen können, wenn nicht gar müssen.

Daraus ergibt sich, dass der Fall eines – wie vom BGH skizziert – mit monatlichen Verlusten arbeitenden Insolvenzschuldners, dessen Verwalter monatlich jeweils erneut Neu-Masseunzulänglichkeit anzeigen müsste, kaum vorstellbar ist. Dies wäre für den Verwalter gleichbedeutend mit der monatlichen Verursachung eines Haftungsfalls aus § 61 InsO. Es ist deshalb praktisch ausgeschlossen, dass ein Insolvenzverwalter, der ein Verfahren ordnungsgemäß führt, derart handeln würde. In dem von dem BGH entschiedenen Fall vom 3. April 2003 wird der *lege artis* handelnde Insolvenzverwalter den Mietvertrag kündigen und zur Vermeidung von Neu-Masseverbindlichkeiten die Räume an den Vermieter zurückgeben. Der Verwalter hat in diesem Fall den Vermieter im Zusammenhang mit der Anzeige der Masseunzulänglichkeit aus dessen Überlassungspflicht „freizustellen", indem er ihm die weitere Nutzung der Mietsache anbietet[660]. Wenn die Herausgabe des unmittelbaren Besitzes wie im Fall des gewerblichen Zwischenmieters unmöglich ist, ist die Übergabe des mittelbaren Besitzes anzubieten, beispielsweise durch Abtretung der Ansprüche aus dem Endmietverhältnis[661].

Auch dieses Argument steht also der analogen Anwendung des § 208 InsO auf den Fall der Neu-Masseunzulänglichkeit und damit einer erneuten Unzulänglichkeitsanzeige nicht entgegen.

Es fehlt an überzeugenden Argumenten gegen eine analoge Anwendung des § 208 InsO. Nimmt man die Zulässigkeit einer erneuten Anzeige im Fall der wiederholten Masseunzulänglichkeit an, so liegt folgerichtig auch eine analoge Anwen-

---

658 HK-InsO/Landfermann § 209 RdNr. 9.

659 Vgl. Begründung RegE zu § 72, abgedruckt in: Uhlenbruck, Das neue Insolvenzrecht, S. 371, wonach es der Begründung einer neuen Verbindlichkeit durch den Verwalter gleichsteht, wenn der Verwalter von der Möglichkeit einer Kündigung absieht.

660 Uhlenbruck/Uhlenbruck § 208 RdNr. 15; Kübler/Prütting-Pape § 208 RdNr. 17b.

661 BGHZ 154, 358, 366; Kübler/Prütting-Pape § 208 RdNr. 17b.

dung der §§ 209f. InsO im Hinblick auf die Rechtsfolgen dieser Anzeige nahe. Danach würde auch innerhalb der Gruppe der Neu-Massegläubiger eine gestufte Befriedigungsrangfolge eintreten, § 209 InsO analog. Die Vollstreckung wegen Neu-Masseverbindlichkeiten, die vor der erneuten Anzeige der Unzulänglichkeit begründet wurden, wäre analog § 210 InsO unzulässig. Gleichzeitig wäre der Verwalter analog § 208 Abs. 3 InsO zur weiteren Verwaltung und Verwertung der Insolvenzmasse verpflichtet.

c) Fehlende Ähnlichkeit wegen Vorrangs der Neu-Masseverbindlichkeiten?

Gegen eine analoge Anwendung des § 210 InsO gegenüber Neu-Massegläubigern nach erneuter Anzeige der Masseunzulänglichkeit wird vorgebracht, der Gesetzgeber habe ausdrücklich gewollt, dass die Neu-Massegläubiger nicht ihre Vollstreckungsmöglichkeiten verlieren. Es sollte verhindert werden, dass nach Eintritt der Masseunzulänglichkeit niemand mehr zu einem Vertragsschluss mit dem Verwalter bereit ist[662].

Zwar wollte der Gesetzgeber durch die Fassung der §§ 208ff. InsO das Vertrauen in den Vertragsschluss mit einem Insolvenzverwalter und damit dessen Handlungsfähigkeit sicherstellen[663]. Für einen Vollstreckungsschutz gegenüber Neu-Massegläubigern sah man deshalb allenfalls ein geringes Bedürfnis[664].

Dabei handelt es sich jedoch nur um einen Aspekt der Regelung. Eine einzelne Bestimmung, und damit auch § 210 InsO, ist hingegen in Übereinstimmung mit dem Bedeutungszusammenhang des Gesetzes in dem Sinne auszulegen, der den Zwecken der gesetzlichen Regelung und dem Rangverhältnis dieser Zwecke optimal entspricht[665]. Es ist vorliegend, da eine konkrete Aussage zur Frage der Neu-Masseunzulänglichkeit in den Gesetzesmaterialien fehlt, auf die Gesamtheit der Zwecke abzustellen, die der Regelung zugrundeliegen[666].

Wie bereits dargestellt, dient der Regelungskomplex der §§ 208ff. InsO der Schaffung einer Möglichkeit für den Insolvenzverwalter, seine Tätigkeit ohne übermäßiges Haftungsrisiko so lange fortzusetzen, bis die Masse vollständig verwertet ist[667]. Durch die Regelung in § 210 InsO soll vermieden werden, dass die Masse vor Verteilung an die Massegläubiger außerhalb der gesetzlichen Rangfolge entleert wird[668]. Zudem soll der absolute Vorrang der Kosten des Insolvenzverfahrens nach § 209 Abs. 1 Nr. 1 InsO sichergestellt werden.

---

662 Runkel/Schnurbusch, Rechtsfolgen der Masseunzulänglichkeit, S. 55.

663 Runkel/Schnurbusch, Rechtsfolgen der Masseunzulänglichkeit, S. 55; Beschl.-Empfehlung des RechtsA zu § 234d, abgedruckt in: Uhlenbruck, Das neue Insolvenzrecht, S. 577.

664 Beschl.-Empfehlung des RechtsA zu § 234d, abgedruckt in: Uhlenbruck, Das neue Insolvenzrecht, S. 578.

665 Larenz/Canaris, Methodenlehre, S. 153.

666 Vgl. Larenz/Canaris, Methodenlehre, S. 153.

667 Begr. zu § 318 RegE, abgedruckt in: Uhlenbruck, Das neue Insolvenzrecht, S. 571.

668 Beschl.-Empfehlung des RechtsA zu § 234d, abgedruckt in: Uhlenbruck, Das neue Insolvenzrecht, S. 577.

Betrachtet man nun die Situation der Neu-Masseunzulänglichkeit, so zeigt sich, dass diese Ziele des Gesetzgebers ebenso dann zutreffen, wenn die Masse nicht einmal ausreicht, um die vorrangigen Neu-Masseverbindlichkeiten vollständig zu begleichen. Denn auch dann gilt, dass die noch vorhandene Masse vor dem Zugriff einzelner Gläubiger geschützt werden muss[669], damit der Insolvenzverwalter die Möglichkeit hat, das Verfahren aus der Neu-Masseunzulänglichkeit zu führen und den Grundsatz der Gläubigergleichbehandlung unter den Neu-Massegläubigern zu verwirklichen. Nur dann kann auch der von dem BGH betonte Gleichbehandlungsgrundsatz innerhalb der Rangordnungen nach § 209 InsO effektiv Anwendung finden.

Im Fall der Neu-Masseunzulänglichkeit entsteht ein Zielkonflikt zwischen der Verteilungsgerechtigkeit innerhalb der Neu-Massegläubigergruppe und der gesetzgeberischen Entscheidung zugunsten der Vollstreckungsmöglichkeit der Neu-Massegläubiger. Es spricht aus den vorbezeichneten Gründen viel dafür, dass der Grundsatz der Verteilungsgerechtigkeit höher zu bewerten ist als die Erhaltung der Vollstreckungsmöglichkeit für Neu-Massegläubiger des § 209 Abs. 1 Nr. 2 InsO. Das Ziel der gemeinschaftlichen Gläubigerbefriedigung wird zu Beginn des Gesetzes in § 1 Abs. 1 InsO hervorgehoben, da es das gesamte Insolvenzverfahren prägt[670]. Auch für die Massegläubiger greift dieser Grundsatz der Gleichbehandlung aller Gläubiger im Insolvenzverfahren innerhalb der durch § 209 InsO vorgegebenen Rangfolge wieder ein[671]. Dieser Grundsatz kann nicht mit dem Verweis auf die Vorwegbefriedigungsmöglichkeit umgangen werden, wenn die Masse auch zur Befriedigung der Neu-Massegläubiger nicht mehr ausreicht.

Der BGH hat seine mit der Entscheidung vom 9. Oktober 2008 geäußerte Auffassung, Neu-Masseverbindlichkeiten dürften nicht allein durch eine spätere Anzeige zu Altmasseverbindlichkeiten zurückgestuft werden, nicht begründet[672]. Aufgrund der in den vorgehenden Urteilen in dieser Hinsicht zumeist offeneren Formulierungen (hierzu vgl. bereits zuvor Kapitel E) VII.4), erscheint nicht ganz eindeutig, ob der Senat seiner Auffassung abstrakte Geltung verschaffen wollte. Wir werden später u. a. an dem Beispiel der Bevorrechtigung von Umsatzsteuerverbindlichkeiten[673] sehen, dass die Anzeige der Neu-Masseunzulänglichkeit für die Abwicklung vorteilhaft sein kann.

Es erscheint systemgerechter, die Frage der Rückstufung von Neu-Masseverbindlichkeiten über der Steuerungswirkung der Haftungsnormen der §§ 61, 60 InsO zu lösen anstatt dem Insolvenzverwalter in jedem Einzelfall die Glaubhaftmachung der Neu-Masseunzulänglichkeit aufzugeben.

---

669 BGHZ 154, 358, 368 f.

670 Begründung RegE zu § 1, abgedruckt in: Uhlenbruck, Das neue Insolvenzrecht, S. 296.

671 BGHZ 154, 358, 368 f.

672 BGH NZI 2008, 735, 736.

673 Vgl. unten Kapitel F) II.1.

d) Haftung für die Nichterfüllung von Neu-Masseverbindlichkeiten

Denn zurückgestufte Neu-Massegläubiger werden für ihre Forderungen i.S.v. § 209 Abs. 1 Nr. 2 InsO im Falle der insoweit insuffizienten Masse typischerweise auf der Haftungsebene kompensiert. Bei nicht vollständiger Erfüllung der Neu-Masseverbindlichkeiten wird der Insolvenzverwalter in der Regel nach § 61 InsO haften. Der Entlastungsbeweis der unverschuldeten Nichterfüllung für Verbindlichkeiten, die er nach einer ersten Unzulänglichkeitsanzeige begründete, dürfte ihm wegen der Kenntnis der finanziellen Schwierigkeiten und der gegenüber dem Regelverfahren nochmals gesteigerten Risikosituation nicht gelingen; dies werden wir nochmals ausführlicher bei der optimalen Verfahrensabwicklung unter F) II.2.2.b) sehen. Systemgerechter erscheint die Behandlung auf der Sekundärebene deshalb, weil auch bei einer ersten Anzeige der Masseunzulänglichkeit keine Darlegungspflichten des Insolvenzverwalters bestehen. Die normative Grenze für Handlungen des Insolvenzverwalters bilden die Haftungsvorschriften. Wir haben bereits oben gesehen, dass der Gesetzgeber die Gefahr einer unrichtigen Anzeige – im Regelverfahren – wegen der den Verwalter treffenden Haftung für gering hielt[674]. Dies gilt wegen der gesteigerten Haftungsrisiken umso mehr im masseunzulänglichen Verfahren. Zudem haben wir ebenfalls bereits oben gesehen, dass im Regelverfahren spätestens mit Anzeige der Masseunzulänglichkeit ein Schaden i.S.v. § 61 InsO eingetreten ist. Umso mehr gilt dies gegenüber Neu-Massegläubigern gemäß § 209 Abs. 1 Nr. 2 InsO nach Anzeige der Neu-Masseunzulänglichkeit.

Der Saldo der Neu-Massegläubiger wird folglich auch bei Neu-Masseunzulänglichkeit und erneutem Eintritt der Befriedigungsrangfolge nach § 209 InsO im Ergebnis ausgeglichen sein.

6. Formulierungsvorschlag für eine zweite Unzulänglichkeitsanzeige

Um eine umfassende und rückhaltlose Information der Massegläubiger zu erreichen, kann sich folgende Formulierung für die Anzeige der Neu-Masseunzulänglichkeit im Falle einer Unternehmensinsolvenz anbieten:

Anzeige der Neu-Masseunzulänglichkeit

In dem Insolvenzverfahren über das Vermögen der Firma [...] (Insolvenzschuldnerin) zeige ich hiermit in meiner Eigenschaft als Insolvenzverwalter die ***Neu-Masseunzulänglichkeit*** an.

Die Insolvenzmasse reicht nicht aus, um die bis zum heutigen Tag entstandenen Masseverbindlichkeiten zu erfüllen. Dies bedeutet, dass auch die nach der ersten Anzeige der Masseunzulänglichkeit vom [...] begründeten Masseverbindlichkeiten

674 Vgl. nur Beschl.-Empfehlung des RechtsA zu § 234b, abgedruckt in: Uhlenbruck, Das neue Insolvenzrecht, S. 572.

derzeit nicht vollständig erfüllt werden können; die Kosten des Insolvenzverfahrens sind hingegen gedeckt.

Zwangsvollstreckungsmaßnahmen wegen solcher Verbindlichkeiten, die vor dem heutigen Tag begründet wurden, sind entsprechend § 210 InsO mit sofortiger Wirkung unzulässig.

[Insolvenzverwalter]

VIII. Zwischenergebnis

Auch nach Anzeige der Masseunzulänglichkeit bleibt der Insolvenzverwalter gemäß § 208 Abs. 3 InsO zur Verwaltung und Verwertung der Masse verpflichtet. Er ist verpflichtet, die „Soll-" zur „Ist-Masse" zu führen, unter Beachtung von Aus- und Absonderungsrechten. Die normative Grenze der Abwicklungspflicht besteht unter Berücksichtigung von Art. 12 GG dort, wo für den Verwalter aufgrund der Abwicklungskosten eine persönliche die Folge wäre. Dies wird der Verwalter anhand des mit Eintritt der Masseunzulänglichkeit umzustellenden Liquiditätsplans darlegen.

Inhalt und Grenzen der Rechte des Insolvenzverwalters bezüglich des Abwicklungsgebotes von § 208 Abs. 3 werden im Hinblick auf eine mögliche Sanierung im masseunzulänglichen Verfahren, sei es einzelner Unternehmensteile oder des Unternehmensträgers selbst, in Kapitel F) II.2.1 näher untersucht.

Bei Neu-Masseunzulänglichkeit sind die §§ 208ff. InsO analog anzuwenden. Die Situation der Neu-Masseunzulänglichkeit stellt einen gesetzlich nicht geregelten Tatbestand dar, der aufgrund der wertungsmäßigen Vergleichbarkeit zu dem in § 208 InsO geregelten Fall der Masseunzulänglichkeit analogiefähig ist. Für die Analogie sprechen insbesondere einerseits die Anwendung des Gleichbehandlungsgebotes auch unter Neu-Massegläubigern nach Anzeige der Neu-Masseunzulänglichkeit und andererseits die überzeugende Systematik einer Steuerung über die Haftungsnormen der §§ 61, 60 InsO. Ein Weiterwirtschaften auf Kosten der Neu-Massegläubiger wird so vermieden.

Hingegen ist ein Rückgriff auf die zu § 60 KO entwickelten Grundsätze abzulehnen. Dies ist weder aus systematischen noch teleologischen Gründen erforderlich. Eine solche Vorgehensweise bedeutete eine Rückkehr zu den bekannten Nachteilen, die zur Einführung der Regelungen in §§ 208ff. InsO führten.

F) Optimale Verfahrensabwicklung

Die Fortsetzung von Verwaltung und Verwertung der Masse im Rahmen von § 208 Abs. 3 InsO ist nur dann sinnvoll, wenn dies vorteilhaft für die Masse ist.

Die Pflichten des Insolvenzverwalters werden durch die Zwecke des Insolvenzverfahrens begrenzt. Auch eine Verwertung hat nur dann Sinn, wenn sie im Rahmen der Zwecke des Insolvenzverfahrens erfolgt.

Wir haben bereits in Kapitel C) gesehen, welche Haftungsrisiken den Insolvenzverwalter im Zusammenhang mit der Nichterfüllung von Masseverbindlichkeiten treffen und welche Steuerungswirkung der Regelungsrahmen der §§ 60, 61 InsO auf die gesetzlichen Regelungen der §§ 208 ff. InsO, dort insbesondere das offene Abwicklungsgebot des § 208 Abs. 3 InsO, ausübt. Die aus dem Abwicklungsgebot resultieren Pflichten wurden bereits in Kapitel E) II erörtert. Dies führt zu der Frage, welche Rechte der Verwalter nach § 208 Abs. 3 InsO hat, d. h. wie eine optimale Verfahrensabwicklung erfolgen kann.

I. Zielsetzungen der InsO und Interessenlagen

Der Insolvenzordnung liegt ein einheitliches Hauptziel zugrunde: die bestmögliche Befriedigung der Gläubiger. Dieses Ziel ist in erster Linie maßgeblich für die Entscheidungen, die innerhalb des Verfahrens zu treffen sind[675]. Es ist den anderen Zwecken, die der Gesetzgeber mit der Einführung der Insolvenzordnung verfolgte, übergeordnet[676]. Im Gegensatz beispielsweise zu einigen ausländischen Kodifikationen ist es kein besonderes Ziel, der Organisation des Schuldnerunternehmens besonderen Schutz zu gewähren[677]. Auch die Tätigkeit des Insolvenzverwalters ist vorrangig an dem Ziel der Gläubigerbefriedigung auszurichten[678]. Dieses Ziel der gemeinschaftlichen Befriedigung der Gläubiger wird zu Beginn des Textes in § 1 Abs. 1 InsO hervorgehoben, da es das gesamte Insolvenzverfahren prägt.

---

675 Begr. RegE zu § 1, abgedruckt in: Uhlenbruck, Das neue Insolvenzrecht, S. 296.

676 Allgemeine Begründung zur Insolvenzordnung, Ziffer 3, abgedruckt in: Uhlenbruck, Das neue Insolvenzrecht, S. 231 ff.

677 Allgemeine Begründung zur Insolvenzordnung, Ziffer 3.a), abgedruckt in: Uhlenbruck, Das neue Insolvenzrecht, S. 232. Vgl. auch Smid, Instrumentarien des Insolvenzrechts und Krisenbewältigung, 7, 11.

678 Begr. RegE zu § 1, abgedruckt in: Uhlenbruck, Das neue Insolvenzrecht, S. 296.

Optimale Gläubigerbefriedigung wird durch optimale Verwertungsentscheidungen erreicht. Der Verwalter hat die für die optimale Masseverwertung, d.h. die Erzielung des höchstmöglichen Ertrages mit möglichst geringem Aufwand zu sorgen[679]. Die optimale Verwertungsentscheidung soll in Verhandlungen der Beteiligten aufgrund des Einsatzes des wirtschaftlichen Kalküls entweder als Zerschlagung oder Sanierung erfolgen[680]. Da die jeweils sinnvollste (d.h. ergebnisoptimale) Verwertungsart nur im Einzelfall bestimmt werden kann, ist der Gesetzgeber von einem Gleichrang von Liquidation, übertragender Sanierung und Sanierung des Schuldners ausgegangen. Die Vorstellung ging dahin, dass durch den Markt im Einzelfall eine Entscheidung im Wettbewerb der Verwertungsarten getroffen werden sollte.

Umstritten ist, ob diese Konzeption des Regelverfahrens auch im masseunzulänglichen Verfahren Anwendung findet. Für die Beantwortung dieser Frage kommt es auf die Auslegung des Abwicklungsgebotes des § 208 Abs. 3 InsO hinsichtlich der damit verbundenen Rechte des Insolvenzverwalters an.

Trotz der Fokussierung auf die Befriedigungsoptimierung sieht sich der Insolvenzverwalter heterogenen Interessen gegenüber, die häufig gegensätzlich zueinander stehen. Durch das Nebeneinander der Verwertungsalternativen Sanierung und Liquidierung werden häufig die Rufe nach einem mit der Sanierung verbundenen (teilweisen) Arbeitsplatzerhalt laut. Arbeitsplätze dürfen und müssen jedoch gegebenenfalls im Gläubigerinteresse aufgegeben werden. Als Gläubiger des Insolvenzschuldners stehen dessen Arbeitnehmer nicht besser als sonstige Insolvenzgläubiger[681].

II. Verwertungsalternativen des Insolvenzverwalters im masseunzulänglichen Verfahren

Im Regelverfahren kann das schuldnerische Vermögen entweder durch Sanierung oder Liquidation verwertet werden, § 1 InsO. Bei der Sanierung wird typischerweise zwischen einer Fortführung mit dem Ziel (i) einer übertragenden Sanierung, bei der Vermögensgegenstände des Schuldners auf einen neuen Rechtsträger übertragen werden, oder (ii) einer Sanierung des Schuldners selbst unterschieden. Die übertragende Sanierung kann auch als Verwertung durch Verkauf bezeichnet werden; ohne dass inhaltlich eine Änderung der Verwertungshandlung die Folge ist. Die Sanierung des alten Rechtsträgers des Schuldners erfolgt typischerweise durch ein Insolvenzplanverfahren. Dies liegt an dem wirtschaftlichen Verzicht der Gläubiger, der mit dem Plan in aller Regel einhergeht. Ohne diesen Verzicht gelingt nur

679 Leonhardt/Smid/Zeuner-Smid § 159 RdNr. 4.
680 Leonhardt/Smid/Zeuner-Smid vor § 1 Einleitung RdNr. 21.
681 Häsemeyer, Verfahren bei Masseunzulänglichkeit, S. 341, 354.

selten eine Innensanierung, durch die der Schuldner als Rechtsträger des Unternehmens erhalten werden kann[682].

Wenngleich ein Sanierungsvorrang nicht besteht, wird es, wenn eine auch nur vage Aussicht der Sanierung besteht, zum Sanierungsversuch kommen. Denn im Regelfall stellt sich bei der Sanierung eine höhere Insolvenzmasse ein, als bei einer zerschlagenden Insolvenz erreicht werden könnte[683]. Zudem darf der mit einer gelungenen Sanierung verbundene Imagegewinn für den Insolvenzverwalter – in der Öffentlichkeit und bei dem Insolvenzgericht – als Triebfeder nicht unterschätzt werden.

Die Entscheidung über die Verwertungsart treffen die Gläubiger[684]. In der Praxis wird allerdings der Insolvenzverwalter durch seine Berichterstattung nach § 156 InsO dem Verfahren zumindest die entscheidende Weichenstellung zwischen Liquidierung und Sanierung vorgeben. Er hat es demnach meist in der Hand, das schuldnerische Vermögen seiner optimalen Verwertung zuzuführen.

Im Hinblick auf den Fortbestand der Pflicht zur Verwaltung und Verwertung gemäß § 208 Abs. 3 InsO ist offen, ob alle Abwicklungsalternativen des Regelverfahrens auch im insuffizienten Verfahren Anwendung finden können.

Teilweise wird vertreten, wegen der Funktionsänderung des Insolvenzverfahrens nach Eintritt der Masseunzulänglichkeit seien nicht mehr alle Handlungsalternativen des Regelverfahrens nutzbar. Es handele sich bei dem masseunzulänglichen Verfahren nur noch um ein Notverfahren, dessen schnellstmögliche Abwicklung sichergestellt werden müsse[685]. Eine Pflicht zur unverzüglichen Verwertung auch im Regelverfahren normiert indes bereits § 159 InsO.

Ob die Kategorisierung als Notverfahren vor dem Hintergrund des Ziels der bestmöglichen Gläubigerbefriedigung zutreffend ist, erscheint jedoch zweifelhaft. Denn auch bei Masseunzulänglichkeit kann der Fortführungswert des Schuldnerunternehmens größer sein als der Liquidationswert mit der Folge, dass eine Sanierung den Gläubigern und den übrigen Beteiligten Nutzen bringt[686]. Eine rein ökonomische Betrachtung spräche deshalb dafür, auch nach Eintritt der Insuffizienz im Rahmen der Verwertung keine Schranken anzunehmen. Allerdings darf auch die wirtschaftlichste Verwertung im Einzelfall nicht gegen andere Prinzipien der Insolvenzordnung verstoßen[687]. Wie zu zeigen ist, kann eine interessengerechte und gesetzmäßige Abwicklung des masseunzulänglichen Verfahrens bei Insol-

---

682 HambKomm-InsR/Decker § 157 InsO RdNr. 7. Vgl. auch unten Abschnitt F) II.3.1.

683 Smid/Rattunde, Insolvenzplan, RdNr. 0.9.

684 Anders/Leithaus-Leithaus § 1 RdNr. 1.

685 So bspw. Häsemeyer, Verfahren bei Masseunzulänglichkeit, 341, 344.

686 Allgemeine Begründung zur Insolvenzordnung, Ziffer I. 4. e), abgedruckt in: Uhlenbruck, Das neue Insolvenzrecht, S. 259.

687 Smid, Instrumentarien des Insolvenzrechts und Krisenbewältigung, 7, 10; Smid/Rattunde, Insolvenzplan, RdNr. 2.41.

venzplanvorlage insbesondere bei Überwindung der Unzulänglichkeit durch den Plan erreicht werden.

Fraglich ist, ob im masseunzulänglichen Verfahren gesetzliche Abwicklungs- oder Verwertungsschranken bestehen. Fraglich ist mithin, wie das Abwicklungsgebot des § 208 Abs. 3 InsO auszulegen ist[688]. Insbesondere hinsichtlich der Zulässigkeit der Vorlage eines Insolvenzplans im masseunzulänglichen Verfahren sind aufgrund der fehlenden gesetzlichen Regelung viele Fragen offen.

1. Liquidation

Unumstritten ist, dass jedenfalls eine liquidierende Tätigkeit nach Anzeige der Masseunzulänglichkeit zulässig bleibt. Denn die Liquidation ist grundsätzlich die schnellste und am wenigsten komplizierte, deshalb auch am wenigsten haftungsträchtige, Verwertungsalternative. Auch hier ist der Verwalter allerdings, wie oben in Kapitel E) II.2.2 dargestellt, zur Anpassung seines Liquiditätsplans verpflichtet.

Es ist möglich, dass der Verwalter zum Zweck der Liquidation neue Masseverbindlichkeiten eingehen müsste, deren Nichterfüllbarkeit er im Rahmen des angepassten Liquiditätsplans absehen kann. Dies ist dann der Fall, wenn die Liquidationskosten über den Erlösen liegen und diese Lücke nicht von der verbleibenden Insolvenzmasse gedeckt ist. Häufig wird dieses Problem im Zusammenhang mit der Verwertung schadstoffbelasteter Gegenstände der Insolvenzmasse auftreten. Eine weitere Verwertung ist dem Insolvenzverwalter dann nicht mehr zuzumuten[689]; er müsste für die Erfüllung der neu zu begründenden Verbindlichkeiten persönlich nach § 61 InsO haften.

Teilweise wird vorgeschlagen, in einem solchen Fall auf der Grundlage einer großzügigen Anwendung des § 207 InsO das Verfahren abzubrechen[690]. Es erscheint allerdings zweifelhaft, ob die Voraussetzungen von § 207 InsO in diesem Fall überhaupt erfüllt sind. Eine Einstellung nach § 207 InsO setzt – wie bereits erörtert – voraus, dass im weiteren Verfahren auch die Massekosten nicht gedeckt sind. Jedoch wurde bereits gezeigt[691], dass nach dem Willen des Gesetzgebers der Begriff der Massekosten eng zu fassen ist. Sonstige Masseverbindlichkeiten aus der Verwertungstätigkeit des Insolvenzverwalters werden davon grundsätzlich nicht erfasst. Ausnahmen sind, wie wir oben in Kapitel D II.1.3 gesehen haben, nur bei den sogenannten unausweichlichen Verwertungskosten denkbar, die unter den Begriff der Auslagen nach § 54 Nr. 2 InsO fallen. Voraussetzung hierfür ist allerdings, dass die anfallenden Kosten für den Insolvenzverwalter mit zumutbaren Aufwendungen nicht zu vermeiden sind. Können Gegenstände allerdings frei- und an den In-

---

688 Häsemeyer, Verfahren bei Masseunzulänglichkeit, 341, 344; MünchKomm-InsO/Hefermehl § 208 RdNr. 81.

689 BK-InsO/Breutigam § 208 RdNr. 25.

690 Kübler, Massearme Insolvenzverfahren, RdNr. 31–33.

691 Siehe oben Kapitel D) II.1.3.

solvenzschuldner zurückgegeben werden, sind sonst entstehende Liquidations-Aufwendungen vermeidbar und deshalb nicht erforderlich.

Zudem hätte diese Lösung des Verfahrensabbruchs auch den Nachteil, dass eine Haftungsverwirklichung im übrigen nicht mehr stattfände. Denn nach Feststellung der Massekostenarmut ist unverwertetes Vermögen dem Schuldner zurückzugeben.

Der Insolvenzverwalter wird deshalb Massegegenstände, deren Verwertungs- und/oder Verwaltungskosten den erwarteten Erlös übersteigen, freigeben[692]. Andere Massegegenstände können dann noch verwertet werden.

Neben der Freigabe kommt auch die Anzeige der Neu-Masseunzulänglichkeit als Vorgehensweise in Betracht, wenn im Rahmen der Verwertung vorübergehende Liquiditätsprobleme, bspw. wegen der auf das Liquidationsgeschäft anfallenden Umsatzsteuer, auftreten. Wenn nämlich bereits Masseunzulänglichkeit eingetreten ist und die Umsatzsteuer aus einer beabsichtigten Verwertungshandlung deshalb nicht vollständig beglichen werden kann, kann durch die erneute Anzeige der Masseunzulänglichkeit noch eine Verwertung ermöglicht werden[693]. Dadurch erhält die Umsatzsteuerforderung Vorrang vor den bisherigen Neu-Masseforderungen. Nach Begleichung der Umsatzsteuer kann der Insolvenzverwalter vom neumasseunzulänglichen in das masseunzulängliche Verfahren zurückkehren und durch den positiven Deckungsbeitrag der Verwertung eine höhere quotale Befriedigung der Massegläubiger erreichen.

Eine persönliche Inanspruchnahme des Insolvenzverwalters kann im Rahmen der Liquidation sowohl aus § 60 InsO als auch § 61 InsO in Betracht kommen[694]. Wegen der statischen Verhältnisse der Liquidation ist die Haftungsgefahr allerdings deutlich geringer als bei der Betriebsfortführung. Die Liquidation stellt sich wegen der relativen Planungssicherheit nach Einstellung eines schuldnerischen Betriebes als Verwertungsalternative mit dem geringsten Risiko dar.

2. Sanierung

Im Hinblick auf die Zulässigkeit von Sanierungsmaßnahmen nach Eintritt der Masseunzulänglichkeit sind eine Reihe von Fragen bislang ungeklärt. Dies betrifft vor allem die der Zulässigkeit einer Betriebsfortführung und der Vorlage eines Insolvenzplans. Eine übertragende Sanierung wird zwar auch von den Gegnern einer Betriebsfortführung nach Unzulänglichkeitsanzeige grundsätzlich für zulässig erachtet[695], dabei aber außer Acht gelassen, dass die Betriebsfortführung in der Regel als Zwischenschritt dazu erforderlich ist. Wie der Fortbestand der Verwaltungs-

---

692 BVerwG ZInsO 2004, 1206; FK-InsO/Schulz § 208 RdNr. 10.

693 Siehe dazu oben Kapitel E) VII. HK-InsO/Landfermann § 208 RdNr. 15.

694 Ausführlich Kapitel C) III.

695 Häsemeyer, Verfahren bei Masseunzulänglichkeit, 341, 354.

und Verwertungspflicht des Verwalters nach § 208 Abs. 3 InsO im Hinblick auf den Umfang seiner Abwicklungs*rechte* zu verstehen ist, ist demnach eine Frage der Auslegung dieses Abwicklungsgebotes.

2.1. Inhalt des Abwicklungsgebotes nach § 208 Abs. 3 InsO

Der Wortlaut des § 208 Abs. 3 InsO spricht unbeschränkt von einem Fortbestand der Verwaltungs- und Verwertungspflicht des Insolvenzverwalters, ohne Einschränkungen hinsichtlich des Inhalts dieser Pflicht vorzunehmen. Wir haben bereits oben in Kapitel E) II.2.1 gesehen, dass der Verwalter grundsätzlich zur Abwicklung nach den §§ 149ff. InsO wie im Regelverfahren verpflichtet ist. Unklar ist, ob korrespondierend dazu auch die Rechte des Insolvenzverwalters umfassend bestehen.

a) Masseunzulängliches Verfahren als Notverfahren?

Häsemeyer vertritt die Auffassung, die Abwicklungspflicht des § 208 Abs. 3 InsO stehe unter ganz anderen Vorzeichen als vor der Anzeige der Masseunzulänglichkeit. Leider habe der Gesetzgeber eine den Notcharakter der Abwicklung betonende gesetzliche Mahnung, die Masseverwertung bei Verlustrisiken einzuschränken oder gar unter Verfahrenseinstellung abzubrechen, versäumt. Ein solcher Hinweis wäre sowohl den Interessen der Massegläubiger als auch des Insolvenzverwalters dienlich gewesen. Er geht davon aus, das Insolvenzverfahren ändere nach Anzeige der Masseunzulänglichkeit seine Funktion. Das masseunzulängliche Verfahren sei ein Notverfahren, das auf die Masseverwertung beschränkt sei[696]. Je effizienter, insbesondere schneller und kostengünstiger die Abwicklung betrieben werde, desto geringere Einbußen würden die Alt-Massegläubiger erleiden. Ein verlustreiches Weiterwirtschaften sei nicht angängig, zumal findigen Insolvenzgläubigern nicht die letzten Chancen, nach Einstellung Vermögensgegenstände des Schuldners aufzuspüren, verwirtschaftet werden sollten.

Aus der Funktionsbestimmung als Notverfahren folgert *Häsemeyer*, es könne keinem Verfahrensbeteiligten gestattet werden, dieses Notverfahren zur Verfolgung eigener Zwecke zu nutzen, es insbesondere nicht zur Erreichung bestimmter Nebenfolgen des eigentlichen Insolvenzverfahrens zu instrumentalisieren[697]. Aus diesen Überlegungen entwickelt er auch die Auffassung, die Vorlage eines Insolvenzplans nach Eintritt der Masseunzulänglichkeit sei funktionswidrig[698].

---

696 Häsemeyer, Verfahren bei Masseunzulänglichkeit, 341, 344, 346, 347.

697 Häsemeyer, Verfahren bei Masseunzulänglichkeit, 341, 345.

698 Häsemeyer, Verfahren bei Masseunzulänglichkeit, 341, 350. Vgl. hierzu sogleich Kapitel F) II.3.2.b)(ii)1.

b) Stellungnahme

Es ist zutreffend, dass sich mit der Anzeige der Masseunzulänglichkeit die Stoßrichtung des Verfahrens ändert. Statt der Befriedigung der Insolvenzgläubiger steht die der Massegläubiger im Vordergrund. Die Schlussfolgerungen, die *Häsemeyer* aus dieser Änderung zieht, sind jedoch nicht zwingend. Für die Bestimmung von Inhalt und Grenzen des Abwicklungsgebotes sind im hohen Maße Tatsachenfragen entscheidend. Wir werden im weiteren Verlauf sehen, dass die Vorlage eines Insolvenzplans die einzige Möglichkeit sein kann, das Verfahren aus der Masseunzulänglichkeit herauszuführen bzw. den Eintritt der Masseunzulänglichkeit zu verhindern (vgl. sogleich Kapitel F) II.3.2.b)(iv)).

(i) Wortlaut und historischer Wille

Aus dem Wortlaut von § 208 Abs. 3 InsO ergeben sich keine Anhaltspunkte für eine Beschränkung des Abwicklungszweckes, mithin der Rechte des Verwalters nach § 208 Abs. 3 InsO. Ein eindeutiger historischer Wille des Gesetzgebers besteht ebenso wenig. In der Gesetzesbegründung heißt es dazu, das Ziel der Feststellung der Masseunzulänglichkeit sei es, dem Verwalter die Fortsetzung der Verwertung und die anschließende Verteilung des Verwertungserlöses unter den Massegläubigern zu ermöglichen[699]. Die Frage, ob dies einzelne Verwertungsalternativen des Regelverfahrens ausschließt, ist nicht angesprochen.

(ii) Erneut: Gesetzliche Wertung

Da weder der unmittelbare Wortsinn noch der historische Wille des Gesetzgebers zu einer eindeutigen Auslegung führen, hat sich die Auslegung der Regelung an objektiv-teleologischen Kriterien zu orientieren[700]. Es wurde bereits gezeigt, dass sich die Abwicklung im Regelverfahren an der Maximierung des Verwertungserlöses zu orientieren hat und der Gesetzgeber von einem Gleichrang der Verwertungsalternativen Liquidation, übertragender Sanierung und Sanierung des Schuldners ausgegangen ist.

Diese Grundsätze gelten zunächst zwar nur für das Regelverfahren. Wie zu zeigen sein wird, sind jedoch keine überzeugenden Anhaltspunkte dafür ersichtlich, dass im masseunzulänglichen Verfahren der Wettbewerb um die beste Verwertungsart nicht fortbestehen soll und einzelne Verwertungsarten apodiktisch für ausgeschlossen erklärt werden.

---

699 Begr. zu § 320 RegE, abgedruckt in: Uhlenbruck, Das neue Insolvenzrecht, S. 574.
700 Vgl. Larenz/Canaris, Methodenlehre, S. 153. Die wesentlichen Kriterien dieser Auslegung sind die Strukturen des geregelten Sachbereichs zum einen und zum anderen die hinter einer Regelung stehenden rechtsethischen Prinzipien.

F) Optimale Verfahrensabwicklung

1. *Gleichmäßige und gemeinschaftliche Befriedigung*

Das gesamte Insolvenzverfahren ist unter dem Postulat der Marktkonformität vermögensorientiert[701]. Der Grundsatz der gemeinschaftlichen, maximalen Gläubigerbefriedigung ist deshalb bereits in § 1 S. 1 InsO als Programmsatz niedergelegt. Nach der Anzeige der Masseunzulänglichkeit greift der Grundsatz der Gleichbehandlung aller Gläubiger deshalb nach Auffassung des BGH auch innerhalb der Ranggruppen des § 209 InsO wieder ein[702]. Teilweise wird dieser Auffassung mit dem Argument entgegengetreten, wegen fehlenden Versagens der Schuldnerautonomie sei eine Verweisung auf das unzureichende Schuldnervermögen im Falle der Massegläubiger nicht einschlägig, vielmehr handele der Insolvenzverwalter bei Begründung von Masseverbindlichkeiten unilateral[703]. Diese Entgegnung erscheint jedoch in zweierlei Hinsicht angreifbar. Zum einen ist dies nicht zutreffend, soweit Masseverbindlichkeiten aus fortbestehenden Annuitäten betroffen sind, §§ 109, 113 InsO. Die Entstehung dieser Verbindlichkeiten vor Ablauf der Kündigungsfristen kann der Insolvenzverwalter auch durch Freistellung der Arbeitnehmer oder Rückgabe der Mietsache nicht verhindern. Ihre Entstehung rührt noch aus der Fehlkalkulation des Schuldners her. Hier setzt sich also das schuldnerische Versagen ohne Zutun des Insolvenzverwalters fort, sodass eine Gleichbehandlung gerechtfertigt ist.

Zum anderen handelt der Verwalter auch bei der Neubegründung von Masseverbindlichkeiten nur als Partei kraft Amtes für den Schuldner[704] und damit grundsätzlich multilateral. Hier sind Schuld und Haftung deutlich voneinander zu unterscheiden. Wie wir gesehen haben, kommt ein persönliches Einstehen des Verwalters wegen der Verletzung insolvenzspezifischer Pflichten nur in Betracht, wenn die Voraussetzungen der persönlichen Haftung nach §§ 60, 61 InsO erfüllt sind. Liegen diese Voraussetzungen vor, haftet der Verwalter unilateral. Hinsichtlich der Schuld hingegen sind die Alt-Massegläubiger gleich zu behandeln und auf die multilaterale Befriedigung verwiesen, wenn Masseunzulänglichkeit eingetreten ist.

Gemeinschaftliche Gläubigerbefriedigung i. S. v. § 1 InsO bedeutet die Zusammenfassung aller Gläubigerinteressen in einer möglichst gerechten Verteilung des aus dem gesamten Schuldnervermögen herrührenden Erlöses, dessen Maximierung anzustreben ist[705]. Eine Liquidation, die den Gläubigern weniger bringt als auf andere Weise, steht im Widerspruch zu dem vom Gesetzgeber festgelegten Verfahrensziel[706].

---

701 Allgemeine Begründung zur Insolvenzordnung, Ziffer 3.a), abgedruckt in: Uhlenbruck, Das neue Insolvenzrecht, S. 231 f.

702 BGHZ 154, 358, 368 f. A. A. Häsemeyer, Verfahren bei Masseunzulänglichkeit, 341, 348.

703 So Häsemeyer, Verfahren bei Masseunzulänglichkeit, 341, 348.

704 Leonhardt/Smid/Zeuner-Smid § 80 RdNr. 13, 27 ff.

705 HK-InsO/Kirchhof § 1 RdNr. 4.

706 Jaeger/Henckel § 1 RdNr. 4.

Gläubiger in diesem Sinn sind neben den Insolvenzgläubigern im Fall des masseunzulänglichen Verfahrens auch die Massegläubiger[707]; denn mit der Anzeige der Masseunzulänglichkeit kommt es zur „Insolvenz in der Insolvenz“[708]. Dies ergibt sich zum einen daraus, dass sich die Gläubiger der Masseverbindlichkeiten einer zur Deckung ihrer Forderung insuffizienten Masse gegenübersehen[709]. Zudem ergibt sich dies aus den §§ 208ff. InsO selbst, die das Verfahren regeln, das wegen Masseunzulänglichkeit nur der Befriedigung dieser Gläubiger dient[710].

Aus den Wertungen des Gesetzes ist für das Abwicklungsgebot des § 208 Abs. 3 InsO folglich zu entnehmen, dass mit der Verwertung des schuldnerischen Vermögens grundsätzlich auch nach Anzeige der Unzulänglichkeit eine Erlösmaximierung unter Bereitstellung der Verwertungsalternativen des Regelverfahrens erreicht werden soll. Eine Beschränkung auf bestimmte Verwertungsformen lässt sich aus teleologischen Gründen nicht erkennen.

Für die Entscheidung darüber, welche Abwicklungsart den Zweck des masseunzulänglichen Verfahrens am besten erfüllt, kann der Insolvenzverwalter auf den Liquiditätsplan zurückgreifen. Wenn sich aus dem Liquiditätsplan die Vorteilhaftigkeit der angestrebten Verwertung ergibt, erfüllt diese den Zweck der §§ 208ff. InsO und kann nicht von vornherein ausgeschlossen werden.

2. *Steuerungswirkung der Haftungsnormen*

Häsemeyer ist darin zuzustimmen, wenn er anmerkt, ein weiteres verlustreiches Wirtschaften nach der Anzeige sei nicht angängig[711]. Hierbei handelt es sich jedoch nicht um eine Besonderheit des unzulänglichen Verfahrens[712]. Der Grundsatz der Unzulässigkeit verlustreicher Betriebsfortführungen gilt während des gesamten Verfahrens. Der Insolvenzverwalter haftet nach § 60 InsO auch im Regelverfahren, wenn er schuldhaft verlustreich wirtschaftet. Er ist auch dort zur unverzögerten Abwicklung verpflichtet, § 159 InsO. Begründet er durch eine verlustreiche Tätigkeit nach Anzeige der Masseunzulänglichkeit Masseverbindlichkeiten, die er nicht erfüllen kann, haftet er in aller Regel den Neu-Massegläubigern aus § 61 InsO und den Alt-Massegläubigern aus § 60 InsO persönlich[713]. Auch wenn neu begründete Verbindlichkeiten noch gedeckt sind und die Fortführung zu Lasten der Vertei-

---

707 Jaeger/Henckel § 1 RdNr. 4.

708 HK-InsO/Landfermann § 208 RdNr. 16; Leonhardt/Smid/Zeuner-Smid § 208 RdNr. 1. A.A. Häsemeyer, Verfahren bei Masseunzulänglichkeit, 341, 342, der dafür keine Erforderlichkeit mehr sieht. Allerdings hat auch der Gesetzgeber die vergleichbare Situation gesehen und die Möglichkeiten der Anzeige der Masseunzulänglichkeit parallel zu den Eröffnungsgründen des Regelverfahrens gestaltet

709 Leonhardt/Smid/Zeuner-Smid § 208 RdNr. 1. A.A. Häsemeyer, Verfahren bei Masseunzulänglichkeit, 341–343, der die Auffassung vertritt, eine solche Bezeichnung habe heute wegen der Legalisierung in §§ 208ff. InsO keine Berechtigung mehr.

710 Jaeger/Henckel § 1 RdNr. 4.

711 Ders., Verfahren bei Masseunzulänglichkeit, 341, 345.

712 So auch HK-InsO/Landfermann § 208 RdNr. 14.

713 Siehe oben ausführlich Kapitel C) III.

lungsmasse für die Alt-Massegläubiger geht, kommt eine Haftung wegen Liquidationsverschleppung im masseunzulänglichen Verfahren gegenüber den betroffenen Gläubigern nach § 60 InsO in Betracht. Warum im masseunzulänglichen Verfahren eine schnelle Abwicklung mehr als im Regelverfahren Vorrang vor einer optimalen Abwicklung haben soll, ist nicht ersichtlich.

Verhaltensmaßstäbe für die Abwicklung der unzulänglichen Masse werden, so sieht es auch *Häsemeyer*, stets unter Berücksichtigung ihrer Haftungsrelevanz entwickelt[714]. Die Grenzen der zulässigen Abwicklung bei Masseunzulänglichkeit bestimmen deshalb nicht die §§ 208ff. InsO allein, sondern auch die Regelungen der §§ 60, 61 InsO. Den Haftungsnormen kommt für die Verfahrensabwicklung eine Steuerungswirkung zu. Aus §§ 60, 61 InsO ergibt sich aber keine Beschränkung der Abwicklungsalternativen des Insolvenzverwalters. Es wurde gezeigt, dass Voraussetzung für eine Haftung des Insolvenzverwalters die Verletzung einer insolvenzspezifischen Pflicht ist[715]. Eine insolvenzspezifische Pflicht zur Beschränkung der Abwicklung besteht allerdings nicht. Die Vorgabe und Begrenzung der Abwicklung erfolgt, wie bereits gesehen, durch den Liquiditätsplan des Insolvenzverwalters.

Einer grundsätzlich unbeschränkten Auslegung des § 208 Abs. 3 InsO steht schließlich auch die Befriedungsfunktion des Insolvenzverfahrens nicht entgegen. *Häsemeyer* schlägt vor, statt einer umfassenden Haftungsverwirklichung bei Verlustrisiken die Masseverwertung unter Verfahrenseinstellung abzubrechen[716]. Diese Ansicht birgt allerdings die Gefahr einer Verfahrensabwicklung *contra legem*. Der Abbruch des Verfahrens ist nach § 207 InsO nur vorgesehen, wenn die Kosten des Verfahrens nicht mehr gedeckt sind. Hierzu haben wir bereits gesehen, dass eine verlustbringende Verwertung durch Freigabe des Massegegenstandes, nicht aber Verfahrensabbruch zu vermeiden ist. Ob der Befriedungsfunktion nämlich durch Einstellung des Verfahrens genüge getan werden kann, darf bezweifelt werden. Findige Insolvenzgläubiger, die nach *Häsemeyers* Vorstellung noch haftungstaugliche Vermögensgegenstände des Schuldners aufspüren können, dürften sich dann um diese Gegenstände mit ebenso findigen Massegläubigern streiten, die nach § 211 Abs. 3 InsO eine Nachtragsverteilung beantragen können. Die überkommene Regelung wurde gerade wegen der fehlenden Möglichkeit der vollständigen Masseverwertung für reformbedürftig gehalten[717]. Die vollständige Abwicklung des schuldnerischen Vermögens war ein ausdrückliches Ziel der Insolvenzrechtsreform[718]. Schließlich wird eine wirtschaftlich optimale Verwertung auch bei Masse-

---

714 Häsemeyer, Verfahren bei Masseunzulänglichkeit, 341, 347; Kübler/Prütting-Pape § 208 RdNr. 19aff. Auch der Gesetzgeber ist von der Steuerungswirkung der Haftungsnormen für das masseunzulängliche Verfahren ausgegangen, vgl. Beschl.-Empfehlung des RechtsA zu § 234b, abgedruckt in: Uhlenbruck, Das neue Insolvenzrecht, S. 572.

715 Vgl. Kapitel C) III.2.2. und C) III.3.2

716 Häsemeyer, Verfahren bei Masseunzulänglichkeit, 341, 347.

717 Begr. zu § 318 RegE, abgedruckt in: Uhlenbruck, Das neue Insolvenzrecht, S. 571.

718 Allgemeine Begründung zur Insolvenzordnung, abgedruckt in: Uhlenbruck, Das neue Insolvenzrecht, S. 242.

unzulänglichkeit der Befriedungsfunktion des Insolvenzverfahrens gerecht. Wir werden sehen, dass bspw. durch die Vorlage eines Insolvenzplans die Überwindung der Masseunzulänglichkeit möglich ist.

Klarzustellen ist, dass mit dieser Auslegung keiner Eigenständigkeit des masseunzulänglichen Verfahrens mit verselbständigten (Sekundär-)Zielen das Wort geredet werden soll[719]. Die Fortsetzung von Verwaltung und Verwertung hat immer nur dann Sinn, wenn sie im Rahmen der Zwecke des (masseunzulänglichen) Insolvenzverfahrens erfolgt. Den Bedenken *Häsemeyers* ist im Grundsatz zuzustimmen. Seine Aussage zur Unzulässigkeit der Betriebsfortführung bei Masseunzulänglichkeit bedarf deshalb der detailgenauen Abstimmung im Einzelfall. Es ist eine *quaestio facti*, ob im Einzelfall ein weiteres Wirtschaften ggf. besser ist als das abrupte Ende eines Betriebes.

Bei dem für das Insolvenzverfahren prägenden Merkmal der Vermögensorientierung ist aus teleologischen Gesichtspunkten nicht erkennbar, warum gewisse Verfahrensmöglichkeiten im insuffizienten Verfahren von vornherein ausgeschlossen sein sollen. Um ein optimales Ergebnis für die Massegläubiger zu erreichen, sollte das Abwicklungsgebot des § 208 Abs. 3 InsO grundsätzlich unbeschränkt aufgefasst werden. Nicht das Motiv, durch Sanierung Arbeitsplätze zu erhalten, steht dabei im Vordergrund, sondern die Maximierung des Erlöses für die Alt-Massegläubiger.

Es ist jeweils im Einzelfall als Tatsachenfrage zu prüfen, welche Abwicklungsmaßnahmen geeignet sind, § 208 Abs. 3 InsO zu seinem Normzweck zu verhelfen. Einfache Verwertungsmaßnahmen gibt es nach Eintritt der Masseunzulänglichkeit daneben nicht mehr.

2.2. Übertragende Sanierung (Verwertung durch Verkauf)

Bei der übertragenden Sanierung verbleiben die Passiva im schuldnerischen Unternehmen, während die zukünftig wirtschaftlich erfolgsnotwendigen Aktiva aus dem Unternehmen herausgelöst werden[720]. Sie ist neben der Sanierung des Unternehmensträgers gleichrangiges Sanierungsinstrument. Um mögliche Missbräuche zu Lasten der Verfahrensbeteiligten durch eine Veräußerung unter Marktwert zu verhindern, sieht die InsO diverse Regelungen vor, die die korrekte Marktpreisbildung erleichtern sollen[721]. Bei der Übertragung werden die einzelnen betriebsnotwendigen materiellen und immateriellen Vermögensgegenstände an einen Dritten nach den allgemeinen Regeln des Schuld- und Sachenrechts im Wege eines soge-

---

719 So die Befürchtung *Häsemeyers*, vgl. Verfahren bei Masseunzulänglichkeit, 341, 343.

720 Uhlenbruck/Uhlenbruck § 157 RdNr. 5.

721 Allgemeine Begründung zur Insolvenzordnung, Ziffer 4.f), abgedruckt in: Uhlenbruck, Das neue Insolvenzrecht, S. 260. Vgl. §§ 160–163 InsO, wonach die Veräußerung der Zustimmung des Gläubigerausschusses/der Gläubigerversammlung bedarf und ggf. vorläufig untersagt werden kann.

nannten *asset deals* übertragen. Im Regelfall kann dadurch ein Veräußerungserlös deutlich über der Summe der erwarteten einzelnen Zerschlagungswerte für die jeweiligen Massegegenstände erzielt werden. Für den Erwerber bietet sich der Vorteil, dass er nicht gezwungen ist, den Betrieb oder das Unternehmen als Ganzes zu erwerben, sondern sich vielmehr auf attraktive Teile beschränken kann. Er kann so einen *fresh start* für die erworbenen Teile erreichen und die Haftung für Altverbindlichkeiten des Schuldners vermeiden; anders bspw. bei der mit einer Nachhaftung gemäß § 133 UmwG verbundenen Ausgründung. Die geschäftliche Tätigkeit des übertragenen Betriebs wird typischerweise nahtlos fortgesetzt, um eine Schwächung der Marktposition zu vermeiden. Deshalb ist der Insolvenzverwalter grundsätzlich faktisch gezwungen, bis zum Erfolg einer übertragenden Sanierung eine werbende Tätigkeit aufrechtzuerhalten.

Befürwortet man die Möglichkeit einer übertragenden Sanierung auch im masseunzulänglichen Verfahren, so stellt sich folglich das Problem, dass dies in aller Regel die vorherige Aufrechterhaltung des Geschäftsbetriebes erfordert.

Haftungsrechtlich bedeutsam wird es, wenn die übertragende Sanierung scheitert und der Insolvenzverwalter mit Blick auf den erwarteten Erlös zuvor einen defizitären Betrieb fortgeführt hat.

a) Zulässigkeit einer Betriebsfortführung nach Eintritt der Masseunzulänglichkeit

Ob eine Betriebsfortführung allerdings auch nach Eintritt der Masseunzulänglichkeit noch zulässig ist, ist umstritten. Teilweise wird vertreten, die nach der Anzeige der Masseunzulänglichkeit fortbestehende Verwertungspflicht des Insolvenzverwalters beziehe sich nur noch darauf, die vorhandene Restmasse geordnet im Interesse der Befriedigung der Massegläubiger zu verwerten, und schlösse deshalb eine Betriebsfortführung aus[722]. Nach anderer Auffassung ist die Betriebsfortführung hingegen auch nach der Anzeige der Masseunzulänglichkeit zulässig[723].

Die Zulässigkeit einer Betriebsfortführung nach Eintritt der Masseunzulänglichkeit ist anhand des Inhalts und der Grenzen der Abwicklungspflicht nach § 208 Abs. 3 InsO zu beurteilen. Nach hier vertretener Auffassung enthält § 208 Abs. 3 InsO keine immanente Verwertungsschranke und schließt deshalb auch eine Betriebsfortführung nicht aus. Wie zuvor bereits angesprochen, ist die Betriebsfortführung als Verwaltungs- und Verwertungsform nach § 208 Abs. 3 InsO nie Selbstzweck, sondern (auch im masseunzulänglichen Verfahren) immer nur Mittel zur bestmöglichen Verwertung des schuldnerischen Vermögens[724]. Es können jedoch Sachverhalte auftreten, bei denen trotz angezeigter Masseunzulänglichkeit eine

---

722 BGH ZInsO 2002, 879, 881; BK-InsO/Breutigam § 208 RdNr. 24; Kübler/Prütting-Pape § 208 RdNr. 20; MünchKomm-InsO/Hefermehl § 208 RdNr. 81; Uhlenbruck/Uhlenbruck § 208 RdNr. 20.
723 Braun/Kießner § 208 RdNr. 29; HK-InsO/Landfermann § 208 RdNr. 14. Differenzierend Hamb-Komm-InsR/Weitzmann § 208 InsO RdNr. 10.
724 FK-InsO/Kießner § 209 RdNr. 17.

sofortige Betriebseinstellung untunlich erscheint und nur durch die Betriebsfortführung Verwertungschancen offengehalten werden können[725]. In einem solchen Fall die Betriebsfortführung als unzulässig anzusehen, erscheint nicht als zielführend.

Maßstab für die Zulässigkeit einer Verwertungs- und Verwaltungsmaßnahme ist, ob die gewählte Maßnahme zur Erfüllung des Zwecks des masseunzulänglichen Verfahrens, nämlich der optimalen Befriedigung der Massegläubiger, geeignet ist. Festzustellen ist die Geeignetheit anhand des ordnungsgemäß geführten und nach Eintritt der Masseunzulänglichkeit angepassten Liquiditätsplans.

Die Grenze der Abwicklungsmöglichkeiten bildet darüber hinaus die persönliche Haftung des Insolvenzverwalters. Es wurde bereits gezeigt, dass er sowohl im Regel- als auch im unzulänglichen Verfahren grundsätzlich wegen Liquidationsverschleppung nach § 60 InsO haftet, wenn er die Masse durch eine verlustreiche Betriebsfortführung mindert und die Verfahrensdauer unnötig in die Länge zieht. Dies schließt aber eine Fortführung, deren Erträge über den Kosten liegen, nicht aus. Solche Fälle sind in der Praxis beispielsweise dann vorstellbar, wenn lediglich ertragsstarke Betriebsteile fortgeführt werden, während Verlustbringer geschlossen werden. Wir haben bereits gesehen, dass für die Zeit der Kündigungsfristen nach §§ 109, 113 InsO auch bei Rückgabe der Immobilien bzw. Freistellung der Arbeitnehmer Masseverbindlichkeiten entstehen, die allerdings durch Anzeige der Masseunzulänglichkeit in den Rang des § 209 Abs. 1 Nr. 3, Abs. 2 InsO zu Alt-Masseverbindlichkeiten zurückgestuft werden können. Durch diese Separierung erlangt der Verwalter die erforderliche Liquidität, um die ertragreichen Sparten bis zur Übertragung fortzuführen. Durch die mit der Übertragung erlangten Erlöse erhöht sich die Quote der Zahlung auf die Alt-Masseverbindlichkeiten. Diese Variante stellt sich deshalb auch für die Alt-Massegläubiger als lohnenswert dar.

b) Haftung bei Scheitern der Betriebsfortführung/Übertragung

In Ausnahmefällen ist auch vorstellbar, dass ein Betrieb zur Ermöglichung einer Übertragung fortgeführt wird, obwohl temporär negative Deckungsbeiträge erwirtschaftet werden. Voraussetzung der Zulässigkeit einer solchen Fortführung ist zunächst, dass die vorhandene Masse nach der Anzeige der Insuffizienz zur Deckung der Neu-Masseverbindlichkeiten bis zum Übertragungstermin ausreicht. Widrigenfalls haftet der Verwalter unmittelbar nach § 61 InsO. Es wurde bereits zuvor gezeigt, dass die Deckung der Neuverbindlichkeiten nach dem Liquiditätsplan insoweit die Grenze zieht. Aus dem angepassten Liquiditätsplan hat sich dann folgendes zu ergeben: Mit dem Übertragungserlös muss ein Betrag erreicht werden, der die Verluste der Fortführung deckt und darüber hinaus die Quote der Alt-Massegläubiger im Vergleich zu einer sofortigen Liquidation übertrifft. Das heißt, später erwirtschaftete Liquidität wird generiert, die anschließend verteilt werden kann; idealerweise derart, dass eine Rückkehr ins Regelverfahren und

725 So der BGH schon zur KO: BGH ZIP 1982, 326 ff.; auch Braun/Kießner § 208 RdNr. 37.

(teilweise) Befriedigung von Insolvenzgläubigern möglich ist. Ein überschießender Betrag ist deshalb erforderlich, weil die Alt-Massegläubiger gegenüber der sofortigen Liquidation durch die zeitliche Verschiebung ihrer Befriedigung schlechtergestellt werden[726].

Problematisch ist, wenn die geplante Übertragung bei vorheriger defizitärer Fortführung scheitert.

Es mögen sich Kaufvertragsverhandlungen über einen längeren Zeitraum hingezogen haben. Kaufgegenstand ist ein Betrieb mit wenigen Angestellten und einem Lehmofen. Das Betriebsgrundstück liegt an einem Wasserlauf. Auf dem Grundstück befindet sich eine Lehmgrube mit umweltschädlichem Inhalt. Wäre der dazugehörige Ofen abgestellt worden, hätte dies innerhalb weniger Tage zu einer Verseuchung sowohl des Grundstücks als auch des Flusses geführt, weil der Inhalt der Grube über die Ufer getreten wäre. Mit Verfahrenseröffnung zeigte der Verwalter drohende Masseunzulänglichkeit an. Es war absehbar, dass die Verbindlichkeiten für die Weiterbeschäftigung der Arbeitnehmer und die Unterhaltung des Ofens nicht gedeckt sind. Gleichwohl stellte der Verwalter den Ofen nicht ab, um die in Aussicht stehende Grundstücksveräußerung nicht zu gefährden. Hierdurch wurden Neu-Masseverbindlichkeiten für einen zuständigen Arbeitnehmer und die Energiekosten begründet. Die geplante Betriebsveräußerung scheitert. Die Neu-Masseverbindlichkeiten können nicht vollständig beglichen werden. Auf die Alt-Masseverbindlichkeiten findet überhaupt keine Zahlung mehr statt. Bei einem erfolgreichen Verlauf der Verkaufsverhandlungen wären die Neu-Masseverbindlichkeiten gedeckt gewesen und auf die Alt-Masseverbindlichkeiten eine höhere Quote als bei Freigabe des Grundstücks entfallen.

Dem Verwalter droht hier die Haftung aus § 61 InsO gegenüber dem weiterbeschäftigten Arbeitnehmer und den Energieversorgern sowie aus § 60 InsO gegenüber den Alt-Massegläubigern. Allerdings ist die Haftung keine automatische Folge des Scheiterns der geplanten Verwertung[727]. Widrigenfalls würde lediglich der risikoscheue Insolvenzverwalter, dessen sicherheitsorientierte Liquidation weder im Gläubiger- noch im volkswirtschaftlichen Interesse ist, gefördert.

Die insoweit aufgeworfene Frage, nämlich ob der Verwalter bei Scheitern der Betriebsfortführung tatsächlich haftet, ist sehr problematisch. Hier kommen wir auf die Grundsätze zurück, die wir bereits zu Beginn in Kapitel C) III erarbeitet haben. Danach gilt zunächst, dass die insolvenzspezifische Haftung des Insolvenzverwalters dessen pflichtwidriges Verhalten voraussetzt. Wir haben gesehen, dass die Haftung des Insolvenzverwalters auf der Abgrenzung von Risikosphären beruht. Führt der Verwalter einen ordnungsgemäßen Liquiditätsplan und hält er sich bei Verwaltung, Verwertung und Verteilung der Masse hieran, kann er seine Haftungsrisiken weitgehend beherrschen. In Kapitel E) II.2.2 haben wir sodann gese-

726 Es kann insoweit zu Zinsverlusten durch nicht wahrgenommene Anlagemöglichkeiten oder zu Zinsaufwendungen wegen der Inanspruchnahme von Krediten kommen.
727 A. A. Häsemeyer, Verfahren bei Masseunzulänglichkeit, 341, 343.

hen, dass der Liquiditätsplan nach Eintritt der Masseunzulänglichkeit umzustellen ist, um der Verschiebung der Risiken Rechnung zu tragen. An die Validität des Plans sind jetzt höhere Anforderungen zu stellen. Für den Verwalter stellt sich zusätzlich das Problem, dass nach Eintritt der Masseunzulänglichkeit keine einfachen Verwertungsformen mehr existieren. Aufgrund betriebswirtschaftlicher Schwierigkeiten können Kosten, die, wie wir gesehen haben, durch sämtliche Abwicklungsmaßnahmen produziert werden, aus dem Ruder laufen. Fraglich ist insoweit, ob zusätzliche Anforderungen an die Exkulpation des Verwalters nach § 61 S. 2 InsO zu stellen sind durch die Grauzone der besonders prognostischen Situation im masseunzulänglichen Verfahren.

Hinsichtlich des Maßstabs zur Beurteilung der Pflichtgemäßheit einer Betriebsfortführung haben wir bereits zu Beginn in Kapitel C) III.3.2.b) festgestellt, dass sich *Business Judgement Rule* und Spekulationsverbot des Insolvenzverwalters nach § 104 InsO ergänzen. Die *Business Judgement Rule* betrifft im wesentlichen die Pflicht zur Einholung adäquater Informationen und einer darauf gestützten Entscheidung. Der Verwalter handelt pflichtwidrig i.S.v. § 60 InsO, wenn er die Grenzen des ihm zustehenden Beurteilungsermessens überschritten hat. Dies ist dann nicht der Fall, wenn er auf Grundlage angemessener Information ein kalkulierbares Risiko eingegangen ist, mithin nicht spekulativ gehandelt hat. Spekulativ kann es bspw. sein, wenn er der Verwalter ein sicheres Kaufangebot ausschlägt, um eine unsicherere, eventuell ertragreichere Exspektanz weiterzuverfolgen; oder, im Hinblick auf Grundstücksgeschäfte, wenn der Insolvenzverwalter in der spekulativen Hoffnung auf einen höheren Erlös mit Massekrediten Grundpfandrechte von massezugehörigen Grundstücken ablöst[728]. Das Ermessen des Verwalters hinsichtlich der Wahl der Abwicklungsmaßnahme ist insoweit beschränkt.

Im konkreten Fall bedeutet dies: Ob der Verwalter haftet, hängt von den tatsächlichen Umständen ab. Alternative (1): Ein unkalkulierbares Risiko hat dann vorgelegen, wenn der Abschluss eines endgültigen Kaufvertrages nicht durch Rechtstatsachen bereits angelegt war. Hierfür dürfte bspw. die Unterzeichnung eines sogenannten *Letter of Intent* allein noch nicht ausreichen. Der unterzeichnende Interessent setzt sich zwar ggf. Haftungsansprüchen aus, eine bindende Vereinbarung stellt der *Letter of Intent* aber nicht dar[729]. Alternative (2): Zwischen dem Insolvenzverwalter als Veräußerer und dem Erwerber wurde ein sogenanntes *Memorandum of Understanding* unterzeichnet, das im konkreten Fall vertraglichen Charakter hatte[730]. Gleichwohl scheitert ein Verkauf, weil der Erwerber unerwartet den Kaufpreis nicht finanzieren kann.

In Alternative (1) hat der Verwalter lediglich auf Grundlage einer Erwartung gehandelt und damit einerseits sowohl spekulativ und andererseits auch auf Grundlage der zur Verfügung stehenden Informationen (keine bindende Vereinbarung!)

728 Leonhardt/Smid/Zeuner-Smid § 159 RdNr. 7.
729 Palandt/Heinrichs vor § 145 RdNr. 17.
730 Baumbach/Hopt/Hopt Einleitung vor § 343 RdNr. 4.

nicht im Rahmen der Erfordernisse der *Business Judgement Rule*. Hier wird typischerweise eine Haftung nach § 60 InsO in Betracht kommen. In Alternative (2) bestand hingegen ein bindender (Vor-)Vertrag. Der Verwalter konnte pflichtgemäß annehmen, mit der Betriebsfortführung zum Wohle der Masse zu handeln. Auch hat er nicht spekulativ gehandelt. Eine Haftung bei Nichterfüllung von Masseverbindlichkeiten nach § 60 InsO ist deshalb abzulehnen. Konnte er auf Grundlage angemessener Information davon auszugehen, nicht spekulativ und zum Wohle der Masse zu handeln, ist ihm weder eine Pflichtverletzung noch schuldhaftes Handeln vorzuwerfen. Hat der Verwalter die Sanierungsrisiken ermessensfehlerfrei als gering eingeschätzt, ist ihm dies nicht vorzuwerfen.

Hat – was eine Frage der Umstände des Einzelfalls ist – der Insolvenzverwalter eine ausreichende Verhandlungsposition, kann er, um sein Haftungsrisiko weiter zu verringern, eine Vertragsstrafe in den (Vor-)Vertrag verhandeln, idealerweise in der Höhe, in der sich die Masse durch die Betriebsfortführung verringert.

Auch aus § 61 InsO kommt dann keine Haftung in Betracht, wenn der Verwalter auf Grundlage eines ordnungsgemäß geführten und angepassten Liquiditätsplans gehandelt hat. An die Erfüllung dieser Pflicht sind nach Eintritt der Masseunzulänglichkeit allerdings deutlich erhöhte Anforderungen zu stellen. Wir haben bereits gesehen, dass mit Anzeige der Masseunzulänglichkeit der Liquiditätsplan umzustellen ist. Auch wurde bereits dargestellt, dass eine betriebsfortführende Abwicklung erhöhte betriebswirtschaftliche Schwierigkeiten mit sich bringt, die zur Frage der Unanwendbarkeit der Exkulpation nach § 61 S. 2 InsO führen können. Hat allerdings wie oben in Alternative (2) ein bindender (Vor-)Vertrag zwischen den Parteien vorgelegen, wird man dem Verwalter zugestehen können, dass er die erwarteten Zahlungen hieraus in den Liquiditätsplan einstellen durfte.

Ein Restrisiko hinsichtlich des Scheiterns einer Sanierung wird auch bei einer relativ positiven Prognose aufgrund der Unvorhersehbarkeit der Entwicklungen nie auszuschließen sein. Dieses sollte jedoch dann zur Erfüllung der beabsichtigten Vermögensorientierung des Insolvenzverfahrens in Kauf genommen werden, wenn bei einer vorsichtigen Prognose mit einem positiven Beitrag zu rechnen ist.

3. Sanierung des Unternehmensträgers durch Insolvenzplan

Die Frage, ob eine Sanierung im Wege des Insolvenzplanverfahrens auch im masseunzulänglichen Verfahren zulässig ist[731], ist umstritten.

Sie ist gesetzlich nicht geregelt. Auch eine ober- oder höchstrichterliche Entscheidung steht bislang aus. In der – soweit ersichtlich – ersten ergangenen Gerichtsentscheidung zur Insolvenzplanvorlage im masseunzulänglichen Verfahren hat das LG Dresden die durch das Insolvenzgericht zuvor erfolgte Zurückweisung ei-

731 Davon zu unterscheiden ist die Frage, wie es sich auswirkt, wenn nach Vorlage des Insolvenzplans Masseunzulänglichkeit eintritt, vgl. Uhlenbruck/Uhlenbruck § 211 RdNr. 11.

nes Plans nach § 231 InsO bestätigt[732]. Im Jahr 2007 hat hingegen das LG Mühlhausen im Rahmen eines Beschlusses zur gerichtlichen Überprüfung eines Insolvenzplans und den Voraussetzungen des Obstruktionsverbotes entschieden, dass auch bei Masseunzulänglichkeit das Insolvenzplanverfahren jedenfalls dann zulässig sei, wenn der Insolvenzplan eine bestehende Massekostenunterdeckung beseitigt[733].

Im Regierungsentwurf hatte der später gestrichene § 323 Abs. 2[734] noch ausdrücklich vorgesehen, dass die Vorlage eines Insolvenzplans nicht durch die Feststellung der Masseunzulänglichkeit ausgeschlossen werde. Die Streichung des § 323 RegE wurde vom Rechtsausschuss mit der Begründung empfohlen, dass die darin geregelten Probleme der Rechtsprechung überlassen werden sollten[735]. Sie ist im Kontext der allgemeinen Beschlussempfehlung des Rechtsausschusses zu sehen, wonach die Vorschriften über den Insolvenzplan unter Beibehaltung ihrer Grundgedanken wesentlich gestrafft werden sollten[736]. Eine Entscheidung gegen die Statthaftigkeit des Insolvenzplans im masseunzulänglichen Verfahren sollte nicht getroffen werden, die Frage vielmehr offen bleiben.

Aus wirtschaftlichen Überlegungen und im Hinblick auf den Fortbestand der Abwicklungspflicht des Insolvenzverwalters nach § 208 Abs. 3 InsO wird überwiegend davon ausgegangen, dass die Vorlage zulässig ist[737]. Eine Ausarbeitung der konkreten Voraussetzungen ist bislang jedoch – soweit ersichtlich – nicht erfolgt. Eine andere Ansicht hält die Vorlage hingegen für unzulässig[738].

Im Wesentlichen stellen sich folgende Problemkreise:

Eine gesetzliche Regelung fehlt. Die Beteiligung der Massegläubiger im Insolvenzplanverfahren ist in § 217 InsO nicht vorgesehen, die Statthaftigkeit eines Insolvenzplans im masseunzulänglichen Verfahren also schon dem Grunde nach fraglich. Die Eingriffsmöglichkeiten des Insolvenzplans scheinen insoweit nicht recht zum masseunzulänglichen Verfahren zu passen.

---

732 LG Dresden ZInsO 2005, 831 f.

733 LG Mühlhausen NZI 2007, 724, 727.

734 Abgedruckt in: Uhlenbruck, Das neue Insolvenzrecht, S. 578.

735 Beschl.-Empfehlung des RechtsA zu § 234d, abgedruckt in: Uhlenbruck, Das neue Insolvenzrecht, S. 577.

736 Beschlussempfehlung und Bericht des Rechtsausschusses zu dem Gesetzentwurf der Bundesregierung, Ziffer I.4., abgedruckt in: Uhlenbruck, Das neue Insolvenzrecht, S. 291.

737 Andres/Leithaus-Andres Vorbem. vor §217 RdNr.3; HambKomm-InsR/Thies §217 InsO RdNr.9; HK-InsO/Flessner § 217 RdNr. 9 f.; Kübler/Prütting-Pape § 210 RdNr. 15; MünchKomm-InsO/Eidenmüller vor §§217 ff. RdNr. 33; Smid/Rattunde, Insolvenzplan, RdNr. 2.120; Uhlenbruck/Uhlenbruck § 211 RdNr. 11. Westpfahl/Janjuah, Modernisierung des deutschen Sanierungsrechts, 1, 17, halten die Möglichkeit der Planvorlage bei Masseunzulänglichkeit ebenfalls für erforderlich. Kluth, Verfahren bei Masseunzulänglichkeit, 171, 185, lässt die Frage offen.

738 LG Dresden ZInsO 2005, 831 f.; BK-InsO/Breutigam § 208 RdNr. 26; Häsemeyer, Verfahren bei Masseunzulänglichkeit, 341, 353 ff.; MünchKomm-InsO/Hefermehl § 208 RdNr. 58; Walther, Verfahren bei Masseunzulänglichkeit, S. 200.

Erachtet man die Planvorlage gleichwohl für zulässig, ergeben sich weitere Fragen: Zunächst ist fraglich, wie die Gruppenbildung nach § 222 InsO zu erfolgen hat, da die Massegläubiger in der Norm nicht erwähnt werden. Weiter sieht § 258 Abs. 2 InsO vor, dass vor der Aufhebung des Insolvenzverfahrens die unstreitigen Masseansprüche vom Insolvenzverwalter zu berichtigen sind. Dies ist im masseunzulänglichen Verfahren jedoch selten der Fall. Fraglich ist also, ob § 258 Abs. 2 InsO dispositiv ist. Letztlich stellt sich auch die Frage, ob und wie die Insolvenzgläubiger an dem Verfahren zu beteiligen sind.

3.1. Grundlagen und Funktion des Insolvenzplanverfahrens

Die Regelung der §§ 217–269 InsO gehörte – wie die Regelung des masseunzulänglichen Verfahrens – zu den Kernstücken der Insolvenzrechtsreform[739]. Ihr Zweck ist es, den Beteiligten eine weitgehende Autonomie für die Bereinigung der Insolvenz zu geben[740]. Der Insolvenzplan ermöglicht deshalb eine vom Regelverfahren abweichende Art der Verwertung, Verteilung und Haftung. Ziel des Insolvenzplanverfahrens ist die Innensanierung des Rechtsträgers[741].

Der Insolvenzplan ist Mittel zur Verfolgung des Zwecks der gemeinschaftlichen, bestmöglichen Gläubigerbefriedigung, § 1 S. 1 InsO. Es soll in Fällen, in denen es die wirtschaftliche Lage des insolventen Unternehmensträgers und die Verhältnisse gestatten, der wirtschaftlichen Vernunft der Beteiligten überantwortet sein, einen für alle Verfahrensbeteiligten bindenden Plan zu entwickeln, mit dem die Befriedigungsaussichten der Gläubiger verbessert werden[742]. Das Verfahren kann trotz seiner Komplexität Vorteile gegenüber einer übertragenden Sanierung bieten. So mag eine Übertragung deshalb nicht in Betracht kommen, weil sich kein Erwerber für das insolvente Unternehmen findet, was in strukturschwachen Gegenden häufiger der Fall sein kann. Eine Übertragung kann zudem faktisch ausgeschlossen sein, wenn bspw. aufgrund fehlender Finanzierungsmöglichkeiten kein Markt, auf dem sich angemessene Preise erreichen lassen, besteht. Typischerweise vorteilhaft ist das Planverfahren auch für Schuldner, denen höchstpersönliche, unübertragbare Rechte, wie beispielsweise Lizenzen, zustehen. Solche Konstellationen finden sich bspw. bei insolventen Sportvereinen, die zum Spielbetrieb in einer bestimmten Spielklasse zugelassen sind. Eine Übertragung bzw. eine Verwertung durch Verkauf ist dann wegen des damit verbundenen Wegfalls der Rechte uninteressant. Schließlich ist im Falle der Insolvenz von Selbständigen ein Insolvenzplan deshalb sinnvoll, weil regelmäßig bestimmte öffentlich-rechtliche Erlaubnistatbestände an die Person des Schuldners knüpfen[743]. In diesen Fällen

739 Stellungnahme des Rechtsausschusses zum 6. Teil des RegE, abgedruckt in: Uhlenbruck, Das neue Insolvenzrecht, S. 587.

740 HK-InsO/Flessner vor §§ 217 ff. RdNr. 3.

741 Begr. RegE zu § 1, abgedruckt in: Uhlenbruck, Das neue Insolvenzrecht, S. 296, 297.

742 Smid/Rattunde, Insolvenzplan, RdNr. 2.5.

743 Beispiele aus Smid/Rattunde, Insolvenzplan, RdNr. 2.25.

bietet die Sanierung des Rechtsträgers gegenüber einer Zerschlagung oder Übertragung der Vermögenswerte signifikante wirtschaftliche Vorteile.

Inhalt des Plans kann jede Regelung sein, die individualvertraglich auch außerhalb des Insolvenzverfahrens getroffen werden könnte[744]. Der Insolvenzplan kann insbesondere zur Erhaltung des Unternehmens des Schuldners oder von Teilen des Unternehmens eingesetzt werden, § 1 S. 1 InsO. Zu diesem Zweck können Kürzungen und Stundungen von Insolvenzforderungen sowie Eingriffe in Sicherungsrechte vorgenommen und eine Haftungsbefreiung des Schuldners vorgesehen werden, §§ 220–230 InsO. Die mögliche Haftungsbefreiung nach Aufhebung des Insolvenzverfahrens gemäß § 227 InsO und ein Teilverzicht der Gläubiger sind typischerweise der wesentliche Grund für das Gelingen der beabsichtigten Innensanierung.

Der Ablauf des Insolvenzplanverfahrens ist in drei Bereiche aufgeteilt. Zunächst wird der Plan aufgestellt und vom Insolvenzgericht nach einer Vorprüfung an wesentliche Beteiligte zur Stellungnahme zugeleitet (§§ 217–234 InsO). Das Gericht muss den Plan nach der Vorprüfung zurückweisen, wenn wesentliche Vorschriften nicht eingehalten sind, § 231 InsO.

Nach der Aufstellung folgen Annahme und Bestätigung des Plans, §§ 235–253 InsO. Wird der Plan nicht zurückgewiesen, wird über ihn in der Gläubigerversammlung abgestimmt. Gemäß §§ 222, 243 InsO sind dabei für Gläubiger mit unterschiedlicher Rechtsstellung unterschiedliche Gruppen zu bilden, die gesondert über den Plan abzustimmen haben. Soweit in einer Gruppe die Zustimmung missbräuchlich nicht erteilt wird, kann deren Zustimmung wegen des Obstruktionsverbots nach § 245 InsO ersetzt werden. Schließlich ist die Zustimmung des Schuldners für einen vom Verwalter vorgelegten Plan nach § 247 InsO erforderlich. Die Zustimmung wird gemäß Abs. 1 allerdings fingiert, wenn der Schuldner nicht widerspricht. Auch hier ist ein Widerspruch unbeachtlich, wenn er rechtsmissbräuchlich ist, § 247 Abs. 2 InsO.

Schließlich ergeben sich die Wirkungen des bestätigten Plans mit eventueller Überwachung aus §§ 254–269 InsO. Das Insolvenzverfahren wird nach der Bestätigung aufgehoben und der Schuldner erhält die Verfügungsbefugnis über sein Vermögen zurück.

3.2. Zulässigkeit der Insolvenzplanvorlage im masseunzulänglichen Verfahren dem Grunde nach

Wie zuvor angesprochen, ist bereits die grundsätzliche Zulässigkeit der Insolvenzplanvorlage im masseunzulänglichen Verfahren fraglich. Dogmatisch wird der Streit an der Frage festgemacht, ob wegen der Nichtumsetzung von § 323 RegE eine analogiefähige Lücke entstanden ist.

---

744 HK-InsO/Flessner vor §§ 217 ff. RdNr. 8.

a) Gesetzeslücke und Rechtsfortbildung

Die Grundsatznorm des Insolvenzplanverfahrens, § 217 InsO, sieht eine Anwendung des Planverfahrens bei Masseunzulänglichkeit nicht vor. Nach § 217 InsO können die Befriedigung der absonderungsberechtigten Gläubiger und der Insolvenzgläubiger durch einen Plan geregelt werden. Die Massegläubiger sind hingegen nicht erwähnt.

Voraussetzung einer Insolvenzplanvorlage im masseunzulänglichen Verfahren ist demnach, dass die Regelungen der §§ 217ff. InsO dort analog anwendbar sind. *Kluth*[745] beispielsweise lehnt die Möglichkeit einer Analogie ab.

Voraussetzung einer analogen Anwendung ist das Vorliegen einer Gesetzeslücke. Gesetzeslücken sind Lücken innerhalb des Regelungszusammenhangs des Gesetzes. Ob eine derartige Lücke vorliegt, ist daher vom Standpunkt des Gesetzes selbst zu beurteilen. Weiterhin muss es sich um eine „planwidrige Unvollständigkeit" des Gesetzes handeln[746].

Kluth nimmt an, der in der Beschlussempfehlung des Rechtsausschusses ausgesprochene Auftrag des Gesetzgebers an die Rechtsprechung zur Lückenfüllung[747] setze (neben der verfassungsrechtlichen Fragwürdigkeit) das bisherige Verständnis der Analogie außer Kraft, weil es sich bei der Nichtregelung nämlich um eine bewusste Entscheidung und damit methodisch um eine negative Entscheidung des Gesetzgebers gehandelt habe[748]. Dann sei eine Analogie aber unzulässig, weil es an der erforderlichen „Planwidrigkeit" der Lücke fehle.

Methodisch ist entgegen der Auffassung von *Kluth* der Begriff der „Planwidrigkeit" nicht allein so zu verstehen, dass der Gesetzgeber eine mögliche Regelung nicht geplant hatte. Vielmehr kommt es auf den gesetzlichen Plan an, der aus dem Gesetz selbst durch historische und teleologische Auslegung zu erschließen ist[749]. Historisch ergibt sich aber gerade keine negative Entscheidung des Gesetzgebers; denn er hat sich nicht gegen die Zulassung der Insolvenzplanvorlage im masseunzulänglichen Verfahren ausgesprochen, sondern die Frage offengelassen. *Kluth* ist zwar darin zuzustimmen, dass die aus der Gesetzesbegründung lesbare Anregung zur analogen Anwendung von Normen des Regelverfahrens unverbindlich ist[750]. Eine negative Entscheidung im Sinne der bewussten Nichtzulassung eines Instituts lag der Nichtregelung aber nicht zugrunde. Die historische Auslegung des § 217 InsO vermag die „Planwidrigkeit" der Gesetzeslücke hinsichtlich des masseunzulänglichen Verfahrens nicht auszuschließen.

---

745 Kluth, Verfahren bei unzulänglicher Insolvenzmasse, 177, 178.
746 BGH NJW 2006, 2997, 2999; Larenz/Canaris, Methodenlehre, S. 191, 194.
747 Vgl. Beschl.-Empfehlung des RechtsA zu § 234d, abgedruckt in: Uhlenbruck, Das neue Insolvenzrecht, S. 578.
748 Kluth, Verfahren bei unzulänglicher Insolvenzmasse, 177, 178, 180.
749 Larenz/Canaris, Methodenlehre, S. 194.
750 Kluth, Verfahren bei unzulänglicher Insolvenzmasse, 177, 178.

Ob die analoge Anwendung der §§ 217ff. InsO zulässig ist, richtet sich nach der immanenten Teleologie des Gesetzes.

b) Gesetzliche Wertung

Ausgangspunkt für die Auslegung und Ermittlung des Telos ist der Programmsatz der Regelungen zum Insolvenzplan: § 217 InsO[751].

Nach § 217 InsO ist der Insolvenzplan Instrument zur Erreichung der Ziele des § 1 InsO, also der gleichmäßigen und bestmöglichen Gläubigerbefriedigung[752]. Im Vordergrund der in § 217 InsO vorgesehenen Arten von Regelungen stehen solche, die das Hauptziel des Insolvenzverfahrens, die bestmögliche Gläubigerbefriedigung, betreffen[753].

(i) Wirtschaftliche Vorteilhaftigkeit

Teilweise wird deshalb vertreten, Auslegung und Fortbildung der Normen des Insolvenzplanverfahrens seien allein an einem ökonomischen Effizienzkriterium auszurichten[754]. Eine solche Auslegung liefe allerdings Gefahr, zu widersprüchlichen Ergebnissen zu kommen, wenn Spannungen zwischen ökonomischen und rechtlichen Kriterien auftreten. Als Kontrolle gegen Fehlinterpretationen sind deshalb die Aufgaben des Insolvenzverfahrens mit einzubeziehen. Die Gleichbehandlung der Gläubiger, die Befriedungsaufgabe des Insolvenzverfahrens und in deren Rahmen die Erreichung einer Restschuldbefreiung sind Zwecke, die in eine teleologische Auslegung einzustellen sind. Gleichzeitig gilt, dass eine Auslegung, die zu einer weniger wirtschaftlichen Handhabung des Insolvenzplanverfahrens führt, ernsten Bedenken begegnet[755]. Teleologisch verlangt § 217 InsO also sowohl eine ökonomische wie aufgabenorientiert insolvenzrechtliche Auslegung.

In den Kapiteln E) II.1 und F) II.2.1.b)(ii) haben wir bereits gesehen, dass Ziel der Abwicklung des masseunzulänglichen Verfahrens die optimale und gleichmäßige Befriedigung der Massegläubiger ist; idealerweise wird die Masseunzulänglichkeit durch geschickte Abwicklung überwunden.

Beispielhaft sollen im Folgenden drei Fälle beschrieben werden, in denen eine Insolvenzplanregelung auch im masseunzulänglichen Verfahren zu wirtschaftlichen Vorteilen für die Gläubiger führt. Die Fortführung (und Sanierung) des Unternehmens des Schuldners liegt im Interesse der Gläubiger, wenn der Fortführungswert höher liegt als der Wert, der bei einer Einzelveräußerung der Vermögensgegenstände zu erzielen wäre. Dies gilt auch bei Masseunzulänglichkeit[756]. Es gibt Konstellationen, in denen Ertragsaussichten trotz Masseunzulänglichkeit bei der Fort-

751 Smid/Rattunde, Insolvenzplan, RdNr. 2.41.
752 Smid/Rattunde, Insolvenzplan, RdNr. 2.41.
753 Begr. RegE zu § 253, abgedruckt in: Uhlenbruck, Das neue Insolvenzrecht, S. 588.
754 MünchKomm-InsO/Eidenmüller vor § 217 RdNr. 26.
755 Smid/Rattunde, Insolvenzplan, RdNr. 2.40, 2.41.
756 Begr. zu § 323 RegE, abgedruckt in: Uhlenbruck, Das neue Insolvenzrecht, S. 578.

führung und Sanierung von Unternehmen oder Unternehmensteilen im Wege des Insolvenzplans höher sind als bei der Einstellung der Unternehmenstätigkeit. Aus der Praxis wird sogleich der Fall Herlitz beispielhaft dargestellt (vgl. Kapitel F) II.3.2.b)(iv)).

Grund für die Masseunzulänglichkeit mag beispielsweise ein Umweltschaden sein, der während des Verfahrens verursacht worden ist. Die daraus resultierenden Verbindlichkeiten sind Masseverbindlichkeiten. Ist das schuldnerische Unternehmen hiergegen nicht versichert, kann die Masse schnell insuffizient werden. Die Ertragsaussichten des Schuldners werden dadurch jedoch nicht beeinträchtigt[757].

Gerade in Großverfahren kann es vorkommen, dass die geldgebenden Kreditinstitute wegen sonst drohender Wertberichtigungen ein solches Interesse an dem Erhalt des Rechtsträgers haben, dass sie bereit sind, den Schuldner mit neuem Geld zu versorgen und damit die Masseunzulänglichkeit im Wege des Insolvenzplans zu beseitigen.

Ein Insolvenzplan kann bei Masseunzulänglichkeit auch wegen der Möglichkeit der abweichenden Regelung der Verwertung von Absonderungsgut in Betracht kommen. Insbesondere wegen der Möglichkeit der freihändigen Verwertung von Grundstücken kann dies vorteilhaft sein, wie das folgende Beispiel verdeutlichen soll.

Insolvenzschuldner sei ein Wohnungsbauunternehmen, welches nur für ein Bauprojekt gegründet wurde. Es hat Wohnungen errichtet, von denen es bislang allerdings nur einen Teil veräußern konnte. Der Rest der Wohnungen ist vermietet. Die Mietforderungen sind an die baufinanzierende Bank abgetreten, die auch grundbuchmäßig gesichert ist und die Forderungen direkt einzieht. Wegen der Abtretung können die Lasten- und Kostenbeiträge nach § 16 WEG nicht geleistet werden. Nach Eröffnung werden diese Verbindlichkeiten zu Masseverbindlichkeiten, die aus der Masse weiterhin nicht erfüllt werden können. Der Insolvenzverwalter zeigt mit Eröffnung Masseunzulänglichkeit an. Bei der gesetzlich vorgesehenen Verwertung im Wege der Zwangsversteigerung nach § 165 InsO i. V. m. §§ 172 ZVG sind die Erlösaussichten eher unterdurchschnittlich. Dies führt im Regelfall dazu, dass die gesicherten Forderungen der Rangklasse 4, § 10 Abs. 1 Nr. 4 ZVG nicht vollständig erfüllt werden können. Für die Masse fällt nur der Kostenbeitrag des § 10 Nr. 1 a ZVG an. Bei einer freihändigen Veräußerung hingegen, die Gegenstand eines Insolvenzplans sein kann, wird in aller Regel ein höherer Erlös erzielt. Zudem kann in diesem Plan die Befriedigung der absonderungsberechtigten Gläubiger abweichend geregelt werden. Spielraum besteht also in dem Bereich zwischen einem erwarteten Versteigerungserlös und dem Erlös aus dem freihändigen Verkauf. Im vorliegenden Fall kann so der Erlös auch nach Eintritt der Masseunzulänglichkeit durch einen Insolvenzplan maximiert werden.

---

757 Beispiel aus der Begr. zu § 323 RegE, abgedruckt in: Uhlenbruck, Das neue Insolvenzrecht, S. 579.

Dies sind Beispiele für Fälle, in denen eine Sanierung durch Insolvenzplan auch im masseunzulänglichen Verfahren vorteilhaft sein kann. Damit wäre für die Alt-Massegläubiger eine höhere Quote bis zu einer vollständigen Befriedigung möglich. Die Planvorlage würde insoweit zu einer optimalen Gläubigerbefriedigung führen, die die Liquidation nicht erreichen könnte.

Mithin steht der wirtschaftliche Aspekt des teleologischen Gehalts von § 217 InsO einer Zulässigkeit von Insolvenzplanverfahren bei Masseunzulänglichkeit nicht entgegen.

(ii) Aufgaben des Insolvenzverfahrens als Teil der gesetzlichen Wertung

Neben der wirtschaftlichen Vorteilhaftigkeit sind die Aufgaben des Insolvenzverfahrens, namentlich die Gleichbehandlung der Gläubiger, die Befriedungsfunktion des Insolvenzverfahrens und die Befreiung des redlichen Schuldners von seinen restlichen Schulden Teil der gesetzlichen Wertung der §§ 217ff. InsO[758]. Es ist deshalb zu untersuchen, ob diese Aufgaben mit der Insolvenzplanvorlage nach Eintritt der Masseunzulänglichkeit erfüllt werden können.

1. Funktionswidrigkeit der Vorlage eines Insolvenzplans?

Nach *Häsemeyer* ist die Vorlage des Insolvenzplans nach Anzeige der Masseunzulänglichkeit funktionswidrig und deshalb unzulässig[759]. Er hält die Vorlage für unvereinbar mit der gesetzlichen Wertung im masseunzulänglichen Verfahren, weil es sich beim masseunzulänglichen Verfahren um ein reines Notabwicklungsverfahren handele[760]. Diese Funktionsbestimmung ergebe sich sowohl aus der Aussperrung der Insolvenzgläubiger als auch wegen der Entwertung der Alt-Masseverbindlichkeiten. Für die Unzulässigkeit des Insolvenzplans führt er verschiedene Gründe an. Ein Abschluss des Plans zwischen Insolvenzverwalter und Schuldner sei nicht vorstellbar, da es an einer Entlastung des Schuldners gegenüber den Insolvenzgläubigern fehle, wenn ein Plan unter deren Ausschluss ausgehandelt werde. Auch der Planabschluss zwischen Insolvenzverwalter und Massegläubigern sei jedoch unzulässig. Erstens sei der Insolvenzverwalter befangen, weil dieser selbst Massegläubiger ist. Zweitens seien auch die Massegläubiger nicht abschlusskompetent. Auf ihrer Seite fehle es an jeglicher Legitimation für Mehrheitsentscheidungen, da keine materielle Innenbeziehung bestünde. Zudem seien von der gesetzlichen Gruppenbildung nach § 222 InsO abweichende Regelungen ausgeschlossen. Schließlich verlängere ein Abwicklungsplan das Verfahren und erhöhe die Kosten[761].

---

758 Smid/Rattunde, Insolvenzplan, RdNr. 2.41.
759 Häsemeyer, Verfahren bei Masseunzulänglichkeit, 341, 350.
760 Häsemeyer, Verfahren bei Masseunzulänglichkeit, 341, 344.
761 Häsemeyer, Verfahren bei Masseunzulänglichkeit, 341, 350–352.

2. *Stellungnahme*

Nach hier vertretener Auffassung steht die gesetzliche Wertung der InsO der Vorlage eines Insolvenzplans nach Eintritt der Masseunzulänglichkeit nicht *a priori* entgegen. Der Grundsatz der Gläubigergleichbehandlung gilt nach Eintritt der Masseunzulänglichkeit auch unter den Massegläubigern[762]. Sie bilden deshalb ab dem Zeitpunkt des Eintritts eine Verlustgemeinschaft, in deren Folge eine Innenbeziehung entsteht. Deshalb sind auch Mehrheitsentscheidungen zulässig. Ob der Grundsatz der Gleichbehandlung im Ergebnis verletzt wird, ist weniger eine abstrakte Frage der Insolvenzplanvorlage, sondern eher der konkreten inhaltlichen Ausgestaltung des Plans.

Warum von der gesetzlichen Gruppenbildung des § 222 InsO nicht abgewichen können soll, ist nicht erkennbar[763]. Die Antwort auf die Frage, ob von § 222 InsO abgewichen werden kann, ist Folge der Analyse der gesetzlichen Wertung, nicht aber ihr Mittel. Zwar besteht eine grundsätzliche Pflicht zur Gruppenbildung im Insolvenzplan, soweit Gläubiger mit unterschiedlicher Rechtstellung betroffen sind[764]. Damit ist aber nicht gesagt, dass von den in § 222 InsO genannten Gruppen nicht abgewichen darf. Auch aus der Gesetzesbegründung folgt eine solche Auslegung nicht[765].

Im Hinblick auf die entgegengehaltene Unvereinbarkeit der Insolvenzplanvorlage im masseunzulänglichen Verfahren mit der Befriedungsfunktion des Insolvenzverfahrens ist zu bedenken, dass nach Eintritt der Masseunzulänglichkeit keine einfache Abwicklungs- oder Verwertungsform mehr besteht. Auch eine Verwertung durch Verkauf, mithin eine übertragende Sanierung, kann mitunter sehr kompliziert sein. Weiterhin ist eine Abwicklung durch Insolvenzplanvorlage nicht notwendigerweise zeitaufwendiger als sonstige Formen der Verwertung: Nach §§ 235, 236 InsO können Erörterungs- und Abstimmungstermin mit dem Prüfungstermin (und damit auch mit der Gläubigerversammlung, vgl. § 29 Abs. 2 InsO) verbunden werden; der Erörterungs- und Abstimmungstermin soll gemäß § 235 Abs. 1 InsO nicht über einen Monat hinaus angesetzt werden, sodass die Sollfrist kürzer ist als die sechs Wochen gemäß § 29 InsO. Schließlich wird die Befriedungsfunktion gerade dann erfüllt, wenn – wie im Beispiel des LG Mühlhausen – durch den Insolvenzplan die Masseunzulänglichkeit beseitigt wird[766].

---

762 HK-InsO/Kirchhof § 1 RdNr. 4; Jaeger/Henckel § 1 RdNr. 4.

763 So aber Häsemeyer, Verfahren bei Masseunzulänglichkeit, 341, 351; auch Pape, in: Mohrbutter/Ringstmeier, Insolvenzverwaltung, § 12 RdNr. 151, geht davon aus, dass eine abweichende Gruppenbildung nicht möglich sei.

764 HK-InsO/Flessner § 222 RdNr. 5.

765 Siehe hierzu unten Abschnitt E) II.3.2.d).

766 LG Mühlhausen NZI 2007, 724, 727.

(iii) Masseunzulänglichkeit und Eigenverwaltung

Darüber hinaus ist § 285 InsO in die Beurteilung der gesetzlichen Wertung betreffend die Zulässigkeit der Insolvenzplanvorlage im masseunzulänglichen Verfahren einzubeziehen. § 285 InsO sieht vor, dass bei Eigenverwaltung die Masseunzulänglichkeit vom Sachwalter anzuzeigen ist; setzt mit anderen Worten also die Möglichkeit der Masseunzulänglichkeit im Eigenverwaltungsverfahren voraus. Hierzu wird in der Literatur zwar vertreten, dass, falls es nach Anordnung der Eigenverwaltung zur Anzeige der Masseunzulänglichkeit kommt, das Eigenverwaltungsverfahren seinen Zweck verfehlt hat[767]. Gleichwohl hat die Anzeige der Masseunzulänglichkeit keine speziellen Wirkungen auf das Verfahren der Eigenverwaltung, insbesondere kommt es auch nicht zu einer Aufhebung der Eigenverwaltung von Gesetzes wegen oder durch zwingende Anordnung des Insolvenzgerichts[768].

Für die wertungsmäßige Zulässigkeit der Insolvenzplanvorlage im masseunzulänglichen Verfahren spricht insoweit, dass die Eigenverwaltung durch ihre Funktionsweise mit der Vorlage eines Insolvenzplans verknüpft ist[769]. Zwar besteht insoweit im deutschen Recht – im Gegensatz zu anderen Jurisdiktionen, bspw. der USA – kein Junktim zwischen Eigenverwaltung und Insolvenzplanvorlage. System, Regelungszweck und Funktionsweise der Eigenverwaltung lassen eine Reorganisation durch Insolvenzplan allerdings typischerweise sinnvoll erscheinen[770]. Der Gesetzgeber hat hier trotz funktionaler Verknüpfung von Eigenverwaltung und Insolvenzplan die Anzeige der Masseunzulänglichkeit ausdrücklich zugelassen und – ausweislich der Gesetzesbegründung – hierin keine wertungsmäßigen Schwierigkeiten erkannt.

(iv) Der Fall Herlitz *als Beispiel*

Schließlich spricht das bereits angekündigte Beispiel der Abwicklung des Herlitz-Konzerns für eine flexible Handhabung der Insolvenzplanvorlage.

Zwar ist nach wie vor auch die Praxis der Auffassung, dass Insolvenzpläne wegen der komplizierten Ausgestaltung des Verfahrens Ausnahmeerscheinungen sind[771]. Gleichwohl können Pläne insbesondere bei Großunternehmen Vorteile gegenüber einer übertragenden Sanierung bieten. Der Fall Herlitz[772] kann als Beispiel dafür dienen, dass auch in Praxis Sanierungen durch Insolvenzpläne bei Masseunzulänglichkeit sinnvoll und sogar erforderlich sein können.

---

767 MünchKomm-InsO/Wittig/Tetzlaff § 285 RdNr. 4.

768 MünchKomm-InsO/Wittig/Tetzlaff § 285 RdNr. 12; Smid, Abwicklung masseunzulänglicher Insolvenzverfahren, 1313, 1324.

769 Wehdeking, Masseverwaltung durch den insolventen Schuldner, 84.

770 Vgl. nur Wehdeking, Masseverwaltung durch den insolventen Schuldner, 83, 84.

771 Rattunde, Sanierung von Großunternehmen durch Insolvenzpläne, 596.

772 Ausführlich hierzu Rattunde, Sanierung von Großunternehmen durch Insolvenzpläne, 596 ff.

Zwar wurde im Verfahren über das Vermögen der einzelnen Gesellschaften des Herlitz-Konzerns von dem Insolvenzverwalter im Ergebnis keine Masseunzulänglichkeit angezeigt. Die Masse wäre allerdings unzulänglich gewesen, wenn die (schnelle) Sanierung im Rahmen des Planverfahrens gescheitert wäre.

Zugrunde lag folgender, vereinfacht dargestellter Fall[773]:

Bis in die 90er Jahre war der Herlitz-Konzern ein solide geführtes, wirtschaftlich gesundes Unternehmen. Die Inanspruchnahme hoher Kredite für Immobilieninvestitionen, die sich nicht amortisierten, führte 2002 zur Insolvenz der Konzerngesellschaften. Eine mit erheblichem zeitlichen und organisatorischem Aufwand verbundene übertragende Sanierung kam mangels finanzstarkem Investor nicht in Betracht. Um den Betrieb fortzuführen, wurde über ein Massedarlehen sofort Liquidität zugeführt (das Darlehen wurde nach Planbestätigung in den Rang des § 264 InsO überführt). Über den Insolvenzplan konnte eine vollständige Befriedigung der Massegläubiger und eine Befriedigung der Insolvenzgläubiger der operativen Gesellschaft i. H. v. 10 Prozent erreicht werden.

Im Zerschlagungsfall hätte sich der Veräußerungswert der Mobilien von ca. EUR 84 Mio. auf EUR 14 Mio. reduziert. Sonstige Masseverbindlichkeiten hätten lediglich i. H. v. einem Prozent beglichen werden können; Insolvenzgläubiger wären vollständig leer ausgegangen.

Im Fall Herlitz hat demnach die Durchführung des Insolvenzplans den Eintritt der Masseunzulänglichkeit und die Abwicklung nach §§ 208 ff. InsO verhindert. Im Zerschlagungsfall wären die Massegläubiger nicht ansatzweise vollständig befriedigt worden, sondern nur mit der sehr geringen Quote von einem Prozent. Mit anderen Worten konnte für die Massegläubiger ein deutlicher Vorteil erreicht werden. Die Befriedungsfunktion wurde durch die Planvorlage deutlich mehr erfüllt, als das bei einer herkömmlichen Abwicklung der Fall gewesen wäre. Wegen der Verknüpfung der verschiedenen Abstimmungs-, Erörterungs- und Prüfungstermine und Durchführung innerhalb der Mindestfristen wurde die Abwicklung in sehr hohem Tempo und damit entsprechend der positiven Zeitpräferenz der Gläubiger vorgenommen.

(v) Zwischenergebnis

Die Vorlage eines Insolvenzplans bei Masseunzulänglichkeit ist mit den gesetzlichen Wertungen der InsO vereinbar. Ein Insolvenzplan kann auch bei Masseunzulänglichkeit in Einzelfällen wirtschaftlich vorteilhaft und mit den Aufgaben des Insolvenzverfahrens vereinbar sein. Folglich widerspricht die fehlende Regelung der Vorlage dem gesetzlichen Plan und ist mithin „planwidrig“, sodass eine durch Analogie auszufüllende Lücke vorliegt.

---

773 Siehe hierzu Rattunde, Sanierung von Großunternehmen durch Insolvenzpläne, 596 ff.

c) Gerichtliche Kontrolle und besonderes Bedürfnis

Das Insolvenzgericht prüft den Insolvenzplan gemäß § 231 InsO im Rahmen der Zulassung und gemäß § 250 InsO bei dessen Bestätigung. Es weist den Plan zurück (§ 231 InsO) bzw. versagt die Bestätigung von Amts wegen (§ 250 InsO), wenn Vorschriften über den Inhalt des Plans nicht berücksichtigt worden sind.

Bei der Planvorlage im masseunzulänglichen Verfahren stellt sich – wie bereits angesprochen – zunächst die Frage nach der Statthaftigkeit der Planvorlage an sich. Die fehlende gesetzliche Regelung wurde in der bereits angesprochenen Entscheidung des LG Dresden bereits für die Zurückweisung eines Insolvenzplans zum Anlass genommen[774]. Nach hier vertretener Auffassung ist – mit der Gegenauffassung des LG Mühlhausen[775] – hingegen auch im unzulänglichen Verfahren eine Insolvenzplanvorlage grundsätzlich zulässig.

Es ist jedoch nicht zu verkennen, dass bei Insolvenzplänen Missbrauchsrisiken bestehen. Denn die Planvorlage führt gegenüber der Liquidation in aller Regel zu einer Verzögerung des Verfahrens. Zudem erhöht sich gemäß § 3 Abs. 1 Buchst. e InsVV bei einer Vorlage des Plans durch den Insolvenzverwalter dessen Vergütung, sodass auch die Kosten des Verfahrens steigen[776]. Es ist nicht auszuschließen, dass eine Planvorlage deshalb zum Zweck der Vergütungserhöhung instrumentalisiert werden könnte. Um Missbräuche zu verhindern, ist für die Zulässigkeit der Insolvenzplanvorlage in der Insuffizienz deshalb ein besonderes Bedürfnis erforderlich. Dieses besondere Bedürfnis ergibt sich aus der Anknüpfung der Prüfung der Zulässigkeit von Verwaltungs- und Verwertungsmaßnahmen an die Zwecke des Insolvenzverfahrens, d. h. bestmögliche (Masse-) Gläubigerbefriedigung und Befriedungsfunktion.

Ein Missbrauch der Insolvenzplanvorlage liegt dann nahe, wenn die Kosten der Durchführung des Planverfahrens nicht durch den gesteigerten Ertrag der abweichenden Verwertung übertroffen werden. Eine lediglich zu einem Ausgleich führende Ertragssteigerung dürfte deshalb nicht ausreichen, weil dadurch noch nicht die zeitliche Verzögerung in der Abwicklung kompensiert wird. Denn Gläubiger haben naturgemäß eine positive Zeitpräferenz im Hinblick auf die Erlangung von Zahlungen. Jedenfalls ist das besondere Bedürfnis dann erfüllt, wenn mit Vorlage des Insolvenzplans das Verfahren aus der Masseunzulänglichkeit herausgeführt wird; Probleme mit § 258 Abs. 2 InsO können dann ebenfalls vermieden werden. Das LG Mühlhausen hat in seiner Entscheidung aus dem Jahr 2007 die Frage, ob ein Insolvenzplanverfahren auch dann zulässig ist, wenn es eine bestehende Massekostenunterdeckung nicht beseitigt, ausdrücklich offengelassen. Wie wir gesehen haben, spricht viel dafür, dies abzulehnen.

---

774 LG Dresden ZInsO 2005, 831, 832.

775 LG Mühlhausen NZI 2007, 724.

776 Häsemeyer, Verfahren bei Masseunzulänglichkeit, 341, 352.

Für das besondere Bedürfnis ist der Planvorlegende darlegungspflichtig. Denn er – sei es der Insolvenzverwalter oder der Schuldner – profitiert von der Durchführung des Insolvenzplans; Erster durch die Vergütungserhöhung und Zweiter durch den Erhalt des Rechtsträgers. Hierzu sind die wesentlichen wirtschaftlichen Kennzahlen darzulegen. Der Verwalter wird sich hierfür seines angepassten Liquiditätsplans bedienen, der weiterhin das Instrument für die Überprüfung der Zulässigkeit von Abwicklungsmaßnahmen ist. Für die Überprüfung ist das Insolvenzgericht im Rahmen der Vorprüfung des Plans nach § 231 InsO zuständig. Es wird das besondere Bedürfnis bejahen, wenn die Beteiligten im Fall der Planvorlage trotz der Vergütungserhöhung für den Insolvenzverwalter gegenüber einer Liquidation oder übertragenden Sanierung wirtschaftlich besserstehen. Liegt ein besonderes Bedürfnis hingegen nicht vor, hat eine Zurückweisung des Plans gemäß § 231 Abs. 1 Nr. 1 InsO zu erfolgen.

d) Gruppenbildung, § 222 InsO

Ebenfalls in den Prüfungsumfang des Insolvenzgerichts gehört die Gruppenbildung nach § 222 InsO. Hier stellt sich wiederum das Problem, dass die Massegläubiger im Gesetz nicht als beteiligte Gruppe erwähnt sind.

§ 222 InsO sieht zwingend vor, dass bei der Festlegung der Rechte der Beteiligten Gläubiger mit unterschiedlicher Rechtsstellung in unterschiedliche Gruppen zusammenzufassen sind. Das Gericht hat bei der Zulassung des Plans gemäß § 231 InsO sorgsam zu prüfen, ob der Vorlegende die Kriterien für die Bildung und Abgrenzung der Gruppen beachtet hat[777].

Die Gruppenbildung ist gemäß § 222 Abs. 1 S. 2 InsO für die absonderungsberechtigten Gläubiger, die nicht nachrangigen und die nachrangigen Insolvenzgläubiger (soweit deren Forderungen nicht als erlassen gelten) vorgeschrieben. Die Massegläubiger sind in § 222 InsO ebenso wenig wie in § 217 InsO erwähnt. Es stellt sich deshalb die Frage, ob die Aufzählung in § 222 InsO abschließenden Charakter hat.

Walther meint, eine Gruppenbildung und Aufnahme der Massegläubiger in die Regelung des § 222 InsO sei unzulässig. Die Grenzen der Analogie würden durch eine solche Umgestaltung *praeter legem* gesprengt[778]. Er scheint damit anzunehmen, dass die analoge Anwendung der §§ 217ff. InsO nicht mit der gesetzlichen Wertung in Einklang stünde. Denn eine Rechtsfortbildung *praeter legem* ist als gesetzesimmanente Lückenfüllung grundsätzlich zulässig, wenn die Voraussetzungen der Analogie vorliegen[779]. Eine Begründung für seine Ansicht fehlt bei *Walther* allerdings.

Nach hier vertretener Auffassung bewegt sich die Insolvenzplanvorlage im masseunzulänglichen Verfahren jedoch noch im Rahmen des ursprünglichen Plans, der

777 HK-InsO/Flessner § 222 RdNr. 15.
778 Walther, Verfahren bei Masseunzulänglichkeit, S. 198.
779 Larenz/Canaris, Methodenlehre, S. 252.

Teleologie des Gesetzes selbst. Die Entscheidung zur analogen Anwendung der §§ 217ff. InsO ist deshalb eine zulässige gesetzesimmanente Rechtsfortbildung.

Problematisch ist, wie die Gruppenbildung im masseunzulänglichen Verfahren konkret erfolgen kann. Zweck der Unterscheidung der Gläubiger in Gruppen ist es, wirtschaftlich sinnvolle und nachvollziehbare Entscheidungen über den Insolvenzplan herbeizuführen[780]. Die Gruppenbildung dient dem Gleichbehandlungsgrundsatz, der das gesamte Insolvenzverfahren beherrscht[781]. Innerhalb der Gruppen sind Ungleichbehandlungen deshalb unzulässig, vgl. § 226 InsO. Die Gruppenbildung bezieht sich zunächst auf Gläubiger mit unterschiedlicher Rechtsstellung. Eine unterschiedliche Rechtstellung liegt dann vor, wenn die Rangfolge der Befriedigungsrechte unterschiedlich ist[782]. Mithin wären für die Massegläubiger einzelne Gruppen zu bilden, da sie sich durch ihr Vorwegbefriedigungsrecht nach § 53 InsO von den sonstigen, in § 222 InsO genannten Gläubigergruppen unterscheiden. Die insolvenzrechtliche Befriedigungsrangfolge im Fall der Masseunzulänglichkeit ist für die Massegläubiger durch § 209 InsO vorgegeben[783]. Es hat demnach eine weitere Separierung zwischen den Alt- und Neu-Massegläubigern stattzufinden. Davon wiederum unterscheidet sich die Rechtsstellung der Absonderungsberechtigten und der Insolvenzgläubiger, auf die im Ergebnis nichts entfällt[784].

Wegen der wirtschaftlichen Vergleichbarkeit der Lage der Insolvenzgläubiger im unzulänglichen Verfahren mit der der nachrangigen Gläubiger im Regelverfahren können die einschlägigen Regelungen entsprechend herangezogen werden[785].

e) Beteiligung der Massegläubiger

Das Insolvenzgericht hat den Insolvenzplan auch dann zurückzuweisen, wenn der Inhalt oder die verfahrensmäßige Behandlung des Plans gegen rechtsstaatliche Grundprinzipien verstößt. Eine Zurückweisung müsste deshalb dann erfolgen, wenn eine Kürzung der Forderungen der Massegläubiger durch den Insolvenzplan ohne deren Beteiligung vorgesehen wäre. Denn ein solcher Plan verstieße gegen Art. 14 Abs. 1 und 19 Abs. 4 GG[786].

Im Regelverfahren erfolgt die Erörterung und Abstimmung über einen Insolvenzplan im Rahmen einer Gläubigerversammlung, § 235 InsO. Eine Teilnahme der Massegläubiger an diesem Termin ist vom Gesetz nicht vorgesehen. Erneut ist deshalb eine analoge Anwendung der Vorschriften des Regelverfahrens angezeigt[787].

---

780 Smid/Rattunde, Insolvenzplan, RdNr. 7.5.

781 Uhlenbruck/Uhlenbruck § 222 RdNr. 7.

782 HambKomm-InsR/Thies § 222 InsO RdNr. 6.

783 MünchKomm-InsO/Eidenmüller § 222 RdNr. 68.

784 MünchKomm-InsO/Eidenmüller § 222 RdNr. 68; MünchKomm-InsO/Lwowski § 170 RdNr. 53 weist allerdings zu Recht darauf hin, dass der Verwalter persönlich nach § 60 InsO haftet, wenn er den aus der Verwertung des Absonderungsgegenstandes stammenden Erlös nicht (mehr) hat.

785 Vgl. dazu unten Abschnitt F) II.3.2.g).

786 So zutreffend LG Dresden ZInsO 2005, 831.

787 Kübler/Prütting-Pape § 210 RdNr. 15; Maus, Insolvenzplan, 931, 964f.

Dabei ist davon auszugehen, dass nach Feststellung der Masseunzulänglichkeit die Massegläubiger an die Stelle der nicht nachrangigen Insolvenzgläubiger treten. Eine Folge, wie sie im Gesetzentwurf in § 323 Abs. 2 RegE noch vorgesehen war[788]. Da die Streichung von § 323 RegE keine Entscheidung gegen die analoge Anwendung der Vorschriften des Regelverfahrens war[789], steht der Wegfall der Anwendung nicht entgegen.

f) Befriedigung der Massegläubiger, § 258 Abs. 2 InsO

Voraussetzung für die Aufhebung des Verfahrens nach Bestätigung des Insolvenzplans ist gemäß § 258 Abs. 2 InsO, dass die unstreitigen Masseverbindlichkeiten befriedigt werden.

Wir haben gesehen, dass es in Einzelfällen zwar möglich sein kann, dass durch den Plan die Masseunzulänglichkeit beseitigt wird. Insbesondere dann, wenn die Unterdeckung relativ gering ist und ein Kreditinstitut einen Massekredit ermöglicht, ist die Beseitigung der Insuffizienz denkbar. Dann können vor Aufhebung des Verfahrens nach § 258 InsO die Masseansprüche berichtigt werden, während der Kredit nach § 264 InsO behandelt wird, also in die Zeit nach Aufhebung stehen gelassen wird.

Problematisch ist allerdings, wie zu verfahren ist, wenn eine vollständige Beseitigung der Masseunzulänglichkeit auch im Planverfahren nicht gelingt. Wir haben soeben gesehen, dass das Vorliegen des erforderlichen besonderen Bedürfnisses dann fraglich sein kann. Problematisch ist weiterhin, ob ein solcher Plan von Amts wegen nach § 231 InsO zurückzuweisen ist oder von der Vorschrift des § 258 Abs. 2 InsO abgewichen werden kann, sie mithin als disponibel anzusehen ist.

Das LG Dresden geht anscheinend von einem zwingenden Charakter des § 258 Abs. 2 InsO aus[790]. In seiner Entscheidung zur Zulässigkeit des Insolvenzplans bei Masseunzulänglichkeit hat es jedenfalls den vorgelegten Plan auch mit Hinweis auf die darin nicht vorgesehene vollständige Berichtigung der Masseverbindlichkeiten zurückgewiesen[791]. Das LG Mühlhausen hat die Frage offengelassen[792]. Von *Paul* wird vertreten, § 258 Abs. 2 InsO sei im Zusammenhang mit der Masseunzulänglichkeit überhaupt nicht anzuwenden. Die Vorschrift sei vielmehr dahingehend teleologisch zu reduzieren, dass sie keine Anwendung findet, wenn im Verfahren Masseunzulänglichkeit angezeigt wurde[793]. *Walther* meint, § 258 Abs. 2 InsO bezöge sich nach Eintritt der Masseunzulänglichkeit nur noch auf die Neu-Masseverbindlichkeiten[794].

---

788 § 323 RegE, abgedruckt in: Uhlenbruck, Das neue Insolvenzrecht, S. 578.

789 Siehe oben Kapitel F) II.3.2.a).

790 Ähnlich wohl auch Pape, in: Mohrbutter/Ringstmeier, Insolvenzverwaltung, § 12 RdNr. 151.

791 LG Dresden ZInsO 2005, 831, 832.

792 LG Mühlhausen NZI 2007, 724, 727.

793 Paul, Zulässigkeit eines Insolvenzplans im masseunzulänglichen Verfahren, ZInsO 2005, 1136, 1137.

794 Walther, Verfahren bei Masseunzulänglichkeit, S. 197.

Eine vertiefte Auseinandersetzung zur Frage des Verhältnisses zwischen der Planvorlage im masseunzulänglichen Verfahren und § 258 Abs. 2 InsO hat bislang, soweit ersichtlich, nicht stattgefunden. In der insolvenzrechtlichen Literatur wird die Vorschrift aber allgemein durchaus für disponibel gehalten[795].

Ob die weite Auffassung, nach der § 258 Abs. 2 InsO bei Masseunzulänglichkeit ausgeschlossen bzw. lediglich auf Neu-Masseverbindlichkeiten anzuwenden ist, zutrifft, erscheint zweifelhaft. Für eine solche Rechtsfortbildung sind keine gesetzgeberischen Anhaltspunkte erkennbar. Auch die ursprüngliche Zentralnorm zur Insolvenzplanvorlage bei Masseunzulänglichkeit, § 323 RegE, sah keine entsprechende Regelung vor. Zwar ist dieser Auffassung zuzugestehen, dass sie das Konzept der „Insolvenz in der Insolvenz" weiterverfolgt. Allerdings ist die damit verbundene Rechtsfortbildung nur dann erforderlich und zulässig, wenn eine planwidrige, ausfüllungsbedürftige Lücke besteht[796].

Eine Lücke setzt voraus, dass das Gesetz für einen regelungsbedürftigen Fall keine Lösung enthält[797]. Dies erscheint hinsichtlich der Befriedigung der Massegläubiger fraglich. Wegen der gesetzlich intendierten Deregulierungsfunktion des Insolvenzplanverfahrens, durch die den Gläubigern die Möglichkeit privatautonomer Gestaltungen eröffnet werden soll, sind Abweichungen von den gesetzlichen Regelungen jedoch möglich[798]. Die Berichtigung der Alt-Masseverbindlichkeiten kann deshalb in die Verhandlung zwischen Insolvenzverwalter und Massegläubiger gestellt werden. Eine Rechtsfortbildung ist deshalb nicht erforderlich. Verfahrensrechtlich ist der mit der Abweichung von § 258 Abs. 2 InsO verbundene Eingriff in die Rechte der Alt-Massegläubiger im gestaltenden Teil des Insolvenzplans vorzunehmen[799]. Eine Lösung kann folglich innerhalb des Gesetzes gefunden werden.

Für eine solche Verhandlungslösung spricht auch die Regelung des § 264 Abs. 1 S. 1 InsO. Durch die Norm soll die Finanzierung von Sanierungsplänen erleichtert werden[800]. Danach kann Krediten, die nach Eintritt der Überwachungsphase aufgenommen werden, die vorrangige Befriedigung vor Insolvenzforderungen zugesichert werden. Diesen Krediten sind die Kredite gleichgestellt, die bereits vor der Aufhebung des Verfahrens aufgenommen, aber in die Zeit der Überwachung stehen gelassen werden. Nach der Gesetzesbegründung ist für die Gleichstellung entscheidend, dass der Gläubiger bereit ist, die Rückzahlung über den Zeitpunkt der

795 Braun/Braun § 258 RdNr. 5; FK-InsO/Jaffé § 258 RdNr. 25 ff.; HK-InsO/Flessner § 258 RdNr. 6.

796 Auch deshalb erscheint die Auffassung *Walthers* in sich nicht stimmig. Einerseits befürwortet er eine teleologische Reduktion des § 258 Abs. 2 InsO, für die sich keine direkten Anhaltspunkte in der Gesetzesbegründung finden lassen. Andererseits hält er aber die Anwendung von § 222 InsO auf die Massegläubiger für eine unzulässige Analogie *praeter legem*, vgl. Walther, Verfahren bei Masseunzulänglichkeit, S. 197, 198.

797 Larenz/Canaris, Methodenlehre, S. 187.

798 Smid, Recht der Planinitiative, 1249, 1250.

799 Zur weitgehenden Gestaltungsfreiheit hinsichtlich möglicher Änderungen vgl. HambKomm-InsR/Thies § 221 InsO RdNr. 4.

800 HK-InsO/Flessner § 258 RdNr. 1.

Aufhebung (§ 258 Abs. 2 InsO) hinauszuschieben[801]. Aus dieser Begründung lässt sich erkennen, dass die Frage der Berichtigung der Masseverbindlichkeiten vor Aufhebung des Verfahrens grundsätzlich einer Regelung zwischen den Beteiligten zugänglich ist. In den Schutzbereich von § 264 InsO können Kredite jeder Art miteinbezogen werden[802]. Auch die Forderungen sonstiger Massegläubiger könnten mithin in den Anwendungsbereich fallen. Denn der Verzicht des Alt-Massegläubigers auf Befriedigung vor Aufhebung des Insolvenzverfahrens stellt wirtschaftlich eine neue Kreditgewährung außerhalb des Insolvenzplans dar. Diese Lösung ist praktikabel, weil die Massegläubiger ohnehin an dem Planverfahren zu beteiligen sind. In der Gläubigerversammlung können dann ebenfalls die Beschlüsse zur Abbedingung von § 258 Abs. 2 InsO getroffen werden.

Konkret müsste in dem vorzulegenden Plan festgelegt werden, auf welche Quote ihrer Forderung die (Alt-)Massegläubiger verzichten. Wird keine anderslautende Regelung getroffen, so wird der Schuldner analog § 227 InsO mit der im gestaltenden Teil vorgesehenen Befriedigung der Alt-Massegläubiger von seinen restlichen Verbindlichkeiten befreit.

An diesen Ausführungen zeigt sich allerdings auch, dass die Insolvenzplanvorlage dann, wenn keine Beseitigung der Masseunzulänglichkeit erfolgt, bereits aus tatsächlichen Gründen sehr kompliziert ist und deshalb nur selten erfolgen wird.

g) Beteiligung der Insolvenzgläubiger

Zutreffenderweise wird darauf hingewiesen, dass auch im masseunzulänglichen Verfahren die Insolvenzgläubiger an der Planaufstellung zu beteiligen seien[803]. Denn ein Insolvenzplan verfolgt auch den Zweck, den Schuldner zur Sanierung des schuldnerischen Unternehmens von seinen Verbindlichkeiten gegenüber den Insolvenzgläubigern zu befreien[804].

Deshalb sieht § 227 InsO vor, dass der Schuldner mit der im gestalterischen Teil vorgesehenen Befriedigung der Insolvenzgläubiger von seinen restlichen Verbindlichkeiten gegenüber diesen Gläubigern befreit wird. Das auch im masseunzulänglichen Verfahren gemäß § 215 Abs. 2 S. 2 InsO geltende freie Nachforderungsrecht der Insolvenzgläubiger gemäß § 201 InsO ist damit ausgeschlossen. Ein Ausschluss von Rechten kann aber grundsätzlich nur dann in Betracht kommen, wenn die Rechteinhaber an der Entscheidung beteiligt wurden. Zwar wird vereinzelt – wirtschaftlich zutreffend – argumentiert, dass wegen der Nichtbefriedigung der Insolvenzgläubiger im masseunzulänglichen Verfahren eine Schlechterstellung von vornherein nicht in Betracht käme. Das freie Nachforderungsrecht stellt aber gleichwohl eine geschützte Rechtsposition dar. Eindeutig ist die Erforderlichkeit

---

801 Begr. zu § 311 RegE, abgedruckt in: Uhlenbruck, Das neue Insolvenzrecht, S. 653.

802 FK-InsO/Jaffé § 258 RdNr. 35.

803 Graf-Schlicker/Mäusezahl § 208 RdNr. 27; MünchKomm-InsO/Hefermehl § 208 RdNr. 58; Walther, Verfahren bei Masseunzulänglichkeit, S. 197.

804 MünchKomm-InsO/Hefermehl § 208 RdNr. 58.

der Einbeziehung der Insolvenzgläubiger dann, wenn die Masseunzulänglichkeit lediglich droht. Eine Entscheidung ohne die Insolvenzgläubiger ist nicht möglich, wenn deren Ausfall noch nicht endgültig feststeht[805].

Die Teilnahme der Insolvenzgläubiger am Planverfahren bei Masseunzulänglichkeit sollte sich sachgerecht an der im RegE vorgesehenen Regelung des § 323 Abs. 2 S. 2[806] orientieren. Darin war vorgesehen, dass die Vorschriften für den Insolvenzplan mit der Maßgabe gelten, dass für die nicht nachrangigen Insolvenzgläubiger im masseunzulänglichen Planverfahren die Vorschriften über die Zustimmung der nachrangigen Gläubiger im Regelverfahren entsprechend gelten[807]. Die Zustimmung nachrangiger Gläubiger regelt § 246 InsO. Nach § 246 Nr. 3 InsO gilt die Zustimmung der Gruppe der nachrangigen Insolvenzgläubiger auch dann als erteilt, wenn sich kein Gläubiger einer Gruppe an der Abstimmung beteiligt. Die Vorschrift soll die nachrangigen Gläubiger von der Abstimmung fernhalten, da sie in aller Regel keine Befriedigung im Insolvenzverfahren erwarten können[808]. Ihre Zustimmung zum Plan soll deshalb unter bestimmten Voraussetzungen als erteilt gelten, sodass von einer Abstimmung durch diese Gläubiger abgesehen werden kann[809]. Die entsprechende Anwendung dieser Vorschrift ist wegen der wirtschaftlich vergleichbaren Situation der Insolvenzgläubiger im masseunzulänglichen Verfahren gerechtfertigt. Die Rolle der Insolvenzgläubiger im masseunzulänglichen Verfahren würde so sachgerecht berücksichtigt, da ihnen einerseits die erforderlichen Verfahrensrechte eingeräumt werden und andererseits keine wirtschaftlich sinnlose Beteiligung verlangt wird.

Soweit Insolvenzgläubiger im Erörterungs- und Abstimmungstermin missbräuchlich gegen den Insolvenzplan votieren, ist das Obstruktionsverbot nach § 245 InsO entsprechend anzuwenden.

3.3. Zwischenergebnis

Die Vorlage eines Insolvenzplans ist auch im masseunzulänglichen Verfahren grundsätzlich statthaft. Zweckgemäß und zulässig ist sie allerdings nur, wenn ein besonderes Bedürfnis besteht. Das liegt jedenfalls dann vor, wenn der Insolvenzplan die Masseunzulänglichkeit beseitigt.

Die Gestaltung des Verfahrens kann sich an der ursprünglich in § 323 Abs. 2 RegE vorgesehenen Regelung orientieren[810].

---

805 So zutreffend auch Walther, Verfahren bei Masseunzulänglichkeit, S. 196.
806 Abgedruckt in: Uhlenbruck, Das neue Insolvenzrecht, S. 578.
807 § 323 RegE, abgedruckt in: Uhlenbruck, Das neue Insolvenzrecht, S. 578.
808 Begr. zu § 291 RegE, abgedruckt in: Uhlenbruck, Das neue Insolvenzrecht, S. 632.
809 HK-InsO/Flessner § 246 RdNr. 1.
810 Abgedruckt in: Uhlenbruck, Das neue Insolvenzrecht, S. 578.

G) Schlussbetrachtung

Die Arbeit hat gezeigt, dass das masseunzulängliche Insolvenzverfahren als faktisches Regelverfahren in noch stärkerem Maße als das massezulängliche Verfahren durch den Insolvenzverwalter geprägt ist, der nach Anzeige der Masseunzulänglichkeit in dem Spannungsfeld zwischen dem Abwicklungsgebot des § 208 Abs. 3 InsO und der Haftung für die Nichterfüllung von Masseverbindlichkeiten nach §§ 60, 61 InsO agiert. Bei der Masseunzulänglichkeit handelt es sich um eine spezielle Form der Zahlungsunfähigkeit. Das masseunzulängliche Insolvenzverfahren ist gleichwohl weder Selbstzweck noch Notverfahren; nach seinem Sinn und Zweck ist § 208 Abs. 3 InsO zunächst inhaltlich unbegrenzt auszulegen.

Die Grenze der Abwicklungstätigkeit des Insolvenzverwalters wird durch die Steuerungswirkung der Haftungsnormen nach §§ 60, 61 InsO gezogen, die eine Risikoentscheidung zwischen den Beteiligten des masseunzulänglichen Insolvenzverfahrens treffen. Es wurde gezeigt, dass die Pflichten des Insolvenzverwalters im masseunzulänglichen Verfahren grundsätzlich in einem dem Regelverfahren vergleichbaren Umfang fortbestehen. Dort, wo dem Verwalter ein Ermessen in seiner Abwicklungstätigkeit eingeräumt ist, bestimmt die persönliche Haftung die Grenze seiner Tätigkeit. Die Abwicklungspflicht besteht nur soweit, wie sie nicht unzumutbar ist, d.h. sich aus dem Liquiditätsplan nicht eine fehlende Deckung der durch die in Frage stehende Abwicklungsmaßnahme begründeten Verbindlichkeit ergibt. Die mit Einführung der §§ 208ff. InsO beabsichtigte Verringerung des Haftungsrisikos gelingt umfassend nur gegenüber den Alt-Massegläubigern i.S.v. § 209 Abs. 1 Nr. 3 InsO, deren Ansprüche zurückgestuft und nur noch quotal beglichen werden.

Eine Verschiebung der Haftungsrisiken des Insolvenzverwalters zugunsten der Massegläubiger kann dem gesetzgeberischen Ziel der optimalen Verfahrensabwicklung entgegenstehen und die Vermögensorientierung des Verfahrens gefährden. Diese Vermögensorientierung besteht im masseunzulänglichen Verfahren fort, die Anzeige der Masseunzulänglichkeit hebt den Grundsatz der *par conditio creditorum* nicht auf. Das eigentliche Ziel der Verfahrensabwicklung ist die Überwindung der Masseunzulänglichkeit.

Das Abwicklungsgebot des § 208 Abs. 3 InsO ermöglicht grundsätzlich sowohl eine Betriebsfortführung als auch (in Ausnahmefällen) die Durchführung eines Insolvenzplanverfahrens. Welche Abwicklungshandlungen der Verwalter vornehmen darf, ist eine Frage des Einzelfalls und ergibt sich aus dem nach Eintritt der Masseunzulänglichkeit zu modifizierenden Liquiditätsplan. Der Liquiditätsplan ist im Spannungsfeld von Abwicklungspflicht und Haftungsrisiken die ausschlaggebende Komponente.

Der Liquiditätsplan ist, um die Anforderungen des BGH an eine plausible Liquiditätsrechnung zu erfüllen, grundsätzlich anhand des Maßstabs des IDW Prüfungsstandards 800 zu erstellen.

Für Abwicklungsfehler im Rahmen der masseunzulänglichen Betriebsfortführung haftet der Insolvenzverwalter nach § 60 InsO dann, wenn eine Pflichtverletzung hinsichtlich einer durch das Spekulationsverbot modifizierten *Business Judgement Rule* vorliegt. Durch die erforderliche Anpassung des Liquiditätsplans wird seine Freiheit in der Abwicklung gegenüber dem Regelverfahren jedoch eingeschränkt.

Die Vorlage und Durchführung eines Insolvenzplans im masseunzulänglichen Verfahren ist dann zulässig und sachgerecht, wenn hierfür ein besonderes Bedürfnis besteht. Dies ist immer dann der Fall, wenn die Interessen an der Vermögensorientierung des Verfahrens die Interessen einer zügigen Abwicklung überwiegen, mithin die Durchführung eines Insolvenzplanverfahrens für die Massegläubiger wirtschaftlich vorteilhaft ist. Diese Voraussetzung ist jedenfalls dann erfüllt, wenn durch den Insolvenzplan die Masseunzulänglichkeit überwunden wird. Der dargestellte Fall *Herlitz* hat insoweit gezeigt, wie durch einen Plan die Masseunzulänglichkeit in der Praxis vermieden werden kann. Entgegen verbreiteter Bedenken kann durch die Planvorlage der Befriedungsfunktion des Insolvenzverfahrens auch bei Masseunzulänglichkeit genüge getan werden.

Nach Anzeige der Masseunzulänglichkeit ist eine Rückkehr in das Regelverfahren zulässig, wenn die Zulänglichkeit der Masse wiederhergestellt, mithin das masseunzulängliche Verfahren optimal abgewickelt wurde. Die Rückkehr hat formal als *actus contrarius* entsprechend § 208 Abs. 1 und Abs. 2 InsO zu erfolgen, ist also bekanntzumachen und den Massegläubigern gesondert zuzustellen. Diesbezüglich ist der Insolvenzverwalter ohne besondere Anhaltspunkte nicht verpflichtet, Nachforschungen anzustellen, ob ggf. neben den ursprünglich über den Eintritt benachrichtigten weitere Massegläubiger existieren.

Nach hier vertretener Auffassung ist der Insolvenzverwalter schließlich zur Anzeige der Neu-Masseunzulänglichkeit analog § 208 InsO berechtigt, wenn die Masse zur Deckung der Kosten, nicht aber zur vollständigen Deckung der Neu-Masseverbindlichkeiten gemäß § 209 Abs. 1 Nr. 2 InsO ausreicht; mit anderen Worten eine optimale Abwicklung gescheitert ist. Die analoge Anwendung rechtfertigt sich aus der planwidrigen Regelungslücke hinsichtlich des Eintritts der Neu-Masseunzulänglichkeit. Solange die Kosten des Verfahrens gedeckt sind, bleibt der Insolvenzverwalter zur Verwertung und Verwaltung der Masse berechtigt; die normative Wertung ist insoweit bei Neu-Masseunzulänglichkeit nicht anders als bei Eintritt der „normalen" Masseunzulänglichkeit. Die Anzeige der Neu-Masseunzulänglichkeit analog § 208 InsO erlangt grundsätzlich Bindungswirkung mit der Folge, dass Vollstreckungsmaßnahmen danach analog § 210 InsO unzulässig sind.

H) Literaturverzeichnis

Adam, Roman F., Die gleichmäßige Befriedigung der Massegläubiger, in: DZWiR 2009, S. 181–186; zit.: Adam, Gleichmäßige Befriedigung der Massegläubiger, S.

Andres, Dirk/Dahl, Michael/Leithaus, Rolf, Kommentar zur Insolvenzordnung, 1. Auflage, München 2006; zit.: Andres/Leithaus-Bearbeiter § RdNr.

Bähr, Rainer M./Smid, Stefan, Die Rechtsprechung des BGH zur neuen Insolvenzordnung 1999–2006, Berlin 2006; zit.: Bähr/Smid, Rechtsprechung des BGH zur neuen Insolvenzordnung, S.

Balz, Manfred, Die Ziele der Insolvenzordnung, in: Kölner Schrift zur Insolvenzordnung, 2. Auflage, Herne u. a. 2000, S. 3–22; zit.: Balz, Ziele der Insolvenzordnung, S.

Bank, Stefan/Weinbeer, Alexander, Insolvenzverwalterhaftung unter besonderer Berücksichtigung der aktuellen BGH-Rechtsprechung, in: NZI 2005, S. 478–486; zit.: Bank/Weinbeer, Insolvenzverwalterhaftung, S.

Beck, Matthias et al. (Fachausschuss Sanierung und Insolvenz des Instituts der Wirtschaftsprüfer), Der neue PS 800 und die Ermittlung der Zahlungsunfähigkeit nach § 17 InsO, in: ZIP 2009, S. 201–206; zit.: FAS IDW, PS 800 und Ermittlung der Zahlungsunfähigkeit, S.

Beitenbücher, Bettina, Masseunzulänglichkeit, Baden-Baden 2007; zit.: Beitenbücher, Masseunzulänglichkeit, S.

Benicke, Christoph, Pflichten des Vermögensverwalters beim Investitionsprozess, in: ZGR 2004, S. 760–812; zit.: Benicke, Pflichten des Vermögensverwalters, S.

Berger, Christian/Frege, Michael, Business Judgement Rule bei Unternehmensfortführung in der Insolvenz, in: ZIP 2008, S. 204–210; zit.: Berger/Frege, Business Judgement Rule bei Unternehmensfortführung in der Insolvenz, S.

Binz, Fritz/Hess, Harald, Der Insolvenzverwalter, Heidelberg 2004; zit.: Binz/Hess, RdNr.

Böttger, Dirk, Gewerbliche Prozessfinanzierung und staatliche Prozesskostenhilfe: am Beispiel der Prozessführung durch Insolvenzverwalter, Berlin 2008; zit.: Böttger, Gewerbliche Prozessfinanzierung und staatliche Prozesskostenhilfe

Bork, Reinhard, Einführung in das Insolvenzrecht, 4. Auflage, Tübingen 2005; zit.: Bork, Einführung, RdNr.

Braun, Eberhard, Insolvenzordnung (InsO): Kommentar, München, 3. Auflage 2007; zit.: Braun/Bearbeiter § RdNr.

Braun, Eberhard/Uhlenbruck, Wilhelm, Unternehmensinsolvenz: Grundlagen, Gestaltungsmöglichkeiten, Sanierung mit der Insolvenzordnung, Düsseldorf 1997; zit.: Braun/Uhlenbruck, Unternehmensinsolvenz, S.

Breutigam, Axel/Blersch, Jürgen/Goetsch, Hans W. (Hrsg.), Insolvenzrecht, Kommentar der InsO und der InsVV, Stand April 2004, Freiburg; zit.: BK-InsO/Bearbeiter § RdNr.

Busch, Dörte, Der Insolvenzverwalter und die Überwindung der Massearmut, Köln 2005; zit.: Busch, Insolvenzverwalter und Überwindung der Massearmut, S.

Deimel, Britta, Schadensersatzpflicht des Insolvenzverwalters gegenüber Massegläubigern, in: ZInsO 2004, S. 783–789; zit.: Deimel, Schadensersatzpflicht des Insolvenzverwalters, ZInsO 2004, S.

Dinstühler, Klaus-Jürgen, Die Abwicklung massearmer Insolvenzverfahren nach der Insolvenzordnung, in: ZIP 1998, S. 1697–1705; zit.: Dinstühler, Abwicklung massearmer Verfahren, S.

H) Literaturverzeichnis

Eickmann, Dieter u.a., Heidelberger Kommentar zur Insolvenzordnung, 4. Auflage, Heidelberg u.a. 2008; zit.: HK-InsO/ Bearbeiter § RdNr.

Ellrott, Helmut/Förschle, Gerhart/Hoyos, Martin/Winkeljohann, Norbert, Beck'scher Bilanz-Kommentar, 6. Auflage, München 2006; zit.: Bearbeiter in Beck Bil-Komm. § RdNr.

Falterbaum, Hermann/Bolk, Wolfgang/Reiß, Wolfram, Buchführung und Bilanz, 23. Auflage, Achim 2007; zit.: Falterbaum/Bolk/Reiß Kapitel, S.

Förster, Karsten, Klartext: Holzmichl lässt grüßen! in: ZInsO 2005, S. 28–29; zit.: Förster, S.

Gerhardt, Walter, Neue Probleme der Insolvenzverwalterhaftung, in: ZInsO 2000, S. 574–583; zit.: Gerhardt, Neue Probleme der Insolvenzverwalterhaftung, S.

Graf-Schlicker, Marie-Luise, Kommentar zur Insolvenzordnung, Köln 2007; zit.: Graf-Schlicker/ Bearbeiter § RdNr.

Haarmeyer, Hans/Wutzke, Wolfgang/Förster, Karsten, Insolvenzrechtliche Vergütung (InsVV), 4. Auflage, München 2007; zit.: Haarmeyer/Wutzke/ Förster § RdNr.

Haarmeyer, Hans/Wutzke, Wolfgang/Förster, Karsten, Handbuch zur Insolvenzordnung, InsO/ EGInsO, 3. Auflage, München 2001; zit.: Haarmeyer/Wutzke/ Förster, Kapitel, RdNr.

Häsemeyer, Ludwig, Insolvenzrecht, 4. Auflage, Köln u.a. 2007; zit.: Häsemeyer, Insolvenzrecht, RdNr.

Häsemeyer, Ludwig, Das Verfahren bei Masseunzulänglichkeit – eine verselbständigte Variante des Insolvenzverfahrens?, in: Festschrift für Walter Gerhardt, S. 341–359, Köln 2004; zit.: Häsemeyer, Verfahren bei Masseunzulänglichkeit, S.

Henckel, Wolfram/Gerhardt, Walter, Jaeger, Insolvenzordnung, Großkommentar, Erster Band, §§ 1–55, Berlin 2004; zit.: Jaeger/Bearbeiter § RdNr.

Hess, Harald/Weis, Michaela/Wienberg, Rüdiger, Kommentar zur Insolvenzordnung, 2. Auflage, Heidelberg 2001; zit.: Hess/Weis/Wienberg § RdNr.

Hilgers, Petra, Besitzlose Mobiliarsicherheiten im Absonderungsverfahren unter besonderer Berücksichtigung der Verwertungsprobleme: ein Vergleich des geltenden Konkursrechts mit der im Regierungsentwurf geplanten Insolvenzordnung, Frankfurt a.M., Berlin, Bern, New York, Paris, Wien, 1994; zit.: Hilgers, Besitzlose Mobiliarsicherheiten, S.

Hopt, Klaus J./Merkt, Hanno, Handelsgesetzbuch mit GmbH & Co., Handelsklausen, Bank- und Börsenrecht, Transportrecht (ohne Seerecht), 33. Auflage, München 2008; zit.: Baumbach/ Hopt/ Bearbeiter § RdNr.

Jarass, Hans D./Pieroth, Bodo, Grundgesetz für die Bundesrepublik Deutschland: Kommentar, 9. Auflage, München 2007; zit.: Jarass/Pieroth, Art. RdNr.

Jauernig, Othmar, Zivilprozessrecht, 29. Auflage, München 2007; zit.: Jauernig, § Ziffer

Kaufmann, Christian, Die Berücksichtigung sonstiger Masseverbindlichkeiten des § 55 InsO bei der Kostendeckungsprüfung des § 26 Abs. 1 Satz 1 InsO, Bielefeld 2004; zit.: Kaufmann, Berücksichtigung sonstiger Masseverbindlichkeiten, S.

Kilger, Joachim, Über die Möglichkeit der Geschäftsfortführung insolventer Unternehmen unter dem geltenden Recht und nach dem Diskussionsentwurf einer Insolvenzordnung, in: KTS 1989, S. 495–514; zit.: Kilger, Geschäftsfortführung insolventer Unternehmen, S.

Kilger, Joachim, Die Insolvenzrechtsreform – eine Herausforderung für die Anwaltschaft –, in: Anwaltsblatt 1987, S. 424–429; zit.: Kilger, Die Insolvenzrechtsreform – eine Herausforderung für die Anwaltschaft, S.

Kilger, Joachim, Der Konkurs des Konkurses, in: Konkurs-, Treuhand- und Schiedsgerichtswesen 1975, S. 142–166; zit.: Kilger, Konkurs des Konkurses, S.

Kilger, Joachim/Schmidt, Karsten, Insolvenzgesetze: KO/VglO/GesO, bearbeitet von Karsten Schmidt, 17. Auflage, München 1997; zit.: Kilger/Karsten Schmidt, §, RdNr.

Kirchhof, Hans-Peter/Lwowski, Hans-Jürgen/Stürner, Rolf (Hrsg.), Münchener Kommentar zu Insolvenzordnung, 2. Auflage, München 2008; zit.: MünchKomm-InsO/Bearbeiter § RdNr.
Kluth, Thomas, Das Verfahren bei unzulänglicher Insolvenzmasse oder ein „Himmelfahrtskommando" für den Insolvenzverwalter, in: ZInsO 2000, S. 177–185; zit.: Kluth, Verfahren bei unzulänglicher Insolvenzmasse, S.
Kröpelin, Andrea, Die massearme Insolvenz, Hamburg 2003; zit.: Kröpelin, Massearme Insolvenz, RdNr.
Kröpelin, Andrea, Aktuelle Probleme der Masseunzulänglichkeit: Wider die Unzulässigkeit von Leistungsklagen und zur Verfahrensabwicklung bei Neumasseunzulänglichkeit, in: ZIP 2003, S. 2341–2346.; zit.: Kröpelin, Aktuelle Probleme der Masseunzulänglichkeit, S.
Kübler, Bruno, Die Behandlung massearmer Insolvenzverfahren nach neuem Recht, in: Kölner Schrift zur Insolvenzordnung, 2. Auflage, Herne u.a. 2000, S. 967–981; zit.: Kübler, Massearme Insolvenzverfahren, RdNr.
Kübler, Bruno/Prütting, Hanns (Hrsg.), Kommentar zur Insolvenzordnung, Stand: November 2004, Köln; zit.: Kübler/Prütting-Bearbeiter § RdNr.
Kuhn, Georg/Uhlenbruck, Wilhelm, Konkursordnung: Kommentar, 11. Auflage, München 1994; zit.: Kuhn/Uhlenbruck § RdNr.

Larenz, Karl/Canaris, Claus-Wilhelm, Methodenlehre der Rechtswissenschaft, Studienausgabe, 3. Auflage, Berlin u. a. 1995; zit.: Larenz/Canaris, Methodenlehre, S.
Laws, Jutta, Haftung des Insolvenzverwalters – Aktuelle Rechtsprechung zu Risiken bei der Begründung von Masseverbindlichkeiten, in: MDR 2004, S. 1149–1154; zit.: Laws, Haftung des Insolvenzverwalters, MDR 2004, S.
Laws, Jutta, Insolvenzverwalter – Haftung wegen Nichterfüllung von Masseverbindlichkeiten nach § 61 InsO, in: MDR 2003, S. 787–793; zit.: Laws, Haftung des Insolvenzverwalters, MDR 2003, S.
Leibner, Wolfgang, Die Haftung nach § 60 InsO: Stand und Entwicklungsperspektiven, in: KTS Zeitschrift für Insolvenzrecht 2005, S. 75–87; zit.: Leibner, Haftung nach § 60 InsO, S.
Leonhardt, Peter/Smid, Stefan/Zeuner, Mark (Hrsg.), Insolvenzordnung, 3. Auflage, Stuttgart 2010; zit.: Leonhardt/Smid/Zeuner-Bearbeiter § RdNr.
Lüke, Wolfgang, Persönliche Haftung des Verwalters in der Insolvenz, 2. Auflage, Köln 1996; zit.: Lüke, Verwalterhaftung, RdNr.
Lüke, Wolfgang, Aufgaben und Haftung des Insolvenzverwalters, in: 50 Jahre Bundesgerichtshof, Festgabe aus der Wissenschaft, Band III, München 2000, S. 701–724; zit.: Lüke, Aufgaben und Haftung des Insolvenzverwalters, S.

Maus, Karl-Heinz, Der Insolvenzplan, in: Kölner Schrift zur Insolvenzordnung, 2. Auflage, Herne u. a. 2000, S. 931–965; zit.: Maus, Insolvenzplan, S.
Mäusezahl, Uwe, Die Abwicklung masseunzulänglicher Insolvenzverfahren, in: ZVI 2003, S. 617–623; zit.: Mäusezahl, Abwicklung masseunzulänglicher Insolvenzverfahren, S.
Metzger, Romy, Verfahrenskostendeckende Masse, Frankfurt am Main u. a. 2002; zit.: Metzger, Verfahrenskostendeckende Masse, S.
Möhlmann, Thomas, Die Berichterstattung im neuen Insolvenzverfahren, Köln 1999; zit.: Möhlmann, Die Berichterstattung im neuen Insolvenzverfahren, S.
Mohrbutter, Harro/Ringstmeier, Andreas (Hrsg.), Handbuch der Insolvenzverwaltung, 8. Auflage, Köln u. a. 2007; zit.: Bearbeiter, in: Mohrbutter/Ringstmeier, § RdNr.

Nerlich, Jörg/Römermann, Volker, Insolvenzordnung (InsO), Kommentar, München, Stand: Mai 2007; zit.: Nerlich/Römermann-Bearbeiter § RdNr.

Palandt, Otto, Bürgerliches Gesetzbuch, 68. Auflage, München 2009; zit.: Palandt/Bearbeiter § RdNr.
Pape, Gerhard, Zahlungsunfähigkeit in der Gerichtspraxis, in: WM 2008, 1949–1957; zit.: Pape, Zahlungsunfähigkeit, S.

Pape, Gerhard, Erforderlichkeit der Überprüfung der Anzeige der Masseunzulänglichkeit durch das Insolvenzgericht, in: ZInsO 2004, S. 1223–1228; zit.: Pape, Überprüfung der Anzeige der Masseunzulänglichkeit, S.

Pape, Gerhard, Keine Verschärfung der Haftung aus § 61 InsO bei fehlerhafter Verteilung der Masse durch den Insolvenzverwalter, in: ZInsO 2004, S. 605–607; zit.: Pape, Haftung aus § 61 InsO bei fehlerhafter Masseverteilung, S.

Pape, Gerhard, Das Risiko der persönlichen Haftung des Insolvenzverwalters, in: ZInsO 2003, 1013–1025; zit.: Pape, Haftung des Insolvenzverwalters, S.

Pape, Gerhard, Entwurf eines Gesetzes zur Änderung der Insolvenzordnung–Erste Anmerkungen zum Diskussionsentwurf des Bundesministeriums der Justiz, in: ZInsO 2003, S. 389–396; zit.: Pape, Diskussionsentwurf, S.

Pape, Gerhard, Die Berücksichtigung der Anzeige der Masseinsuffizienz im Erkenntnisverfahren, in: NZI 2001, S. 60–63; zit.: Pape, Anzeige der Masseinsuffizienz, S.

Pape, Gerhard/Hauser, Wolfgang, Massearme Verfahren nach der InsO, Köln 2002; zit.: Pape/Hauser, Massearme Verfahren, RdNr.

Paul, Uwe, Zulässigkeit eines Insolvenzplans im masseunzulänglichen Verfahren?, in: ZInsO 2005, S. 1136–1137; zit.: Paul, Zulässigkeit eines Insolvenzplans im masseunzulänglichen Verfahren, S.

Rattunde, Rolf, Sanierung durch Insolvenz, in ZIP 2003, S. 2103–2110; zit.: Rattunde, Sanierung durch Insolvenz, S.

Rattunde, Rolf, Sanierung von Großunternehmen durch Insolvenzpläne–Der Fall Herlitz, in: ZIP 2003, S. 596–600; zit.: Rattunde, Sanierung von Großunternehmen durch Insolvenzpläne, S.

Rattunde, Rolf/Röder, Claudia, Verfahrenseröffnung und Kostendeckung nach der InsO, in: DZWIR 1999, S. 309–317; zit.: Rattunde/Röder, Verfahrenseröffnung und Kostendeckung, S.

Rebmann, Kurt/Rixecker, Roland/Säcker, Franz-Jürgen (Hrsg.), Münchener Kommentar zum Bürgerlichen Gesetzbuch, Band 2, Schuldrecht Allgemeiner Teil, 5. Auflage, München 2007; zit.: MünchKomm-BGB/Bearbeiter § RdNr.

Rechel, Hans-Peter, Die Aufsicht des Insolvenzgerichts über den Insolvenzverwalter, 1. Auflage, Berlin 2009; zit.: Rechel, Aufsicht des Insolvenzgerichts über den Insolvenzverwalter, S.

Ringstmeier, Andreas, Abwicklung von Mietverhältnissen in masseunzulänglichen Insolvenzverfahren, in: ZInsO 2004, S. 169–177; zit.: Ringstmeier, Mietverhältnisse im masseunzulänglichen Verfahren, S.

Roth, Herbert, Prozessuale Rechtsfolgen der „Insolvenz in der Insolvenz“, in: Festschrift für Hans Friedhelm Gaul zum 70. Geburtstag, hrsg. von Eberhard Schilken et al, Bielefeld 1997, S. 573–584; zit.: Roth, Prozessuale Folgen, S.

Runkel, Hans P./Schnurbusch, Wolfram, Rechtsfolgen der Masseunzulänglichkeit, in: NZI 2000, S. 49–57; zit.: Runkel/Schnurbusch, Rechtsfolgen der Masseunzulänglichkeit, S.

Sabel, Oliver, Änderungen des Insolvenzrechts im Diskussionsentwurf eines Gesetzes zur Änderung der InsO, des BGB und anderer Gesetze, in: ZIP 2003, S. 781–788; zit.: Sabel, Änderungen des Insolvenzrechts im Diskussionsentwurf, S.

Schmidt, Andreas (Hrsg.), Hamburger Kommentar zum Insolvenzrecht, 3. Auflage, Hamburg 2009; zit.: HambKomm-InsR/Bearbeiter § RdNr.

Schmidt, Andreas, Nichts ist unmöglich: Rückkehr zum „normalen“ Insolvenzverfahren trotz angezeigter Masseunzulänglichkeit (§ 208 InsO), in: NZI 1999, S. 442–444; zit.: A. Schmidt, Rückkehr zum „normalen“ Insolvenzverfahren, S.

Schmidt, Karsten, Gesellschaftsrecht, 4. Auflage, Köln u.a. 2002; zit.: K. Schmidt, Gesellschaftsrecht, §, S.

Schmidt, Karsten/Uhlenbruck, Wilhelm (Hrsg.), Die GmbH in Krise, Sanierung und Insolvenz, 4. Auflage, Köln 2009; zit.: Schmidt/Uhlenbruck-Bearbeiter, GmbH in Krise, Sanierung und Insolvenz, RdNr.

Smid, Stefan, Praxishandbuch Insolvenzrecht, 5. Auflage, Berlin 2007; zit.: Smid, Praxishandbuch Insolvenzrecht, §, RdNr.

Smid, Stefan, Freigabe des Neuerwerbs in der Insolvenz selbständig tätiger Schuldner, in: DZWIR 2008, S. 133–142; zit.: Smid, Freigabe des Neuerwerbs in der Insolvenz selbständig tätiger Schuldner, S.

Smid, Stefan, Die Instrumentarien des Insolvenzrechts und die Bewältigung sozio-ökonomischer Krisen, in: Neue Fragen des deutschen und internationalen Insolvenzrechts, S. 7–20, Berlin 2006; zit.: Smid, Instrumentarien des Insolvenzrechts und Krisenbewältigung, S.

Smid, Stefan, Struktur und systematischer Gehalt des deutschen Insolvenzrechts in der Judikatur des IX. Zivilsenats des Bundesgerichtshofs, in: DZWIR 2004, S. 1–23; zit.: Smid, Struktur und systematischer Gehalt, DZWIR, S.

Smid, Stefan, Die Haftung des Insolvenzverwalters in der Insolvenzordnung – Kontinuität und Diskontinuität des Rechts der Haftung des Insolvenzverwalters, in: Kölner Schrift zur Insolvenzordnung, 2. Auflage, Herne u. a. 2000, S. 453–482; zit.: Smid: Haftung des Insolvenzverwalters, RdNr.

Smid, Stefan, Die Abwicklung masseunzulänglicher Insolvenzverfahren nach neuem Recht, in: WM 1998, S. 1313–1324; zit.: Smid, Abwicklung masseunzulänglicher Verfahren, S.

Smid, Stefan, Zum Recht der Planinitiative gemäß § 218 InsO, in: WM 1996, S. 1249–1254; zit.: Smid, Recht der Planinitiative, S.

Smid, Stefan/Rattunde, Rolf, Der Insolvenzplan, 2. Auflage, Stuttgart 2005; zit.: Smid/Rattunde, Insolvenplan, S.

Statistisches Bundesamt (Hrsg.), Insolvenzen in Deutschland 2003, Strukturen und Entwicklungen, Wiesbaden 2004; zit.: Statistisches Bundesamt, Insolvenzen in Deutschland 2003, S.

Staudinger, Julius von (Hrsg.), J. von Staudingers Kommentar zum Bürgerlichen Gesetzbuch mit Einführungsgesetz und Nebengesetzen, Buch 2, Recht der Schuldverhältnisse, Neubearbeitung 2005 Berlin; zit.: Staudinger/Bearbeiter § RdNr.

Stüdemann, Klaus, Der Konkursverwalter als Unternehmer, in: Einhundert Jahre Konkursordnung, 1. Auflage, Köln, Berlin, Bonn, München, 1977, S. 401–458; zit.: Stüdemann, Konkursverwalter, S.

Thiemann, Stephan, Die vorläufige Masseverwaltung im Insolvenzeröffnungsverfahren, Herne u. a. 2000; zit.: Thiemann, Masseverwaltung im Insolvenzeröffnungsverfahren, RdNr.

Uhlenbruck, Wilhelm (Hrsg.), Kommentar zur Insolvenzordnung, 12. Auflage, München 2003; zit.: Uhlenbruck/ Bearbeiter § RdNr.

Uhlenbruck, Wilhelm, Corporate Governance, Compliance and Insolvency Judgement Rule als Problem der Insolvenzverwalterhaftung, in: Festschrift für Karsten Schmidt, Köln 2009, S. 1605; zit.: Uhlenbruck, Corporate Governance, Compliance and Insolvency Judgement Rule als Problem der Insolvenzverwalterhaftung, S.

Uhlenbruck, Wilhelm, Gesetzesunzulänglichkeit bei Masseunzulänglichkeit, in: NZI 2001, S. 408–411; zit.: Uhlenbruck, Gesetzesunzulänglichkeit bei Masseunzulänglichkeit, S.

Uhlenbruck, Wilhelm, Der „Konkurs im Konkurs“ – 50 Jahre BGH-Rechtsprechung zum Problem der Verteilungsgerechtigkeit im masselosen und massearmen Insolvenzverfahren –, in 50 Jahre Bundesgerichtshof, Festgabe aus der Wissenschaft, München 2000, S. 803–818; zit.: Uhlenbruck, Konkurs im Konkurs, S.

Uhlenbruck, Wilhelm, Das neue Insolvenzrecht, Herne u. a. 1994; zit.: Uhlenbruck, Das neue Insolvenzrecht, S.

Voigt, Joachim M. E., Immer Ärger bei Masseinsuffizienz, in: ZIP 2004, S. 1531–1542; zit.: Voigt, Masseinsuffizienz, S.

Walther, Timo Christian, Das Verfahren bei Masseunzulänglichkeit nach den §§ 208 ff. InsO, Frankfurt 2005; zit.: Walther, Verfahren bei Masseunzulänglichkeit, S.

Weisemann, Ulrich/Smid, Stefan (Hrsg.), Handbuch Unternehmensinsolvenz, Köln 1999; zit.: Weisemann/Smid, Kapitel, RdNr.

Wehdeking, Silke, Masseverwaltung durch den insolventen Schuldner, Berlin 2005; zit.: Wehdeking, Masseverwaltung durch den insolventen Schuldner, S.

Wellensiek, Jobst, Die Aufgaben des Insolvenzverwalters nach der Insolvenzordnung, in: Kölner Schrift zur Insolvenzordnung, 2. Auflage, Herne u.a. 2000, S. 403–429; zit.: Wellensiek, Aufgaben des Insolvenzverwalters, RdNr.

Westpfahl, Lars/Janjuah, Riaz K., Zur Modernisierung des deutschen Sanierungsrechts, in: Beilage zu Heft 3, ZIP 2008, S. 1–28; zit.: Westpfahl/Janjuah, Modernisierung des deutschen Sanierungsrechts, S.

Wienberg, Rüdiger/Voigt, Claudia, Aufwendungen für Steuerberatungskosten bei masseunzulänglichen Insolvenzverfahren als Auslagen des Verwalters gemäß § 54 Nr. 2 InsO, in: ZIP 1999, S. 1662–1667; zit.: Wienberg/Voigt, Aufwendungen als Auslagen des Verwalters, S.

Winnefeld, Robert, Bilanz-Handbuch, 4. Auflage, München 2006; zit.: Winnefeld, Bilanz-Handbuch, Kapitel, RdNr.

Wimmer, Klaus (Hrsg.), Frankfurter Kommentar zu Insolvenzordnung, 5. Auflage, München 2009; zit.: FK-InsO/Bearb. § RdNr.

I) Stichwortverzeichnis

FSC
www.fsc.org
MIX
Papier | Fördert
gute Waldnutzung
FSC® C083411

Kolibri 360 GmbH
Ferdinand-Jühlke-Straße 7
99095 Erfurt, Deutschland
produktsicherheit@kolibri360.de